幼儿功能性动作教学理论与实践

赵焕彬　周喆啸　主编

人民体育出版社

图书在版编目（CIP）数据

幼儿功能性动作教学理论与实践 / 赵焕彬，周喆啸主编. -- 北京：人民体育出版社，2018（2022.9重印）
ISBN 978-7-5009-5367-8

Ⅰ. ①幼… Ⅱ. ①赵… ②周… Ⅲ. ①体育课—教学理论—研究—学前教育 Ⅳ. ①G613.7

中国版本图书馆CIP数据核字(2018)第110178号

*

人民体育出版社出版发行
三河兴达印务有限公司印刷
新 华 书 店 经 销

*

787×1092 16开本 19印张 390千字
2018年6月第1版 2022年9月第3次印刷
印数：4,501—6,000册

*

ISBN 978-7-5009-5367-8
定价：75.00元

社址：北京市东城区体育馆路8号（天坛公园东门）
电话：67151482（发行部） 邮编：100061
传真：67151483 邮购：67118491
网址：www.psphpress.com

编委会

编　委

乔秀梅　博士　安阳师范学院

王　梁　博士　聊城大学

牛　森　博士　河北师范大学

张庆财　硕士　河北传媒学院

孟欢欢　硕士　河北师范大学

刘宇航　硕士　河北师范大学

申占全　硕士　河北师范大学

白　锐　硕士　河北师范大学

张　旭　硕士　AG 体能（北京腾宇华创体育有限公司）

前 言

《幼儿功能性动作教学理论与实践》依据国务院颁布的《中国儿童发展规划纲要》、教育部颁布的《3~6 岁儿童学习与发展指南》与教育部体育卫生艺术司讨论制定的《全国普通高等学校体育专业规范》的文件精神，并根据幼儿教师工作需要和学前教育专业方向不同层次学生学习需求进行了编写。

在国家体育总局教练员学院教练员培训部部长孙文新的总策划下，2017年7月10日由河北师范大学与AG体能（北京腾宇华创科技有限公司）筹备组织，河北师范大学体育学院、宁波大学体育学院、河北师范大学教育学院、安阳师范学院、河北传媒学院、河北省第三幼儿园、河北省第九幼儿园、河北省省直机关第三幼儿园、石家庄市第二幼儿园、石家庄市第二实验幼儿园、石家庄市43中幼儿园等单位的幼儿教育专家、幼儿园园长、幼儿心理教育专家、幼儿动作教育专家共同参与，在河北师范大学召开了《幼儿功能性动作教学理论与实践》教材第一次编写工作会议。会议听取了河北师范大学幼儿体育研究团队近年来研究工作的汇报，各领域相关专家就幼儿园体育工作开展现状和社会发展需求进行了研讨，还就教材编写的专业背景、幼儿教学与市场需求，以及教材的指导思想、特色、创新点、体例、目录进行了深入讨论，进一步明晰了书稿定位与编撰思路。本书依据幼儿身心发展特征和身体功能性动作发展规律，结合不同层次人才学习需求特点，系统设计了各章节的内容。该教材注重基础理论研究，强调理论与实践相结合，突出了教材的系统性、创新性、实操性和教育性。

本教材现已纳入全国各级各类体校教练员人才教育培训规划（2018—2022）系列教材、全国青少年儿童教练员培训专用教材、学前教育专业本科生指定教学用书，还可作为体育专业本科、专科及幼儿教师进修学习用书。

教材编写过程中得到了河北师范大学幼儿教育专家刘毅伟教授的指导。本书动作图片和视频由河北电视台吴向东高级工程师拍摄与剪辑，视频配音由河北师范大学硕士研究生闫晴完成。图片及视频模特由AG青少儿体能中心学员王晨洁（女）和张懿文（男）担任。在此一并表示感谢！

教材编写伊始，AG体能（北京腾宇华创科技有限公司）王烁然先生与编者多次协商，达成共识，促成教材面世。对王烁然先生关注儿童青少年健康的情怀表示钦佩，再此对教材编写过程中给予的大力支持和配合表示由衷谢意。

赵焕彬

2018年1月

目 录

第一章 绪 论

幼儿健康发展是国家政策导向。1992年，国务院颁布第一部以0～14岁幼儿为主体、促进幼儿发展的国家行动计划——《中国幼儿发展规划纲要》，该纲要根据当时幼儿发展的现状制订了一系列促进幼儿生存和身心发展的目标以及实现目标的策略和措施。1996年，国家教育委员会制订的《幼儿园工作规程》明确规定："对幼儿实施体、智、德、美诸方面全方位发展的教育。"《幼儿园工作规程》将体育置于幼儿教育工作的首位。2012年，教育部颁布《幼儿学习与发展指南》，将"健康"板块放在"语言""社会""科学"和"艺术"之前，说明健康是幼儿教育工作的关键，而在"健康"板块中"动作发展"作为幼儿健康成长的重要内容，教育部又制定若干个动作发展的目标。2016年，中共中央、国务院印发《"健康中国2030"规划纲要》，指出健康要覆盖生命的全周期，实现从胎儿到生命终点的全程健康服务和健康保障，对生命不同阶段的健康问题，制定针对性干预。从以上国家文件可以看出，国家对幼儿健康发展高度重视，将幼儿动作发展视为健康成长的重要因素。

全国青少年体质健康调查显示，近十几年来我国青少年体重、身高等形态发育指标持续上升，而速度、力量、耐力等身体素质则持续下降。国内有关专家和学者针对这一问题，进行了大量研究并提出相应的措施，但青少年体质下降的问题并没有得到有效改善。从幼儿动作发展解读青少年体质下降则成为一个崭新的视角。幼儿动作发展与生长发育是一个从量变到质变长期连续的过程，早期幼儿动作特点、生活经验对之后个体身心的健康发展具有重要的影响。幼儿期体质水平是青少年体质的基础，幼儿期动作水平是未来个体学习运动技能、培养运动习惯的基础，基础不牢，自然会波及未来的发展。幼儿动作发展的优劣程度，不仅影响幼儿时期个体身体活动能力，还对未来生活行为的动作质量有着间接影响。研究证明，动作能力强的幼儿更可能成为积极参与体育活动的个体，而动作发展出现障碍的幼儿在未来参加体育活动时会遇到更多的困难和挑战，挫败感会造成"消极循环"，使这类个体参与运动的时间越来越少，最终对人的身心发展产生负面影响。因此，动作发展是幼儿健康发展的重要内容，幼儿动作发展也成为了解读青少年体质下降的新视角。

幼儿期是培养孩子终身健康行为习惯的重要时期。幼儿时期的孩子活泼好动，是进行体育活动的最佳时机，此时培养动作能力和运动兴趣，更有利于孩子接受；其次，幼儿期也是孩子身体发育和智能发展的起步阶段和奠基时期，更是未来生活习惯定型的初期，其间获得的经验易于巩固和长久。长期追踪研究发现，性格开朗、活泼好动的幼儿在成年后大都不会出现肥胖症状，并将体育锻炼作为生活当中必不可少的一部分。因此，在尚未形成固定生活习惯的幼儿阶段进行体育锻炼干预，对于培养幼儿终身健康行为具有重要意义，而“保持”健康生活方式也比“改变”不良习惯更容易做到。所以幼儿期是培养个体终身健康行为习惯、生活方式及运动兴趣的重要时期。

功能性训练理念在各领域的成功运用为幼儿动作发展提供思路。功能性训练已在康复治疗、竞技体能以及青少年体质提高等方面得到广泛运用。功能性训练核心理念——“运动就是动作”，不仅与人们日常生活工作、运动员长期发展息息相关，同时也可对青少年动作模式发展进行评估和量化分析。功能性训练器械也具有简便、实用和丰富等特点，其中颜色多样、细小轻便的训练器材居多，例如软梯、灵敏圈、多角球等。这些器材不仅可以激发幼儿练习时的主观能动性，同时也能保证练习效果和安全性。因此，将功能性训练理念与幼儿动作发展规律相结合，也为丰富幼儿动作发展方法、增强幼儿体育内容的科学性等提供新思路。

动作发展是幼儿健康发展的重点和方向，良好的动作发展对幼儿身体形态、机能、素质、认知强化、感觉统合等方面有着重要影响。虽然国家已经意识到动作发展的重要性，但目前学界缺少对动作发展内容和方法的归纳。另外，尽管已有一些国内外学者对幼儿动作发展进行干预研究，并取得一定的效果，但并没有一个统一的、系统的幼儿动作发展思路、阶段划分和干预方案。本书在对幼儿身体、心理以及动作发展规律进行梳理后，在总结以往动作发展干预成功经验的基础上，结合人类动作发展理论与功能性训练理念，构建幼儿身体功能性动作体系，从而明确幼儿动作发展的阶段和内容，并总结出不同阶段的练习方法和手段，为教师开展幼儿身体活动提供参考、为学前教师幼儿体育知识技能培训提供思路、为体育院校幼儿体育模块施教提供依据。

第二章　幼儿身心发展特征

本章从幼儿身体发育、心理发展及感觉统合三方面，对幼儿身心发展特征进行叙述，明确不同年龄段幼儿的发展特征。同时，这三方面内容也是幼儿身体功能动作理论创建、实践设计的基础。

第一节　幼儿身体发展特征

幼儿机体生长发育过程是在神经系统的调控与外界环境因素的相互作用下进行的，各系统、各器官的结构与功能互相影响、互相制约、协调发展。

一、运动系统发育特征

人体的运动系统由骨、骨连结、骨骼肌组成。全身各骨借骨连接相连构成人体的支架骨骼，形成了人体的基本轮廓。骨骼肌附着于骨上，在神经系统调节和其他系统的密切配合下进行收缩与舒张，通过牵引骨改变位置和角度，进而产生运动。

（一）骨骼生长发育特点

随着年龄的增加，幼儿骨骼在不断加长、加粗，长骨两头的软骨在发育、长度增加的同时不断钙化，骨头变得坚硬。这一时期幼儿腕骨未钙化好，出生时全部为软骨，随着年龄的增加逐渐钙化，在10岁左右才能完成全部钙化过程，女童一般比男童要早完成两年。掌指骨钙化时间较长，所以幼儿手劲较小，精细动作的学习和控制比较困难。髋骨是幼儿骨盆的核心部分，而幼儿髋骨有别于成人，不是一块完整的骨头，是由髋骨、坐骨和趾骨三块骨头通过软骨连结在一起，一般要到20～25岁才完全愈合成为一块完整的骨头。幼儿骨骼的化学成分中有机物较多、无机物较少，而成年人骨中有机物和无机物含量的比例为3：7，因此幼儿的骨头犹如鲜嫩青枝、易被弯曲，但不易折断，成人的骨头好比树枝，较为坚硬、不易弯曲。

（二）骨骼肌生长发育特点

幼儿骨骼肌细胞纤细、间质相对较多，肌腱宽而短，另外，骨骼肌中水分多，蛋白质、脂肪及无机盐的比例较低，所以幼儿在运动时骨骼肌易疲劳和损伤，但幼儿的新陈代谢旺盛、氧气供应充分，疲劳恢复较成人快。幼儿全身大肌肉群和小肌肉群发育的时间不同，这一时期大肌肉发育早，小肌肉发育晚，幼儿能够完成大肌肉主导的跑跳等动作，但手部小肌肉控制的直线绘图却很困难，大约到6岁时，手部肌肉才开始发育，可以做一些较为精细的工作，但时间不宜过长，否则容易疲劳。

（三）关节生长发育特点

幼儿关节囊比较松弛、韧带不够结实，关节的牢固性较差，且关节的伸展性和活动范围均大于成人，所以不适当的运动安排容易导致关节脱臼。幼儿在掌握站立或行走动作以后逐渐形成脚弓，但由于骨化未完成，足底的肌肉、肌腱和韧带发育不够完善，若运动量较大，容易形成扁平足。所以，幼儿的跑动距离有一定要求，一般直线加速跑步的距离：3～4岁幼儿为5～8米、4～5岁6～9米、5～6岁10米左右[1]。

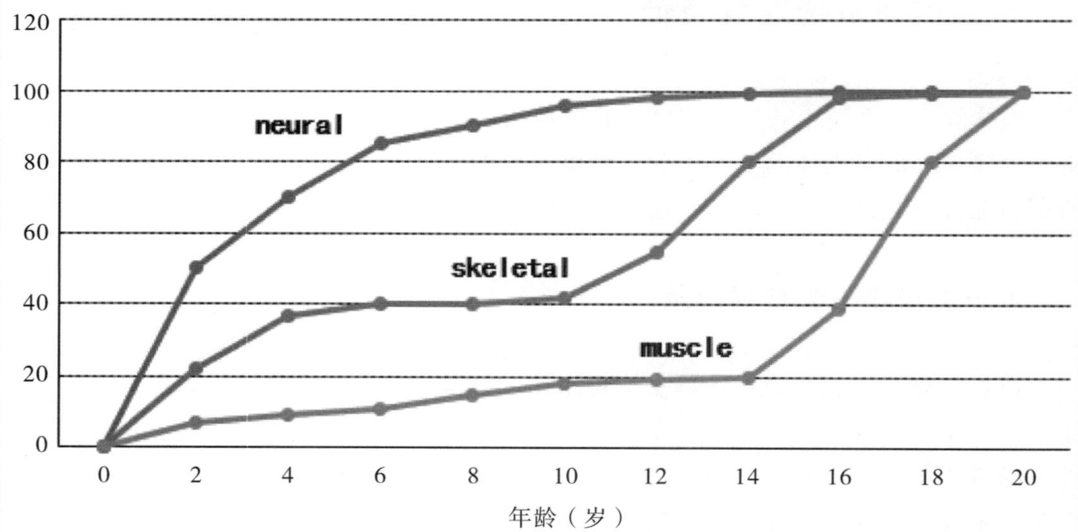

图2-1　神经、骨骼、肌肉生长发育顺序[2]

[1] 朱琳. 广州市3-6岁城乡幼儿身体素质的特征［J］. 中国组织工程研究与临床康复，2007，12（3）：428-432.

[2] Anderson G. 少年幼儿如何参与到竞技训练中［Z］. 2015，北京：北京国际体能大会.

由图2-1可知，3～6岁阶段幼儿骨骼发育速度要远高于肌肉。幼儿的动作是在神经系统调节下，以骨骼为杠杆、关节为枢纽、肌肉为动力而实现的，但由于肌肉发育滞后于神经和骨骼，说明幼儿阶段不是发展肌肉力量素质的敏感期。

二、神经系统发育特征

（一）神经系统发育迅速

妊娠3个月后胎儿的神经系统基本成形，出生前半年至出生后一年是脑细胞数目增长的重要阶段；一岁以后脑细胞数目不再增加，但脑细胞的突起却由短变长、由少变多，脑细胞犹如一颗小树苗，逐渐生长成枝繁叶茂的大树。新生儿脑重量约350克，1岁时为950克，而在6岁时为1200克，达到成人的70%～80%[3]。

幼儿期运动系统中神经系统最先、最早发育，幼儿动作表达的准确度、灵敏和速度素质发展主要受神经系统影响。所以3～6岁是幼儿动作发展的关键阶段，是灵敏素质发展的敏感期。

（二）神经系统容易兴奋和疲劳

幼儿高级神经系统的抑制过程不够完善，兴奋过程强于抑制过程，兴奋和抑制在皮层轻易扩散。神经活动的强度较弱，幼儿自我控制能力差，好动而不好静，容易产生疲劳。主动注意时间3岁幼儿为7分钟、5岁幼儿为15分钟、6岁时可达20分钟[4]，所以固定单一练习内容会使幼儿产生疲劳和厌倦，需要不断变换活动内容与方式。

幼儿神经系统发育较快但仍未成熟，在进行身体活动后需要较长休息和睡眠时间，以进行修整。幼儿每天可进行1小时左右的户外运动，其中3～4岁幼儿连续练习适宜时间为20～30分钟、4～5岁幼儿适宜时间为30～40分钟、5～6岁幼儿适宜时间为40～50分钟[5]。另外，幼儿神经系统的耗氧量较其他系统高，而在

[3] 张莹. 幼儿期体能练习方法研究 [D]. 北京体育大学博士论文，2011.

[4] 张云. 3-6 岁幼儿动作协调能力测试方法与发展特征问题的探讨 [J]. 西安体育学院学报，2010，27（5）：603-606.

[5] 刘馨. 学前幼儿体育 [M]. 北京：北京师范大学出版社，2001.

神经系统中脑的耗氧量最高，幼儿脑细胞耗氧量约为全身耗氧量的50%，所以幼儿在身体活动后需要充足的睡眠，一般运动后8小时的睡眠可使幼儿神经系统得到充分恢复。

三、循环系统发育特征

幼儿循环系统是一个密闭的、连续性的管道系统，由心脏、动脉、静脉和毛细血管组成。幼儿时期心肌薄弱，心脏容量小，机体为满足新陈代谢的需要，心率较成人快，3～4岁为105次/分、4～5岁幼儿为100次/分、5～6岁为95次/分，而成人则一般为60～75次/分。正常人的血量约占体重的7%～8%，每公斤体重约有70～80毫升血液，幼儿每公斤体重的血量约为85毫升，较成人略多，年龄越小相对值越大[6]。从以上两点可以看出，幼儿为保证在成长过程中因新陈代谢旺盛需要较多的氧气，心率较成人快，且年龄越小心率越快。所以幼儿在进行身体活动时，运动心率高于之后各年龄段个体的正常心率才能保证活动的有效性。

四、呼吸系统发育特征

幼儿呼吸系统由呼吸道和肺组成，呼吸系统是机体和外界进行气体交换的器官总称，主要功能是完成机体与外界的气体交换。幼儿呼吸器官较为娇嫩，喉咙狭窄，发炎时通道易被阻塞。幼儿声带不够坚韧，易充血、肿胀变厚，进而造成声音嘶哑；鼻腔、气管及支气管非常容易感染，且发病后症状较重。幼儿肺泡的数量少、容量小，呼吸浅而快，另外，胸腔和呼吸肌发育不够完善，所以幼儿大都采用腹式呼吸。幼儿机体代谢旺盛、需氧量多，所以通过加快呼吸的频率来代偿，平均每分钟较成年人多呼吸22次。所以在指导幼儿进行身体活动的过程中，应根据幼儿呼吸的特点，提示幼儿以腹式呼吸为主。

[6] Tomkinso G.Global changes in anaerobic fitness test Performane of children and adolescents [J]. Scand J Med Sci Spor，17（5）：497–507.

第二节　幼儿心理发展特征

一、认知能力发展特征

（一）注意力发展特征

1. 无意注意占主导地位

幼儿时期，无意注意与有意注意都在发展，但是以无意注意发展为主，幼儿在身体活动或动作完成过程中，不断明确活动的目的和指向，从而促进无意注意的发展。无意注意的发展主要受外界刺激影响，表现为两方面：一方面，鲜艳的颜色、强烈的声音、生动的形象、突然出现的刺激物或东西都会吸引幼儿的注意力；另一方面，幼儿感兴趣、与自身密切相关的刺激物也是其注意的对象。

有意注意处于发展初级阶段。在一定的教育影响下，特别是通过语言，幼儿的有意注意逐步形成和发展，但仍处于发展的初级阶段，其过程主要依赖成人的引导。在日常生活或身体活动中，要使幼儿逐渐明确注意的目的、任务，以及产生有意注意的动机，自觉控制自己的注意，并通过自身努力保持注意，从而培养幼儿的有意注意。

2. 注意广度随年龄增加而延伸

注意广度是指在同一时间内能清楚地把握所注意对象的数量。心理学研究证明，在0.1秒速视条件下，正常成人一般能把握8～9个黑色的圆点，或4～6个无联系的外文字母，或4～5个无联系的汉字。而对于幼儿，在0.1秒的速视条件下，呈现4～9个黑色的圆点，73.5%的4岁幼儿能辨认2个圆点，66.6% 的6岁幼儿已经能辨认4个圆点，44.6% 的7岁幼儿能辨认6个点，并随着年龄的增长而增加[7]。

（二）记忆力发展特征

幼儿的记忆和其他心理过程一样，是随着年龄的增长而逐渐发展。

[7] 于师梅，王玉红. 关于大班幼儿注意稳定性与学习效果的调查 [J]. 教育探索，1996，6（2）：42-43.

1. 记忆的意识性特点

根据幼儿活动有无目的，将幼儿记忆的意识性分为无意记忆和有意记忆。前者主要指没有目的和意图、自然而然发生的记忆，后者指有明确记忆目的和意图的记忆。

（1）无意记忆占优势。

①无意记忆的效果优于有意记忆。3岁以前的幼儿基本上只有无意记忆，不会进行有意记忆。整个幼儿期，幼儿无意记忆的效果都优于有意记忆。实验研究，两组幼儿同时参与、操作某个活动，一组孩子被要求尽量记住整个活动中出现的图片，而另一组则没有任何要求，实验结束后，要求幼儿回忆所玩过的东西，没有要求的一组幼儿能够回忆的卡片数量和内容要优于另外一组[8]。到了小学阶段，有意记忆才赶上无意记忆。②无意记忆效果随着年龄增长而提高。由于记忆加工能力的提高，幼儿中期和晚期都是无意记忆优于有意记忆，幼儿无意记忆能力继续发展。③无意记忆是积极认知活动的副产物。幼儿的无意记忆不是由于幼儿直接接受、完成记忆任务而产生的，而是幼儿在完成感知和思维任务过程中附带产生的，是一种副产物。幼儿的认知活动越是积极，其无意记忆效果越好。

（2）有意记忆逐渐发展。

在大班阶段，幼儿有意记忆能力开始加快发展，有意记忆是幼儿记忆发展中质的飞跃。①在成人的指导下有意记忆逐渐产生。成人在日常生活和组织幼儿进行各种活动时，在正式活动开始前向幼儿提出记忆的任务，并在活动结束后使幼儿自主回忆。②明确主动记忆意识和强化活动动机。成人要使幼儿主动识记某件具体事物或抽象的任务，例如在“买菜游戏”中，幼儿作为“顾客”，会主动记住菜的种类和价格，角色本身使幼儿意识到这种识记任务，因而也就主动努力去识记，记忆效果也有所提高。强化活动的动机是要调动孩子进行识记的积极性，而消极被动的识记任务会对幼儿记忆产生负面影响。例如使幼儿回忆活动的内容和程序，无论是否清楚和完整，都应对孩子进行表扬和激励，因为来自其他小朋友赞许或者教师奖励是对幼儿主动识记动机的强化。

2. 记忆的理解性特点

根据幼儿对记忆材料的理解程度，可分为机械记忆和意义记忆。前者指幼儿采用简单的、机械重复的方法进行记忆，对所记材料的意义和逻辑关系不理解。后者指幼儿在对所记材料的内容、意义及其逻辑关系理解后而进行的记忆。

（1）机械记忆使用较多，意义记忆效果最好。①幼儿大脑皮质的反应性较强，

[8] 朱文佳，林泳海. 绘画对幼儿记忆影响的实验研究［J］. 学前教育研究，2004，9（5）：29-31.

在感知一些不理解的事物后会留下痕迹。此外，幼儿理解能力发展不够完善，不能对识记材料理解和组织加工，只能机械记忆。与成人相比，幼儿在识记时运用机械记忆较多，并且记忆的过程也不困难。②意义记忆的效果优于机械记忆。当幼儿识记生活中常见物体和不熟悉的无意义图形时，识记常见物体的效果明显优于不熟悉的无意义图形，所以幼儿在理解识记材料的内容或形式后，记忆效果最准确且保持的时间也较长。

（2）机械记忆和意义记忆都在不断发展。在整个幼儿期，无论是机械记忆还是意义记忆，其效果都随着年龄的增长而有所提高。年龄较小的幼儿意义记忆效果比机械记忆要高得多，而随着年龄增长，两种记忆效果的差距逐渐缩小，意义记忆的优越性似乎降低了。这种现象并不表明机械记忆的发展越来越迅速，而是由于年龄增长，意义记忆和机械记忆效果的差异减少，机械记忆时加入了越来越多的理解成分，这些理解成分使机械记忆的效果有所提高，例如，对一些不熟悉的词，幼儿有时会按自己的理解来识记。

3. 记忆的内容特点

（1）形象记忆的效果优于语词记忆。形象记忆是幼儿根据具体的形象而记忆各种材料。幼儿在语言发展之前，只能对事物的具体形象进行记忆。即使语言出现后，幼儿阶段的记忆仍然以形象记忆为主。幼儿对熟悉的物体记忆效果优于熟悉的词，因为熟悉的物体具有直观性、鲜明性的特点，记忆效果好。若将熟悉的词与幼儿头脑中具体形象结合，效果也比较好。而对于不熟悉的词，由于幼儿头脑中完全没有形象，所以效果较差。

（2）随着年龄的增长形象记忆和语词记忆差别逐渐缩小。3～4岁幼儿无论是形象记忆或者语词记忆，水平都相对较低，但随着幼儿年龄的增长两种记忆效果逐渐缩小。因为在幼儿年龄增加的过程中，形象和词都不是单独在幼儿的头脑中起作用，而是有越来越密切的联系。一方面，幼儿能够叫出熟悉物体的名称，那么物体的形象和相应的词就紧密联系在一起；另一方面，幼儿熟悉的词也必然建立在具体形象的基础上，词和物体的形象是不可分割的。形象记忆和语词记忆的区别只是相对的，在形象记忆中，物体或图形起主要作用，语词在其中也起着标志和组织记忆形象的作用。在语词记忆中，主要记忆内容是语言材料，但是记忆过程要求语词所代表事物的形象作支柱。随着幼儿语言的发展，形象和词的相互联系越来越密切，两种记忆的差别也相对减少。

（三）思维力发展特征

随着幼儿知识经验的增长、语言的发展，认识活动中具体形象成分相对减少，抽象概括成分逐渐增加。幼儿时期，孩子虽然能开始进行一些初步的抽象逻辑思维，但是思维的自觉性较差。

1. 3～4岁幼儿思维特点

这一时期幼儿的思维加工材料以图形为主，初步涉及符号，思维加工能力以认知、记忆为主。此时幼儿处于幼儿园小班阶段，图形加工材料从其生活中的玩具向具体的学科知识转变，例如几何图形（长方形、五角形、圆形等），并开始数5以内的数。这个年龄段的幼儿在认识图形时，不仅仅把其看作是好玩的图片，且能主动了解图片或者数字代表的物体，例如能给出数字“6”，并列出相应个数的物体。

2. 4～5岁幼儿思维特点

4～5岁幼儿的思维加工材料仍以图形为主，但符号加工意识得到较大发展，思维加工能力以认知、记忆为主，其中发散思维、聚合思维、评价能力偶有体现。在加工材料上，能认识菱形、锥形、梯形、椭圆形等，并认识10以内的数字，会用数字表示物体的数量，能明白教师的话并按要求进行活动，尝试用自己的语言表达观点。该阶段孩子的观察、判断、分类能力远胜过小班幼儿。例如对不同颜色、大小、形状的皮球进行分类，小班幼儿通常没有统一的标准，会把红色小三角形、红色小方块和蓝色小方块等小的物体都归为一类，而中班幼儿的分类有一致性，会按颜色、形状或大小进行分类。

3. 5～6岁幼儿思维特点

此年龄段幼儿思维加工材料和能力得到较快发展，对符号、图形、行为、语义的加工都有涉及，聚合思维、记忆、发散思维、认知、评价在思维活动中都有体现。幼儿能认识常见的各种图形，并能根据图形特征进行分类，能掌握10以内加减法并能理解加法、减法的含义，能有条理地讲述比较简单的故事，能在教师引导下识别不同的表情符号并体验与之对应的情绪。但是在对事物进行分类时，仍具有随意性，不能自觉地按照物体的本质属性进行分类，未能掌握事物的真正概念。

在认知、记忆事物时，5～6岁幼儿能根据已掌握的知识经验进行联想记忆。此外，以自我为中心的认知方式是此阶段幼儿认知客观事物的主要特点，他们只有通过参照自己才能理解客观事物，无法从别人的角度和观点去考虑问题。例如皮亚杰设计的一个实验，让幼儿坐在模型的一边，将布娃娃置于模型的另一边，然后让幼儿描述布娃娃所能看到的模型样子。5岁以下的幼儿大部分按自己看到的模型样子进行描述，而5岁以上幼儿能从布娃娃的角度描述看到的模型样子。

（四）想象力发展特征

想象力是幼儿在已有形象的基础上，在头脑中创造出新形象的能力。幼儿的想象力以无意想象为主，而且想象具有复制性和模仿性。

①幼儿期无意想象占优势，初期想象的产生往往是由外界刺激物直接引起的，幼儿的想象常常没有主题，没有预定目的。例如幼儿对某几个物体进行摆放时，事先不会设想要摆成什么样子，只是在摆弄的过程中看它像什么就是什么。此外，幼儿想象的主体容易发生变化，具有复制性和模仿性，并且不能按一定的目的坚持下去。②幼儿的想象具有特殊的夸大性。幼儿为获得同伴或成人对自己观点或行为的认同，会突出自己的能力，常常喜欢夸大事物的某些特征或情节，以及印象中特别深刻的部分。③想象容易与现实混淆。幼儿初期想象容易与现实混淆，不能把想象的事物和现实中的事物清楚地区别开来；有时把想象当现实，把自己臆想的事物、渴望的事物当作真实的，并且以肯定的形式进行叙述，无法清晰地辨别哪些是想象的，哪些是真实的。

二、行为表现发展特征

幼儿的行为发展主要体现在两个方面：一方面是道德行为；另一方面是个人安全行为。

3～4岁幼儿在家长或教师的看护下，大都表现出较为强烈的自我意识，以自我为中心，分享能力差。在户外身体活动或室内教学时，不具备集体意识，常常独占玩具和空间，并且容易与其他小伙伴发生争吵等，因此，教师或家长要反复引导幼儿逐渐熟悉集体行为模式。此阶段幼儿，无论男生女生，内向性行为问题的表现较为集中，表现为退缩、自我抑制，不能较好地表达自己的观点和意愿。

4～5岁幼儿在经历小班的学习和成长后，具备独立生活的能力并有一定保持个人卫生的意识，不再有咬手指、脏手揉眼睛或把异物放入口中等行为，并能在教师或家长的提醒下整理和摆放衣物。大约在4周半左右，幼儿对外界事物的求知欲望增强，更乐于参与由家长或教师作为引导的游戏活动。同时，集体意识开始增强，能够较好地与其他小伙伴一起玩耍，通过认识集体和他人的感受而调整自己的行为表现。幼儿还能对自我行为进行控制，户外活动时能够较好地按照教师要求完成，活动时能够轻声细语，并在活动结束后主动归置散落的器材或玩具。

5～6岁的幼儿已经具备较为规律的行为习惯，饭前洗手、午休后主动收拾床被。大约在6岁时，幼儿能够更为主动、礼貌地向教师或家长问好。在室内教学时，幼儿能够较好保持个人姿态，克制自己出现多余的小动作。户外活动时，主动配合教师摆放及回收教学器材，活动中能够适应其他小伙伴的要求并共同配合完成教师布置的任务。

三、人格发展特征

3～6岁时期通常被称为“潮湿的水泥”期，这个阶段是幼儿人格形成的重要时期，孩子85%～90%的性格、理想和生活方式都是在这段时间形成[9]。3岁时，幼儿出现某些个性特征的外在表现，但不稳定、易受外界的影响而改变。个性的表现范围具有局限性，而且深刻性不够，只能从活动积极性、情绪稳定性、好奇心强弱程度等方面反映出来。但随着年龄的增加，幼儿个性表现范围开始变得广阔，大约6岁时，无论是在兴趣爱好、行为习惯，还是对人或事物的态度方面，会表露出自己独特的倾向，这些个性倾向虽然在以后发展中还会改变，但已为个体一生的个性特征奠定了基础。所以俗称“3岁看大，7岁看老”。

由于3～4岁幼儿的生活环境已从家庭转换到幼儿园，一直受家长关爱的他们一方面不愿意教师过多地限制，另一方面又希望得到教师的关注，所以有时会产生矛盾心理。环境的变化也使幼儿开始结交新朋友，逐渐注重人与人之间的联系，感情也逐渐变得多样化，对周围的环境产生好奇心。

4～5岁幼儿开始朦胧地意识到生活是一种有目的的活动，常以攻击性行为来表现自己的创造能力，随之也会带来内心的矛盾。此时，若对他们的行为过多地限制，或让他们感到无用、羞怯，那么幼儿时常会出现内疚感。相反，如果将幼儿表现出的行为作为自我主动探究的趋势并给予鼓励，幼儿就会形成主动性，为将来成为一个有责任感、有创造力的人奠定基础。

5～6岁幼儿的第二信号系统有了长足的发展，好奇心更强，若对幼儿主动探索行为和丰富的想象力给予适当的肯定和鼓励，幼儿的主动性就会得到强化，想象力和创造力会得到充分发挥。本阶段幼儿活动的主要特征是喜欢探索环境，在探索的过程中，幼儿创新的欲望会非常强烈，因此要十分关注其创新精神的培养。创新精神的形成有助于幼儿养成主动、执着、勇于创新、不断追求等积极的

[9] 赵南. 湖南省3-6岁幼儿人格发展现状与特点[J]. 中国特殊教育，2013，3（8）：92-98.

人格特征。

四、心理发展特征小结

认知能力发展方面：①幼儿阶段无意注意发展占主导，无意注意能力要优于有意注意。在幼儿进行身体活动时，注意力不够集中是这一阶段的特点，教师在发展幼儿无意注意的同时，应吸引孩子对授课内容的关注。此外，由于幼儿注意广度随年龄增加由窄变宽，所以教师在对不同年龄段孩子进行动作示范时，要选择合适的站位距离。②幼儿无意记忆为主导，机械记忆用得多，意义记忆效果好，形象记忆优于词汇记忆。在授课过程中，教师不用刻意要求幼儿记住所教授的动作名称，幼儿会在上课过程中无意记忆。对于小班和中班幼儿，教师不用过多解释动作练习的原理，幼儿通过机械记忆能够记住动作完成顺序即可。大班幼儿由于理解能力较强，可以较为清楚阐明动作完成目的和意义，可通过意义记忆进行识记。在对具体动作进行介绍时，减少语言赘述，多用较为形象的物体进行概括。③随着幼儿年龄增加，对物体、符号和数字的思维能力逐渐加强。5岁以下孩子陈述事物的观点无论是来自自己还是别人，都是从自己看事物的角度进行解释。成人在与幼儿沟通时，应尽量站在幼儿角度解释问题。④幼儿时期无意想象占优势，幼儿不会预先设想完成某一事物的具体样子。同时，为博得他人的认同感，会将想象的事物或行为进行夸张。

行为发展方面：3～4岁幼儿有较为强烈的自我意识，相比于男幼儿，女幼儿的内向性行为问题较多。4～5岁幼儿集体意识较强，能够与他人分享观点或具体事物，有一定的自我行为控制能力，并能按照教师的要求完成指定任务。5～6岁幼儿具备较为规律的行为习惯，能够有意识也控制自己的不良行为，在户外活动中能与其他小伙伴一起完成身体活动任务。

人格发展方面：3～4岁幼儿不愿受到过多限制但也希望得到教师关注，此阶段孩子开始注重与他人关系的培养。4～5岁幼儿常常通过攻击性行为表达创造力，若将这种行为视为主动探究的趋势，可使孩子形成一定的责任感和创造力。5～6岁幼儿，若对他们日益增加的探索行为和创造力给予肯定和表扬，会使他们的创新欲望增强，有利于养成主动、执着等个性。

在组织幼儿进行身体活动时，应依据幼儿不同年龄段的人格塑造特点，选择合适的方式与他们进行交流，并且需要恰当看待和理解幼儿所表现的不正当行为，对他们进行积极引导，从而在融洽的教学环境中完成身体活动内容。

第三节　幼儿感觉统合发展特征

感觉统合指幼儿随着年龄的增长，完成具体任务时对视觉、听觉、动觉、触觉、嗅觉等通道信息加工过程的统一整合能力。在外界刺激下，通过感觉输入通道对信息进行接收和传输，并在中枢神经的调控下对所接受的信息进行加工和处理，并将最后决策和解释通过动作进行表达（图2-2）。幼儿的先天因素、脑机能系统所处的物理与社会环境，以及感知觉发展驱动机制、自我组织机制以及统计学习机制，都会对幼儿的感知觉发展形成影响，其中外界环境因素是影响幼儿感知觉发展的重要因素。

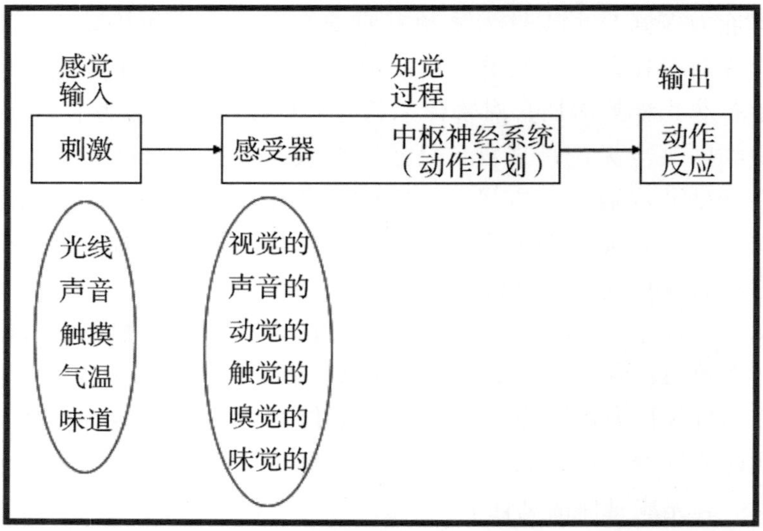

图2-2　感觉信息加工过程

一、感觉统合发展特征

感觉统合能力的发展在幼儿不同的年龄段有不同层次的表现，幼儿成长过程中始终经历着以下四个层次的发展。

第一层次的发展（初级感觉统合）发生在婴儿期，此时幼儿大脑重约1000克。脑细胞长出突起、分出侧枝，形成专用神经通道，多种感觉在经过整合后形成知觉。通过一定的身体活动或动作练习，可使幼儿肌肉关节的本体感觉、前庭位置感觉、皮肤触压觉、视觉、听觉等方面得到整合，促进身体、手眼运动的协调平衡发展。

第二层次的发展（中级感觉统合）主要发生在幼儿期，此时幼儿大脑重量为1000～1200克。脑细胞侧枝快速增多，并形成分支，专用神经系统通路伴随感觉整合能力加强而增多，并与大脑五个语言区发展建立联系。感知觉迅速发展，分析器的外周部分即各种感受器已发展完善，相应的神经中枢继续发展，为幼儿感知觉的发展打下了生理基础。各种感觉信息刺激大脑，经整合后产生注意力，幼儿开始有记忆力，形成对事物的认知评价、记忆和学习经验。情绪较第一层次已变得更加稳定，表现为意志力、记忆力、运动协调、手眼协调、情绪稳定，幼儿能通过意志控制自己的行为而进行有目的的运动，并具有语言能力。幼儿期是幼儿语言、智力、个性形成的关键期，而这些能力的获得和发展都是感觉统合、学习训练的结果。由图2-3可知，感知觉发展始于出生前，并在幼儿阶段达到发展的高峰，但是知觉曲线与语言和大脑高级功能曲线的区别在于知觉发育较早，而且知觉发展通道大约在幼儿中期开始关闭，而语言和大脑高级功能虽然发展达到顶峰后开始下降，但通道永远不会关闭。由此说明幼儿期是感知觉发展的最佳阶段。

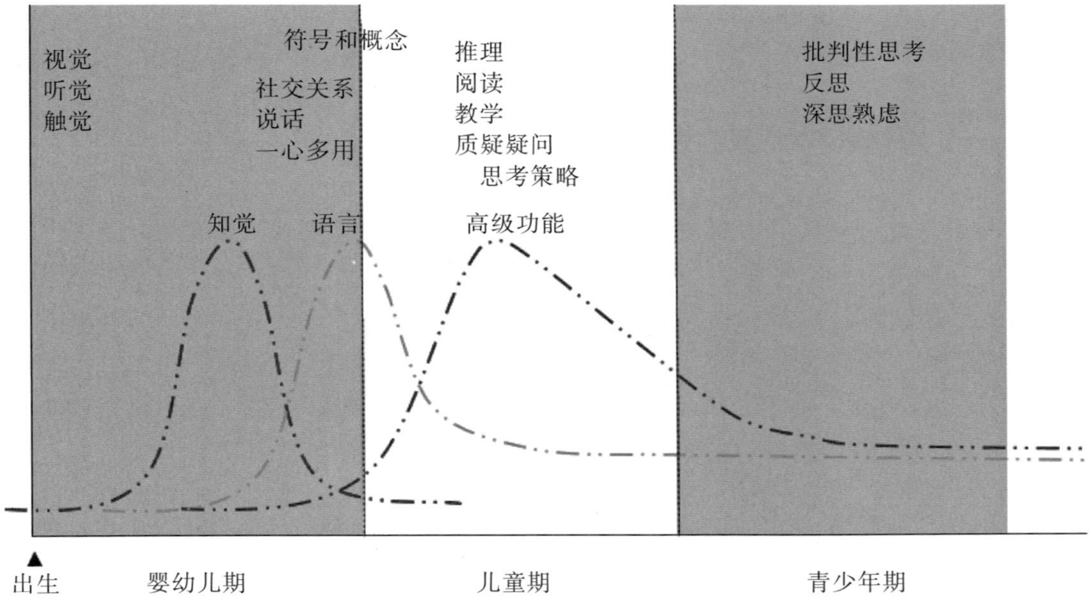

图2-3 大脑的开关功能[10]

[10] Bardin J.Unlocking the brain [J]. Nature，2012，487（5）：25-26.

第三层次的发展（高级感觉统合阶段）大约在幼儿6～10岁期间，此时幼儿大脑重量为1160～1280克，左右大脑半球的功能出现单侧化。例如，右脑具有情绪控制、空间定向、韵律绘画等形象思维优势，而左脑有写、说、读、听的语言能力以及算术等逻辑思维优势。幼儿在经过上面两个阶段感觉统合发展后，已有较为复杂的行为反应和认知能力，可以自主安排计划并实施，注意力可以长时间集中，意志力增强，可控制自身情绪等。

第四层次的发展（大脑成熟阶段）发生在15岁左右，儿童大脑的重量基本近似成人的脑重。在正常发展模式下，此阶段幼儿感觉统合功能基本趋于成熟，可以完全适应外界环境。

二、感觉统合失调的表现和原因

幼儿感觉统合失调易注意力不集中、好动不安、害羞内向、笨手笨脚。随着年龄的增加，感觉统合失调会对学业产生负面影响。通过对学业成绩较差的儿童调查发现，其中51.1% 的孩子具有轻度感觉统合失调，24.9% 的孩子有重度感觉统合失调[11]，研究显示，由于感觉统合失调导致运动障碍的幼儿占28%，注意缺陷、多动障碍的幼儿占41%。因此，感觉统合的良好发展对幼儿运动能力、学习及多动症方面有着重要影响[12]。

（一）感觉统合失调的表现

幼儿感觉统合失调的表现主要有以下几个方面：①前庭平衡功能失常。表现为好动不安、走路易跌倒、注意力不集中、上课不专心、爱做小动作、容易与人起冲突、调皮任性、爱挑剔、很难与别人分享玩具和食物、无法顾及他人的需要，还可能出现语言发展迟缓、语言表达困难等问题。②视觉感不良。表现为无法流利阅读，常有跳读或漏读、多字少字现象，写字偏旁部首颠倒，甚至不识字，学了就忘，不会做计算，常抄错题或抄漏题等。③触觉过分敏感。表现为紧张孤僻不合群、害怕陌生环境、咬指甲爱哭，容易产生分离焦虑或过分紧张、偏食或暴饮暴食、脾气暴躁。④听觉感不良。表现为对别人的话听而不闻、丢三落四，经常忘记教师说的话和布置的作业等。⑤本体感失调。表现为缺乏自信、消极退缩、手脚笨拙，语言表现能力极差，

[11] 沈茜. 成都市学龄前幼儿感觉统合失调及影响因素研究［J］. 中国幼儿保健杂志，2017，25（3）：299-301.

[12] 杭荣华，王瑞权，吴义高. 感觉统合训练改善注意缺陷多动障碍幼儿行为、智力及执行功能的对照研究［J］. 中国心理卫生杂志，2010，24（3）：219-223.

还会有站无站相、坐无坐相、缺乏自信、脾气暴躁、粗心大意、挫折感较多等。⑥动作不协调。表现为平衡能力差、走路容易摔倒，经常出现摔伤，还会有手工能力差、不会系鞋带、扣钮扣、用筷子，不能像其他孩子那样翻滚、骑车、跳绳、拍球、接球等，精细动作控制能力较差等。

（二）感觉统合失调的原因

幼儿活动范围变小，成人对幼儿过度保护，导致幼儿无法接受全面的外界信息；父母过于忙碌，陪伴活动少、引导少而造成幼儿右脑感官刺激不足； 出生后，在婴儿期未经过爬行就直接学习走路，导致前庭平衡失调；幼儿未触摸过土、沙等外界事物，造成幼儿触觉刺激缺乏；过多地使用学步车，使幼儿前庭平衡失调及头部支撑力不足。

因此，要抓住幼儿感觉统合发展的关键期，采用丰富的环境刺激，使幼儿主动积极地探索环境，促进大脑神经系统的发育，发挥大脑的潜能。

第三章　幼儿功能性动作教学理论基础

本章主要叙述了幼儿动作演变特征、解剖结构的基本特征，这些内容有利于幼儿教师及相关从业人员从多角度对幼儿进行身体教育工作。

第一节　人类动作发展相关理论

本节从“人类动作发展理论”“动作学习与控制理论”和“功能性训练理论”三个方面对人类动作发展理论进行阐述。

“人类动作发展理论”认为在人类整个生命周期，动作行为的发展和改变依照独特的方式进行，分为反射、预先适应、基本动作技能、专项动作技能、技能熟练和代偿六个时期。反射时期是动作发展的初始阶段，动作特点表现为刻板、自主，由原始反射动作和姿势反射动作两大类构成，反射动作的出现是人类维持生存和保护自身的必备动作技能。而随着年龄的增长，婴儿进入预先适应时期，开始出现一些具有倾向性或预先适应性的动作行为，这些行为是预先适应的而不是预先决定的，由姿势控制、移动和操作控制构成。反射阶段和预先适应阶段所出现的动作受外界的影响并不大，基本是在幼儿神经系统发育成熟后，在外界环境的稍许刺激下而出现，是未来基本动作技能发展的基础。随着幼儿年龄增加，基本动作技能时期，幼儿出现更高级的、大脑皮层控制的自主性动作，受外界的影响较大，是动作发展的外在机制。此时期动作分为有关个体全身大肌肉活动的粗大动作和主要涉及手部小肌肉活动的精细动作技能，幼儿阶段处于基本动作发展时期，在基本动作技能的良好发展是幼儿步入小学阶段进行运动项目技能学习的基础。6岁以后，幼儿依次进入专项动作技能、技能熟练和代偿时期。可以说幼儿动作发展的主要内容和顺序是在反射出现后，逐渐开始基本动作技能的学习，待熟练掌握后再进行运动项目技能的学习。

“动作学习与控制理论”同样认为，基本动作技能的养成和获得是运动项目技能学习的基础，这点与人类动作发展理论的观点一致。但是“动作学习与控制理论”认为反射动作并不是人类进行实际动作表达时最基本的动作形式，它只是人类先天为满足生存而出现的自发动作行为。因而便有了“动作模式”这一概念，动作模式是组成基本动作技能的最小单元，若干个动作模式在运动空间内的组合而形成基本动作技能；只有在具备多种动作模式并熟练掌握后，才能开始系统地学习基本动作技能。因此，在人类动作技能形成过程中，人是通过动作模式的学习由反射阶段过渡到基本动作技能阶段，并且动作模式的掌握程度是制定动作发展计划的基准，是检测基本动作质量的手段。

"功能性训练理论"主张"运动就是动作"，通过完成多种多样简单、复杂的动作使身体不同部位进行多个平面内的运动。第一，强调动作练习。动作是人体各种身体素质综合表现的外在结果[1]，是基于实际目标特点所设计的专门动作练习，从而提高神经对肌肉的控制能力。第二，强调完整运动链、人体筋膜链走向。人体运动时不是靠单关节单肌肉发力实现，是在运动空间内各关节和肌肉在神经系统的参与下协调发力而进行表达[2]。功能性训练依据人体筋膜链走向，强调对完整运动链上的关节和肌肉进行全面发展，使能量能够协调流畅地完成衔接、传递和整合过程，形成一个完整的发力通道，减少能量损耗、提高使用效率。第三，强调人体核心区。核心区是人体运动链上的枢纽，是保证整体运动素质发挥的基石，通过加强核心区能力，提高动量在上下肢之间的传递，精准调控姿态失衡与重建的转换，并预防"上下交叉综合征"的出现。第四，强调人体多维度与多平面的运动。实际生活或运动中，动作不是单个平面内的表达，而是在立体空间多个平面的综合体现。通过营造实际运动中所需要的多关节、多维度、全幅度的力学环境，使全身肌肉得到均衡发展，提高动作练习效率、整合运动素质。"功能性训练理论"在人体动作的发展中，更加强调将人自身的内因条件与实际运动的外因条件结合，综合观察人在实际动作表达过程中的具体形式和问题。

"动作"是指在一定的时间和空间下，肢体、躯干的肌肉、骨骼、关节协同活动的模式，既可以指由多个部分共同构成的完整活动模式，也可以指某一部分的特定活动模式。动作是人类早期生长发育的核心，作为保障个体生存和发展的基本技能，是个体与环境进行有效互动的基本手段。而"动作发展"则是指个体一生中动作的变化过程，是幼儿发展的基础，是其生活、学习活动顺利进行的直接前提[3]。

一、动作发展阶段划分

人类整个生命周期中，动作行为的发展和改变依照独特的方式进行，一般将动作

[1] Verstegen M，Williams P.Core Performance Essentials：the Revolutionary Nutritionand Exercise Plan Adapted for Everydayuse [M]. RodaleBooks，2006.

[2] Gary C.Functional training for the torso [J]. Nasa Journal，1997，4（9）：14–19.

[3] 张莹. 动作发展视角下的幼儿体育活动内容实证研究 [J]. 北京体育大学学报，2012，35（3）：133–140.

发展划分为6个阶段，分别为反射、预先适应、基本动作技能、专项动作技能、技能熟练和代偿。

（一）反射时期

反射时期从个体胎儿期开始，是人类一生动作发展的最早形式，主要表现为固定刺激作用于一定的感受器引起的恒定运动，主要为反射性、刻板的动作。自发、刻板是这一时期动作表现的主要特点。例如，轻触婴儿一侧的脸颊，他就会把头转向触摸的那个方向，若将手指伸入婴儿手掌中，他就会握住你的手指。婴儿期的反射大致可分为原始反射和姿势反射两种类型，每种类型又分为若干个反射条目，其中，某些反射开始时间并不一致，而当婴儿拥有自主控制动作的能力后，某些反射就会变弱或消失，但维持人生存的一些反射会持续很长时间，甚至整个生命周期（例如膝跳反射），具体内容如表3–1所示。

表3–1　婴儿期的反射动作

反射	引发刺激	动作反应	出现年龄	消失年龄
觅食反射	触摸婴儿脸部嘴巴周围	头转向触摸的方向，嘴巴张开	出生前	3个月
吸吮反射	触摸婴儿嘴唇	吸吮的动作	出生前	3个月
莫罗反射	突然降低婴儿的身体或头部	双臂张开并伸展，然后慢慢向身体方向收回	出生时	4～6个月
手掌抓握反射	触摸婴儿的手掌	四指屈曲握紧	出生前	3.5个月
手掌抓握反射	触摸婴儿脚掌的跖球部位	脚趾屈曲	出生时	9个月
巴宾斯基反射	沿着足底外侧轻轻划动	所有的脚趾伸展开	出生时	4个月
不对称性颈张力反射	仰卧位时将婴儿的头转向一侧	与脸同侧手臂和腿伸展，对侧肢体屈曲	1个月	4个月
对称性颈张力反射	支撑婴儿坐立，向后/向前倾斜头部	双臂伸展，两腿屈曲或双臂屈曲	6个月	8个月
走路反射	托着婴儿至直立位，脚接触支撑平面	交替的跨步动作	出生时	2个月
游泳反射	婴儿以俯卧位悬浮于水面或者在水里	游泳样的手臂和腿的交替动作	出生后几星期	4～5个月
颈翻正反射	仰卧位时将婴儿的身体转向一侧	将头转向与身体一致的方向	出生时	6个月
躯体翻正反射	仰卧位时将婴儿的头转向一侧	将身体转向与头一致的方向	4个月	

（续表）

反射	引发刺激	动作反应	出现年龄	消失年龄
迷路翻正反射	倾斜头部使得头不在重力线上	重新调整使头位于重力线上	2～3个月	
跳伞反射	突然将婴儿向一个方向推	双臂或双腿向与跌倒相向的方向伸直支撑	向下：4个月 侧方：6个月 向前：7个月	

Caputeetal[4]；Milani-Comparettietal[5]

反射的功能有：①生存与保护。例如吸允反射与觅食反射，可以帮助婴儿自主寻找和摄入食物。迷路翻正反射，防止婴儿在俯卧位时由于支撑面堵塞呼吸，使机体主动伸张颈部，从而改变头的位置以保持呼吸顺畅。②动作发展的基石。反射是形成原始协调动作模式以及幼儿阶段学习动作技能的重要前提，是后来出现自主动作技能的基石，对个体的生存和发展有着重要意义。研究认为，多数姿势反射与未来涉及位移动作、姿势控制的技能发展高度相关[6]。

（二）预先适应时期

预先适应时期是幼儿在动作发展过程中，出现一些具有倾向性或预先适应性的动作行为，这些行为是与生俱来的，是预先适应的而不是预先决定的，若没有一定的外界环境刺激，这些动作行为将不会出现。这个阶段的动作技能大致分为三类：姿势控制、移动和操作控制。其中每个条目下出现的技能都称为动作发展里程碑，每个动作里程碑在幼儿动作发展中都是标志性的事件，如表3-2所示。

表3-2　预先适应时期的姿势和动作里程碑

平均年龄	动作里程碑
2个星期	俯卧位时将头转向侧方
2.5个月	俯卧位时能将头和前胸抬离支撑面
4个月	从仰卧位翻滚为侧卧位

[4] CaputeA.J，Vining，J.E Rubenstein Primitive reflex profile [J]. Baltimore，MD：University Park Press，1978，27（1）：126-127.

[5] Milani-Comparetti A，Gidoni E.A.Routine developmental examination in normal and retarded children [J]. Developmental Medicine & Child Neurology，1967，9（5）：631-638.

[6] Easton T.A.On the normal use of reflexes [J]. American Scientist，1972，60（60）：591-599.

（续表）

平均年龄	动作里程碑
4.5个月	手臂支撑着俯卧
4.5个月	双臂支撑在支撑面上坐立
5个月	弓着背躯干前倾地独立坐着
5.5个月	从仰卧位翻滚为俯卧位（不伴随躯干的旋转）
6个月	背部挺直地独立地坐着
7个月	从仰卧位翻滚为俯卧位（伴随躯干的旋转）
7.5个月	腹部与支撑面保持接触的爬行
8个月	拉站（自己坐位拉到站立位）
8.5个月	腹部脱离支撑面，依靠手和膝部的爬行
9个月	扶物行走
10.5个月	独自站立
11个月	连续地独立行走三步

Piper & Darrah[7]

1. 姿势控制

姿势控制指幼儿能保持身体平衡，并在环境中维持一个特定的身体方位，发展一般从颈部开始，遵循从头到脚的方向。幼儿在对颈部、躯干、手臂和腿自主控制的完成过程中，获得头部控制、翻滚、坐立和站立的能力。坐立是人类获得的第一个直立姿势，当他们具备头部和躯干的控制能力之后借助手臂的支撑完成坐立动作。站立是人类生命中第一年内第一个重要的里程碑，它是未来多种动作技能出现的根本，例如奔跑和跳跃。

姿势控制是神经肌肉系统和感觉系统之间连续且动态的相互作用，也是很多动作技能发展的根本条件。当发展到一个新的姿势里程碑的过渡期时，感觉与动作的关联需要被重新校准，而这个感觉动作的重新校准可能会影响以前已经建立的姿势或其他的动作行为。例如幼儿处于独立行走的过渡期时，已经获得的坐立和够物技能会暂时消失。

2. 移动发展

爬行是幼儿移动发展中的典型动作，是大多数幼儿在独立行走之前必须要经历的。俯卧姿态的爬行动作出现，表明幼儿在环境中自主控制身体的能力得到巨大进

[7] Darrah M.Motor Assessment of the Developing Infant [J]. Philadephia，PA：WBSaunders Co.1994.

步，研究也证明爬行与幼儿情绪、认知及社会行为的发展相关[8]。虽然爬行是预先适应时期一个普遍存在的动作里程碑，但有些健康幼儿也存在独立行走前不会爬行的情况。

直立行走是人类最为重要的物种特性之一。直立行走不仅需要身体保持直立姿势，而且要将重心由一侧转移到另一侧，并保持一只或两只脚始终与地面接触，下肢必须有足够强的肌肉力量以维持在重力作用下整个身体平衡。直立行走同样也涉及神经系统、感觉与认知系统、骨骼与肌肉等系统的协同发展。国外学者提出影响行走技能掌握的八个参数：模式生成、关节分化、姿势控制、视觉敏感性、肌张力控制、伸张力量、身体约束和动作，其中姿势控制、肌肉力量和动作是最为主要的三个因素[9]。

预先适应时期中，动作控制能力的发展没有统一的时间，而是在多个因素影响的过程中出现的，新动作行为的出现是幼儿机体与环境、任务相互作用的一个动态过程。动作里程碑出现的顺序基本是相对不变的，但不同幼儿各自的动作行为可能由于自身情况和所处环境因素不同，出现的时间有所差异。当幼儿获得独立行走和自我进食的能力后，预先适应阶段结束，开始进入基本动作技能时期。

（三）基本动作技能时期

反射阶段和预先适应阶段中动作的发展受外界影响较小，是动作发展的内在机制。而基本动作技能是随着幼儿年龄增加，出现更高级的、大脑皮层控制的自主性动作，受外界的影响较大，是动作发展的外在机制。此阶段技能分为全身大肌肉活动的粗大动作和主要涉及手部小肌肉活动的精细动作。

3～6岁幼儿基本动作技能时期主要是以粗大动作发展为主，精细动作发展为辅。粗大动作发展的内容主要有位移技能，如跑、跳、爬；控制技能，如扭转、弯身等；操作技能，如投掷、接、踢、挥击等。精细动作指那些主要由身体小肌肉或小肌肉群控制的动作，是在感知觉、注意等多方面心理活动配合下完成特定任务的能力，因为这些动作对于生存、后期的工具使用和书写等动作发展都非常重要，所以精细动作的发展是幼儿早期最重要的发展成果之一，典型的精细动作技能通常为伸够和抓握。图3-1可以看出基本动作技能中跑步、单脚跳、垫跳步、双脚跳、投掷等动作，这些动作是幼儿未来熟练掌握各类运动和舞蹈的基础。人类动作发展研究专家Greg将基本动作技能比作字母或数字，幼儿若没有掌握字母或数字，则语言或运算能力的发展就会遇到

[8] Campos J.J，Anderson，D.I.，BarbuRoth，M.A.Travel broadens the mind [J]. Infancy，2000，1（2）：149-219.

[9] Thelen E，Kelso J.S，Fogel A.Self-organizing systems and infant motor development [J]. Developmental Review，1987，7（1）：39-65.

障碍。同理，如果幼儿没有掌握基本动作技能，那么他们完成由基本动作所组成的复杂动作能力将会降低。研究发现，3～8周岁是幼儿形成基本动作技能的关键期[10]。因此，3～6岁幼儿基本动作技能的发展主要是粗大动作的发展。

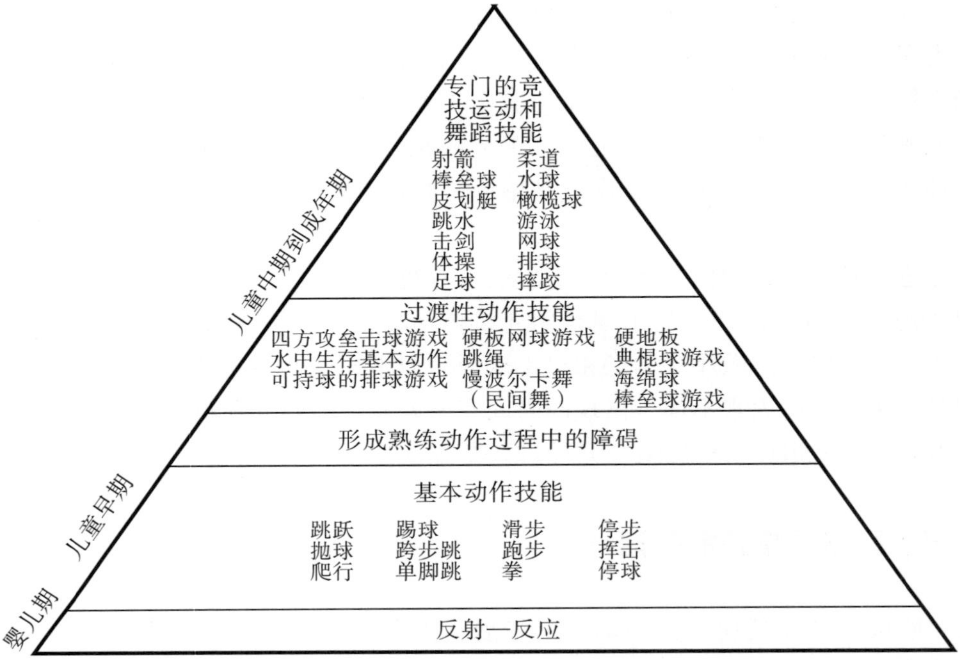

图3-1 动作熟练度发展序列金字塔模型[11]

1. 基本动作技能发展程度的辨别

三类基本动作技能由诸多小的技能构成，幼儿需要学习和掌握的内容较多。所以幼儿在学习运动技能的过程中，需要对基本动作技能发展程度进行针对性的辨别，一般有“动作技能发展序列”和“动态系统范式”两种方法。

“动作技能发展序列”方法由整体序列法和部分序列法两部分构成，通过这两种方法对幼儿基本动作技能的形成和掌握进行辨别。前者主要描述同时出现在多数幼儿身上的一般特征，后者主要描述出现在手臂、躯干或腿部等特定身体部分的特殊特征。两种方式都是对动作技能形式或行为模式的质的辨别，而不是距离、速度或时间等量方面的辨别。动作技能发展的序列是线性的，是动作技能由不成熟、低效率的阶段发展到成熟、高效的阶段。整体序列法与部分序列法都能准确提供关于动作技能模

[10] 李静，刁玉翠. 3~10岁幼儿基本动作技能发展比较研究［J］. 中国体育科技，2013，49（3）：129-132.
[11] Greg P，耿培新. 人类动作发展概论［J］. 北京：人民教育出版社，2008：195.

式的信息，以识别某项基本动作技能的获得和精准化，并且具有较高的相关度。部分序列法对某项动作技能所得出的一般化特征综合图，相当于整体序列法观察到的全身某个阶段的特征图，跑动作技能整体发展序列就是一个典型的例子，如图3-2所示。

图3-2　跑动作技能整体发展序列[12]

“动态系统范式”方法不同于“动作技能发展序列”，它是非线性的动作发展，指动作技能的发展不是由初级阶段向高级阶段线性变化的，而是受到外界环境及个体因素的约束而对动作发展产生影响。例如幼儿在学习投掷动作时，是从生疏到熟练的过程，那么动作技能发展序列理论会将对侧动作模式作为投掷技能的熟练状态，而同侧动作模式则是处于不熟练阶段。然而，若教师提示孩子将球准确投掷到某个方格内，幼儿则会自主选择同侧动作模式，因为当他在投掷过程中考虑精度时，则认为同

[12] Seefeldt V. HJ.Competitive athletics for children -the Michigan study [J]. Journal of physical education and recreation.1978，49（3）：38-41.

侧发力模式是最为有效的。

2. 位移性动作技能的发展模式

位移性动作技能是幼儿需要掌握的一项重要技能，由跑、滑步、双脚跳、单脚跳等技能构成。此模式对幼儿能否顺利参与到日常的身体活动中有重要影响，并且对未来学习各种体育运动项目或游戏中的移动技巧有直接作用。

表3-3　位移动作技能的整体发展序列

位移技能	第一阶段	第二阶段	第三阶段	第四阶段
单脚跳	摆动腿在体前。非支撑腿的大腿置于身体前面与地面成水平线的位置；身体垂直；手臂处于肩部	摆动脚在支撑腿的侧面。非支撑腿的膝关节弯曲在前面使得摆动脚后于支撑腿；身体稍微前倾；两侧手臂的动作	摆动脚落后于支撑腿。非支撑腿直摆且摆动脚在支撑腿的后面，保持膝关节弯曲；身体有较大的前倾；两侧手臂的动作	摆动腿自由协调摆动。非支撑腿摆动；身体前倾；手臂与摆动腿反向摆动
立定跳远	手臂制动。手臂动作像闸一样；过分垂直向上跳的动作；腿没有伸展	手臂摆动。手臂如钟摆；垂直向上跳的动作依然很大；腿部接近完全伸展	身体完全伸展。起跳时手臂和腿部完全伸展	起跳角度接近45°；落地时大腿与地面平行
跑	高位保护跑。手臂—高位保护；脚扁平着地；小步子；两脚与肩同宽	中位保护跑。手臂—中位保护；身体直立；脚接近完全伸展	脚跟—脚趾手臂伸展。手臂—低保护；手臂反向保护；肘关节几乎完全伸展；脚跟—脚趾着地	手臂有力摆动。脚跟—脚趾着地（疾跑时是脚前掌—脚跟着地）；手臂与腿反向摆动；脚后跟大幅度动作，肘关节弯曲
连续前滑跳步	断续跑。类似有节奏的不平衡跑；腾空阶段，后腿超过前腿并且着地时保持在前面	后腿僵硬。速度缓慢，断续节奏，后腿僵硬；臀部常侧倾；垂直方向的动作夸张	有节奏的连续前滑跳步。流畅地、富有节奏地连续前滑跳步；适中的速度；脚距离地面近；臀部向前移动	

（续表）

位移技能	第一阶段	第二阶段	第三阶段	第四阶段
连续垫跳步	不连贯的连续垫跳步。不连贯或缺乏节奏；缓慢而勉强的动作；缺效的手臂动作	手臂和腿高抬。有节奏的连续垫跳步；手臂高抬帮助身体上升；过度的垂直提升动作	有节奏地连续垫跳步。臂部动作减少或者双手低于肩部；轻松有节奏的动作；单脚跳时支撑脚接近地面	

Seefeltetal[13]；Fountainetal[14]

由表3-3可以看出位移动作技能各部分内容的整体发展序列，每项动作技能大致分3～4个阶段。以跑动技能为例，在第一阶段中，幼儿采用小步伐、高抬腿的姿势，手臂架起、肩膀保持不动，作用是维持跑步过程中的身体平衡，以及在摔倒时用双手来保护自己；第二阶段，上肢基本没有变化，下肢出现伸展的现象；第三阶段，手臂可以配合双腿进行前后的摆动，脚掌在落地瞬间能够出现由脚跟过渡到脚趾的过程；第三阶段，能够弯曲手臂并有力、协调地配合双腿完成跑步过程（见图3-2）。

从表3-4可以看出，跑动作技能部分发展序列中，手臂和腿的动作被单独进行划分，但是部分序列法所描述的跑动模式与整体序列法所得出的跑动趋势基本一致，跑的动作转换都是从步履蹒跚到脚后跟或前脚掌着地，手臂姿势由张开的维持平衡状态到自然弯曲配合双腿完成前后的摆动。

表3-4　跑动作技能的部分发展序列

各部分的动作	发展序列和具体特征
腿的分解动作	L1：极小的腾空，全脚掌着地，脚趾外展，摆动腿外展 L2：腾空时间增加，经常出现全脚掌着地，步幅加大，膝关节折叠至少成90°角，大腿有侧摆，导致摆动腿的脚越过身体中线并置于身体后侧 L3：腾空时支撑脚完全伸展，脚跟或脚前掌着地，摆动腿脚踝放松，膝关节提升前摆

[13] Seefeldt V.&Vogel P.Sequencing motor skills within the physical education curriculum [J]. Paper presented at the American Association for Health 1972，Physical Education and Recreation（Houston）：TX.

[14] Fountain C.，Haubenstricker J.&Seefeldt V.Sequencing motor skills within the physical education curriculum [J]. Paper presented at the American Association for Health 1981，Physical Education and Recreation（Houston）：TX.

（续表）

各部分的动作	发展序列和具体特征
手臂分解动作	A1：手臂高位保护或中等保护，对跑动没有作用 A2：摆动的方向与同侧髋部和腿的动作方向相反 A3：摆动方向与同侧腿的动作方向相反，但越过身体中线，肘关节在前摆时弯曲，后摆时伸展 A4：摆动方向与腿的动作方向相反，手臂前后摆动，肘关节弯曲

Roberton[15]

3. 操作性动作技能的发展模式

操作性动作技能是指操作棒球等物体的动作技能，由投掷、踢球、挥击、接球等技能组成，它是幼儿未来进行团体球类项目运动或游戏的前提。

表3-5 操作动作技能的整体发展序列

操作技能	第一阶段	第二阶段	第三阶段	第四阶段	第五阶段
投掷	“砍”。面向前方；手臂做砍切动作；下肢静态支撑；躯干无扭转	扔掷。手臂上挥；扔掷；“组块”转体；后续动作手臂越过身体	同侧跨步。手臂高挥；同侧上步；躯干小幅度扭转；后续动作手臂越过身体	异侧跨步。手臂高挥；异侧上步；躯干小幅度扭转；后续动作手臂越过身体	熟练者。手臂向下后挥；异侧上步；分层次转动；上肢和下肢有后续动作
接球	延迟反应。手臂延迟反应；手臂向前伸展，触球后把球搂在胸前	抱球。手臂先向两侧伸展，然后做一个弧线的画圈动作，用胸将球抱住；原地或跨出一步	捞球。用胸触球；手臂前伸到球的下方，用胸将球抱住；可能移动一步接球	用手接球。只用双手接球；原地或者迈出一小步	移动接球。移动身体用双手接球

[15] Roberton M. A..Changing motor patterns during childhood [J]. Motor Development During Childhood & Adolescence, 1983, Minneapolis (MN: Burgess).

（续表）

操作技能	第一阶段	第二阶段	第三阶段	第四阶段	第五阶段
踢球	原地用脚推球。一点点（没有）腿的摆动；原地站立脚“推”球；踢球后（经常）后退	原地腿摆动。腿向后摆动；原地站立；手臂和腿反向摆动	移动踢球。脚以较低的弧度迈出；胳膊反向运动；	踢球后向前或侧做后续迈步	跨—踢—单脚跳；快速接近球；躯干后倾；踢球前有跨步跳；踢球后表现出单脚跳
踢凌空球	推球。腿无后摆，抛球不稳；身体原地不动；推球/脚步后退	原地腿摆动。腿向后摆动；抛球依然不稳定；身体原地不动；试图用力踢球	移动踢球。预先踏出一步；一些腿臂的互动；抛球或坠落球	跨—踢凌空球—单脚跳。快速接近；控制球的下落；触球之前最后一步是跨跳；踢球之后支撑腿离地跳起	
挥击	“砍式挥击”。用球棒将球砍出；双脚原地不动	推。水平方向推出/摆动；“组块”转体；双脚原地不动或者迈出一小步	同侧上步。迈出同侧腿；斜向下挥动	异侧上步。迈出异侧腿；躯体转动；后续动作中手腕翻转	

Haubenstricker[16]

表3-5描述了操作技能整体序列发展，各动作技能由4～5个阶段组成。以接球动作技能为例进行说明，幼儿接球动作学习主要分为五个阶段：第一阶段，可以看到幼儿有接球的意识，双臂举起放在胸前准备接球，双臂有抱球的动作，但来球只是击中身体并没有接住；第二阶段，双脚可以采用宽的站位稳定身体重心，幼儿可以通过手臂以胸前搂抱的方式将来球接住；第三阶段，当来球时可以采用屈髋和屈膝动作降低身体重心，手臂以类似打捞的动作将球接住；第四阶段，可以通过手部动作将球接住，但是只能接住抛到身体上方的球，身体以外的球则会越过他们使得幼儿无法接住；第五阶段，幼儿能够主动移动身体和双脚，以接住来球（图3-3）。

[16] Haubenstricker J. BCSV.Preliminary validation of developmental sequence for throwing and catching [J]. Paper presented at the annual conference of the North American Society for the Psychology of Sport and Physical Activity，1983，East Lansing（MI）.

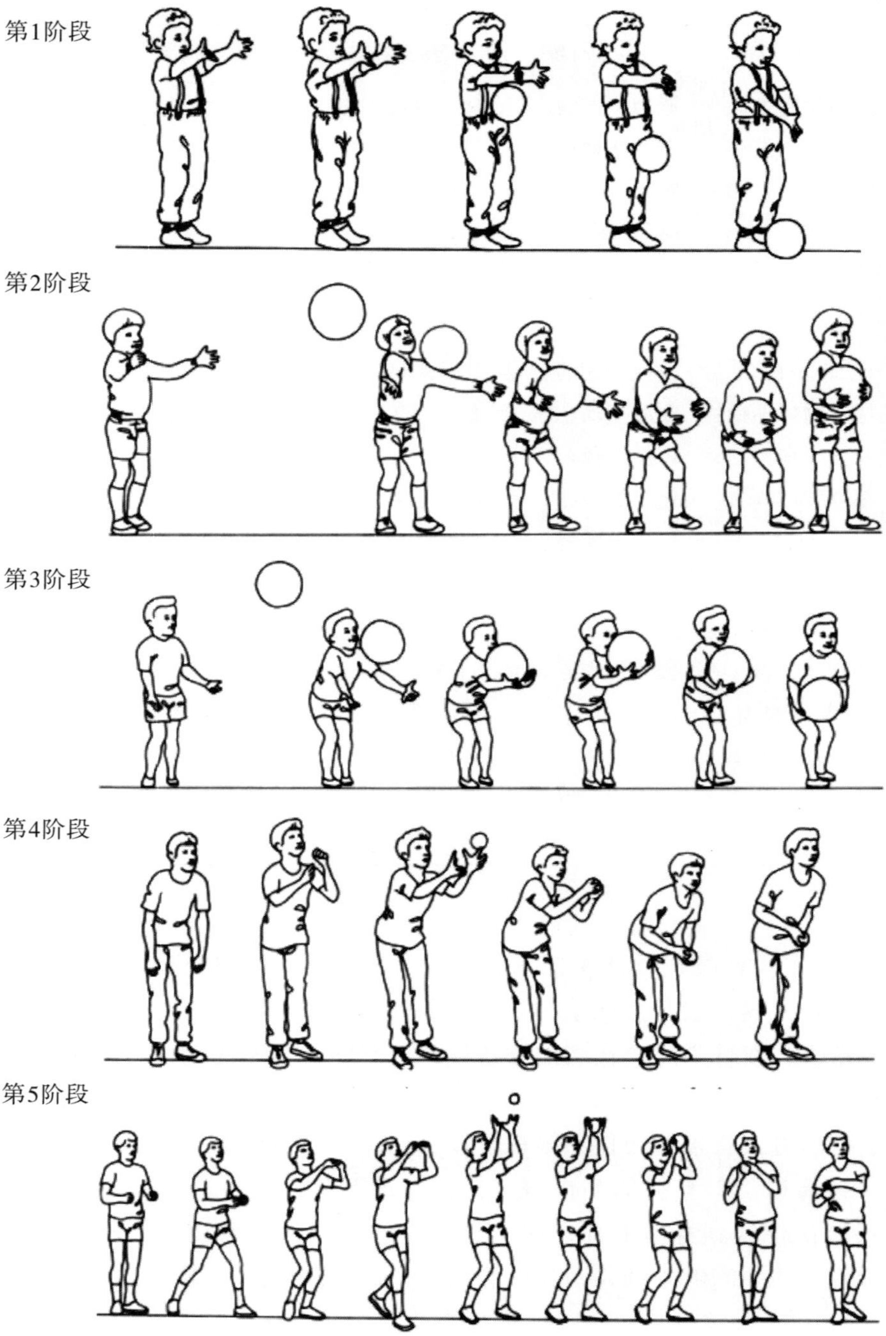

图3-3　接球动作技能整体发展序列[17]

[17] Roberton　M. A. KJD.Predicting children's overarm throw ball velocities from their developmental levels in throwing [J]. Res Q Exercise Sport，2001，72（2）：91-103.

接球动作技能的部分发展序列（表3-6）是由身体有关部位的动作按一定的系列步骤组合在一起的，分为手臂分解动作（4个方面）、手掌动作（3个方面）和身体动作（3个方面）。

表3-6　接球动作的部分发展序列

各部分的动作	发展序列和具体特征
手臂的动作	A1：几乎无反应：手臂向前伸展，几乎没有根据飞行的球而进行的动作，而且借助胸将球抱住
	A2：抱球：手臂先向两侧伸展然后做一个弧线的画圈动作，借助胸将球抱住
	A3：捞球：手臂伸展向前并移动至球的下方，借助胸将球抱住
	A4：手臂后让：手臂伸张迎球，手、手臂及身体后让缓冲接球，用手抓住物体
手的动作	H1：掌心向上：手掌面向上方
	H2：掌心朝里：双手手掌相对
	H3：手掌调整：手掌随着将要接到的球的飞行情况和球的大小进行相应调整。根据球飞来的高度调节大拇指与其他指头的距离
身体的动作	B1：无调整动作：对于球的飞行路线，身体没有进行任何相应的调整
	B2：笨拙的调整：手臂和身体随着球飞行的路线开始移动，但是头仍然僵直，使接球的动作笨拙，接球手似乎不能保持平衡
	H3：适宜的调整：脚步、身体和手臂都能随着飞过来的球进行相应的调整

Roberton[18]

通过整体序列法和部分序列法，可对幼儿位移和操作动作技能的发展阶段进行清晰地观察，图3-4是幼儿某项动作技能在某个时间点应达到的阶段。教师在对幼儿进行基本动作技能教学时，可以将上文各动作技能的发展序列与上图结合对某个年龄段幼儿在某个阶段中动作技能的掌握水平进行判断和评估，若达到上图的要求则说明此动作技能通过练习掌握得较好，若没有达到要求则说明幼儿的这项技能发展处于滞后状态，需要对教学内容重新设计或对幼儿自身情况进行分析。

[18] Roberton M. A..Changing motor patterns during childhood [J]. Motor Development During Childhood & Adolescence.1984, Minneapolis (MN: Burgess).

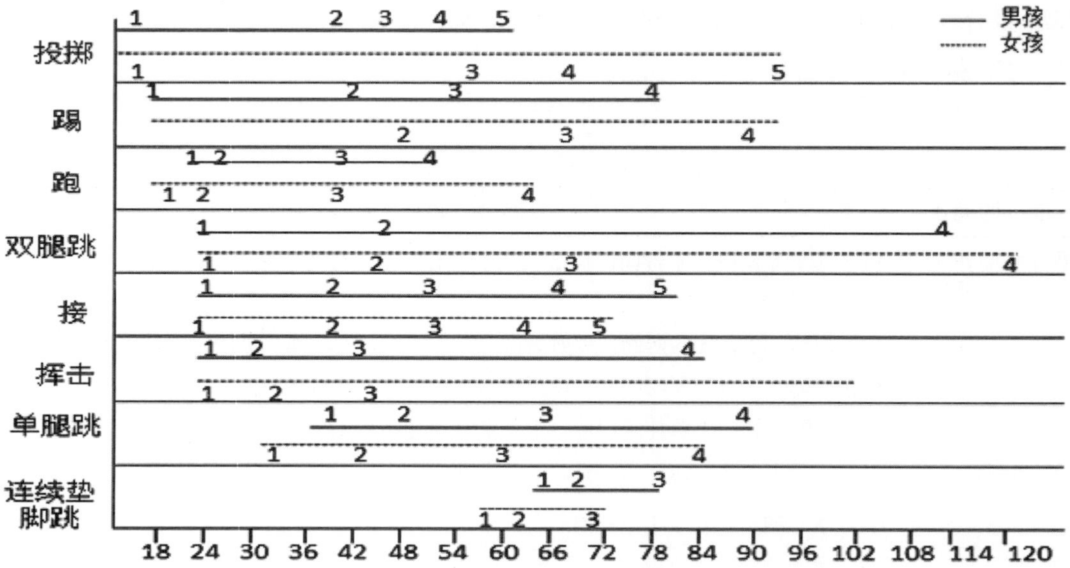

图3-4 男女童基本动作技能水平所对应年龄

二、动作发展整体原则

（一）“从上到下”发展原则

此原则主要指人类生长和动作发展的进程是按从上到下的顺序进行发展。例如在胎儿和婴儿期，头部的发育明显比身体其他部位大。而在幼儿阶段，当幼儿开始学习行走时，脚掌支撑面较宽，呈外八字，下肢以较为僵硬的姿势行走。在行进的整个过程中，幼儿以髋关节为中心完成下肢摆动，膝盖弯曲较少几乎为伸展状态，脚步落地时基本没有弯曲。当幼儿能够较为熟练完成走的动作后，膝盖弯曲与伸展交替进行，落地瞬间脚背出现弯曲，使身体重心由足跟过渡到脚趾，走路的步态较原先更为熟练。

（二）“由近及远”发展原则

此原则指幼儿生长和发展从身体中心区或中线向远端发展（从脊柱到四肢）。在胚胎时期，神经沟贯穿在复杂的细胞体中，这些神经沟逐渐形成脊椎。脊椎逐渐长出头、胳膊、腿及有关的身体结构，由近及远逐渐由中线向身体边缘生长。幼儿在进行挥击动作技能时，基本采用肩关节控制胳膊做出大肌肉群的动作以挥击软球，并不会用手腕或手指对球棒进行控制。随着练习经验增多，成熟化程度越来越高，幼儿可以通过手指环绕球棒，完成击球动作。可以说，抓握动作控制从仅用胳膊的大肌肉群使得物体移动，发展到手臂、手腕和手指的精细动作，即是由近及远的发展过程。

（三）“从大到小”发展原则

此原则指幼儿大肌肉群力量的发展要快于小肌肉。幼儿首先掌握躯干、肢体等大肌肉群的运动能力以后，才渐渐发展小肌肉群力量和精细动作。幼儿见到父母会快速地疾跑然后猛烈抱住父母，而不会由加速过程逐渐减速和制动，因为下肢大肌肉的发展为幼儿跑动时的加速提供动力，但由于小肌肉的滞后发展，幼儿则无法完成减速和急停的动作。随着小肌肉群发育及急停动作技能掌握，幼儿可以完整地进行静止起跑、加速及减速制动这一过程。

（四）“整合”发展原则

此原则指幼儿身体各部分结构共同工作、相互协调的能力逐渐提高。幼儿在学习立定跳远初期无法协调控制双臂摆动和双腿蹬地，一般只能通过腿部完成整个过程而上肢基本不动，并且一条腿比另外一条腿向前蹬地的速度更快。随着时间推移，幼儿可以使双腿并在一起完成立定跳远，而且双臂能够配合手臂协调进行发力以跳出更远的距离。

（五）“分化”发展原则

此原则指某一动作中，身体各部分开始承担它们在动作执行中更成熟的职责时，分化就随之出现。幼儿在学习接球动作初期，虽然教师要求使用双手进行接球，但是幼儿还是会用大臂和小臂将球抱住，这个时候手的动作功能似乎是胳膊的延续，而不是一个有不同目的的单独实体，手和胳膊的功能还没有分开。随着发育成熟及动作经验积累，手和胳膊的功能逐渐分化，这时候幼儿在完成接球动作时，胳膊发挥的是伸展功能，而手发挥的是抓接功能。

以上五种动作发展的原则在幼儿动作发展的整个过程中并不是孤立的，相反它们“相互作用”，以一种循序渐进的方式共同产生影响，在机体发展成熟的过程中相互联系、相互影响。如幼儿在学习挥击动作时，先是通过肩部摆动球棒至手部抓握控制球棒，肩部周围的大肌肉群先发展而手部小肌肉群后发展，并且最终出现手指的分化现象。挥击学习过程中，由原来只是调动上肢动作到逐渐出现下肢蹬转动作，也是上肢和下肢统一协调整合化的过程。

第二节 功能解剖学

幼儿教师及相关从业人员通过了解幼儿身体发育基本特征，有利于其从解剖学角度对幼儿进行身体教育工作。

一、神经系统

人的意识产生于脑。人体的各种生理活动均受神经系统的调节。神经系统分为中枢神经系统和周围神经系统两部分。中枢神经系统包括脑和脊髓，周围神经系统包括脑神经、脊神经和植物性神经。

（一）概述

1. 神经元

神经元即神经细胞，是神经系统的基本结构和功能单位。神经元的结构包括细胞体和突起两部分。细胞体是神经元营养和代谢的中心，能整合信息。突起分为轴突和树突。

2. 脊椎和反射

脊髓位于脊柱的椎管内，上与脑干相连，下达腰椎。脊髓是中枢神经系统的低级部位。反射是人体对内外环境中各种刺激发出的反应，是神经系统调节机体活动的基本方式。反射可分为无条件反射和条件反射两种。无条件反射是指先天具备的、不学而会的反射活动，在无条件反射的基础上，经过后天学习训练而形成的反射叫条件反射。

3. 脑

脑位于颅腔内，分为大脑、小脑、间脑和脑干四部分。

4. 植物性神经

植物性神经从脑和脊髓发出，分布于内脏器官。植物性神经可分为交感神经和副交感神经两类，它们分布于同一器官，作用相反，相互制约，使内脏器官的活动协调准确。

（二）幼儿神经系统的特点

1. 脑发育非常迅速

婴幼儿时期脑的发育非常迅速，从出生到7岁，脑重量增加近4倍，7岁左右已基本接近成人（表3-7）[19]。与此同时，脑的机能也逐渐复杂、成熟和完善，为建立各种条件反射提供了生理基础。

表3-7　新生儿到成人脑量变化

年龄	新生儿	9个月	2岁	3岁	4～6岁	6～16岁	成人
大脑重量（克）	390	600	1011	1080	1305	1353	1400

2. 中枢神经系统的发育不均衡

脊髓和脑干在出生时即已发育成熟，而小脑发育则相对较晚，从1岁左右开始迅速发育，3～6岁逐渐发育成熟。所以，1岁左右幼儿学走路时步履蹒跚，3岁时已能稳稳地走和跑，但摆臂与迈步还不协调。到5～6岁时，能准确协调地进行各种动作，如走、跑、跳、上下台阶，而且能很好地维持身体的平衡。到8岁左右，幼儿大脑皮层发育已基本接近成人。

3. 大脑皮层的兴奋与抑制过程发展不平衡

幼儿大脑皮层发育尚未完善，兴奋占优势，抑制过程形成较慢。然而兴奋持续时间较短，容易泛化，主要表现为对事物保持注意的时间不长，常随兴趣的改变而转移注意，动作缺乏准确性等。

4. 植物性神经发育不完善

交感神经兴奋性强而副交感神经兴奋性较弱。比如，婴幼儿心率及呼吸频率较快，但节律不稳定，胃肠消化能力极易受情绪影响。

[19] 万钫. 幼儿卫生学 [M]. 北京：人民教育出版社，2009.

（三）幼儿神经系统的卫生保健

保证合理的营养；保证空气新鲜；保证充足的睡眠；制订和执行合理的生活制度；创设良好的生活环境；使幼儿保持愉快的情绪；安排丰富的活动及适当的体育锻炼。

二、运动系统

运动系统由骨骼、肌肉和骨连接构成。可以活动的骨连接叫关节。肌肉收到脑发出的信号而收缩，通过肌腱牵拉骨骼，以关节为支点，产生相应的动作。此外，骨骼还有支持人体、保护内脏器官和造血等功能。

（一）概述

1. 骨骼

人体有206块骨。骨的基本构造包括骨膜、骨质和骨髓三部分。骨的成分主要包括无机盐和有机物。无机盐主要是钙、磷化合物，使骨坚硬；有机物主要有骨胶原等蛋白质，使骨有韧性和弹性。

2. 肌肉

全身肌肉包括头颈肌、躯干肌和四肢肌，共600多块，占体重的40%。肌肉可分为骨骼肌、平滑肌和心肌。肌肉的主要成分有水和蛋白质等。

3. 关节

骨连接主要有两种形式，即直接连接、半直接连接，关节是四肢骨之间及躯干骨之间连接的主要形式。

（二）幼儿运动系统的特点

1. 骨骼

（1）幼儿的骨中有机物较成人多，骨的弹性大，可塑性强，且骨骼中软骨较多，容易因姿势不好等原因造成骨骼变形。幼儿的骨还没有完全骨化，软骨成分较多，骨骼生长迅速。骨膜内的成骨细胞也不断增加，使骨增粗[20]。幼儿的骨中含有机物多，无机盐少，因而骨的硬度小、弹性大，可塑性强，容易变形。

（2）幼儿骨膜较厚，血管丰富，骨的再生能力和吸收过程较强。骨的最内层细胞（成骨细胞）有造骨机能，对幼儿时期骨的生长以及骨的再生有重要作用。幼儿期以前全为红骨髓，造血机能特别强。

（3）婴幼儿颅骨骨化尚未完成，有些骨的连接处仅以一层结缔组织膜相连，称囟门。前囟在颅顶中央，约在出生后12～18个月闭合。囟门闭合的时间反映婴儿颅骨骨化的程度。

（4）出生时婴儿腕骨都是软骨（图3-5），以后逐渐出现骨化中心，到10岁左右，8块腕骨的骨化中心才出齐，13～16岁才完全骨化。

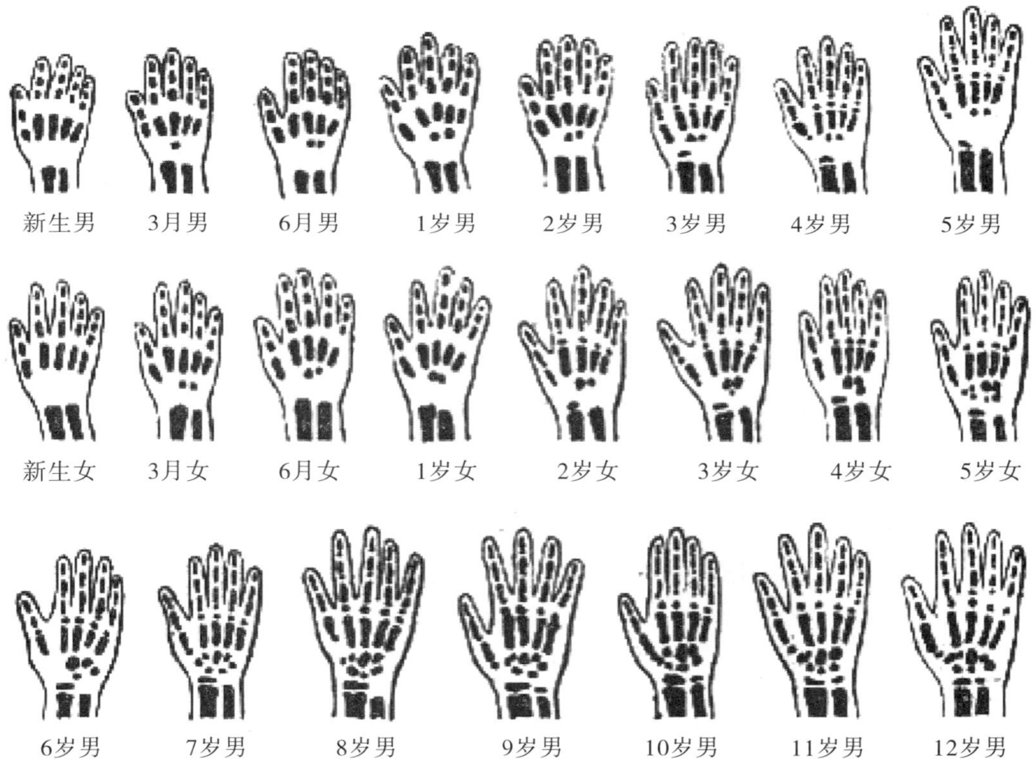

图3-5　幼儿正常骨龄示意图

[20] 周百之. 幼儿、少年解剖生理特点与体育教学[J]. 云南师范大学学报：哲学社会科学版，1978，(1)：62-64.

（5）随着动作的发展，幼儿逐渐形成脊柱的生理弯曲。

（6）婴幼儿时期，髋骨由髂骨、坐骨和耻骨借软骨连接起来，一般在18～25岁左右才成为一块完整的骨。

2. 肌肉

（1）幼儿肌肉中水分较多，蛋白质及储存的糖原较少，因此肌肉柔嫩，收缩力较差，力量小，易疲劳。但由于幼儿新陈代谢旺盛，疲劳后恢复较快。

（2）婴幼儿支配大肌肉群活动的神经中枢发育较早，故躯干及上下肢活动能力较强，支配小肌肉群活动的神经中枢发育较晚，手部腕部小肌肉群活动能力较差，难以完成精细的动作。

3. 关节特点

幼儿关节窝较浅，周围韧带较松，关节的活动性及伸展性较强，但牢固性较差，在较强外力作用下容易脱臼。

表3-8　人体主要关节分类及功能

	主要的角向运动	力学类似物	解剖实例
屈戌关节	仅屈伸运动	门铰链	肱尺关节 指间关节
环枢关节	各构件围绕单一的旋转轴旋转	门把手	桡尺近侧关节 寰枢关节
椭圆关节	双平面运动（屈伸和外展—内收）	与凹槽配对的扁平凸面椭圆体	腕关节
球窝关节	三维运动（屈伸、外展—内收、内外旋转）	与凹形杯配对的球状背弧面	肩关节 髋股（髋）关节
平面关节	典型运动，包括滑动（平移）或联合滑动和旋转	并列的相对平坦的表面，例如桌子上的书	腕掌关节（第二根到第四根手指） 腕骨间关节 跗骨间关节
鞍状关节	双平面运动；可能发生骨骼间的旋转，但是也许会受到关节连锁性质的限制	每个构件都拥有反向弯曲的凹凸面，并且相互成直角，就像骑手与马鞍一样	拇指腕掌关节 胸锁关节
髁状关节	双平面运动；屈伸和外展—内收，或屈伸和绕轴旋转（内—外旋转）	主要为在一度空间扩大的球状背弧面，如指关节，与浅的凹形杯配对	腕指关节 胫股（膝）关节

4. 足弓特点及足弓的生长发育规律

婴幼儿足弓周围韧带较松、肌肉细弱，若长时间站立、行走，足底负重过多，易引起足弓塌陷，特别是肥胖儿更易发生扁平足。幼儿脚与成人脚的主要差异是足骨的骨化没有完成，足弓不稳定，具有可塑性。这个过程从胚胎至出生，一直持续到成人为止。

0～1岁，虽然婴儿脚的外型看起来已发育得很完整，但大部分骨质是没有骨化的软骨，可塑性很大，受不得各种形式的力。

1～2岁，从生长发育的角度讲，刚刚学步的婴儿，脚骨大部分还是没有钙化的软骨，既使穿着不合适的鞋，也没有特别痛苦的感觉，因此，鞋子的软硬要适度，既要提高学步时身体的平衡稳定性，又能使鞋足成一体，目前定性的标准是鞋底可轻易对折。

2～4岁，幼儿处于足短骨骨化阶段，适当的负荷是骨得以正常发育的基本条件，在一定范围内，骨的生长发育快慢主要取决于加在骨上的负荷大小，负荷大，生长就快，负荷小，成长就慢。

此年龄段的幼儿普遍存在生理性扁平足。扁平足分为先天性扁平足和生理性扁平足。先天性扁平足是骨骼结构性的，患儿多伴有内翻足，引起了小腿和脚的生物力学改变，出现异常步态，严重的需要手术治疗；生理性扁平足也称假性扁平足，是幼儿身体生长发育过程中，由于其足部肌肉、肌腱、韧带等各组织的力量性能不能满足幼儿站立、行走、跑跳等活动造成的压力而引起足弓变形，是某些幼儿生长发育过程中的必然过渡阶段。影响足弓的不仅仅是足部的骨骼肌肉、肌腱发育水平，与下肢的骨骼形态也有很大关系。因此，尽量避免让幼儿下肢处于外旋状态的“W”形跪坐和趴卧也是预防扁平足的方法之一。

4～6岁，幼儿脚的脂肪逐渐减少，正在发育的足弓开始显现出来，但由于足肌力量不够，迈步时腿部摆动的推动力较小，踝关节软弱不稳定，还不能形成有力而轻松的步伐，非常容易造成损伤而且不易被察觉，需要格外保护。

因此，2～6岁年龄段童鞋的鞋底可稍硬些，一方面可端正走路姿势，另一方面可借助地面的反作用力，使走路省力，同时使足受到适当的应力促进骨骼的发育。最重要的一点是此阶段童鞋内不应有足弓垫之类的支撑物。

（三）3～6岁幼儿运动系统发育特点

1. 3～4岁幼儿身体和动作发展

此阶段幼儿脑的结构和机能继续发展。大肌肉发展较快，身体组织结构和器官功能有所加强，骨骼更坚硬，但骨化过程还未完成，容易变形。神经细胞脆弱，易疲劳。

幼儿身体动作比以前灵活，开始协调。逐步能自然地、有节奏地行走。喜欢跑、跳、玩球、骑小车、投扔沙袋等。逐步能双脚交替上下楼梯。手部小肌肉有较大发展，动作逐步精细化，如搭积木、串珠、折纸、捏泥、使用剪刀等，能自己用勺进餐，逐步自己穿、脱衣裤，会自己扣纽扣。

2. 4～5岁幼儿动作发展更加完善

幼儿的身体开始结实，体力较佳，可以步行一定的路程。基本动作更为灵活，不但可以自如地跑、跳、攀登，而且可以单足站立，会抛接球，能骑小车等，手指动作比较灵巧，可以熟练地穿脱衣服、扣纽扣、拉拉练、系鞋带，也会折纸、穿珠、拼插积木等完成精细动作。动作质量明显提高，既能灵活操作，又能坚持较长时间。

3. 5～6岁幼儿动作灵活、控制能力明显增强

5岁的幼儿走路速度基本接近成人，平衡能力明显增强，还可以做一些比较复杂的技巧性运动，如骑小自行车、滑板车、滑旱冰，同时他们也非常喜欢进行一些竞赛性的活动，成人可安排一些有竞争的游戏，培养孩子的集体荣誉感和上进心。学前后期的幼儿对周围世界的兴趣及积极的求知态度是令人惊叹的，他们对一些比较有深度的问题更感兴趣，如“为什么月亮会跟着人走”“鱼儿为什么会在水里游”，他们也不再满足于等待成人回答，他们更喜欢自己找答案，他们对百科全书更感兴趣。而且这时的孩子非常喜欢把玩具拆开，其实不是搞破坏，是他们想探索玩具里面的奥秘，他们对自然现象和机械运动的原理开始感兴趣，成人不妨提供一些废旧的东西让他们拆卸。

（四）幼儿运动系统的卫生保健

1. 教育幼儿保持正确姿势

为防止骨骼变形，形成良好体态，需注意以下几点：婴儿不宜过早坐站，不宜睡软床和久坐沙发。负重不要超过自身体重的八分之一，更不能长时间单侧负重。托幼园所应配备与幼儿身材合适的桌椅。教师要随时纠正幼儿坐、立、行中的不正确姿势，并为幼儿做出榜样。

正确站姿是头端正，两肩平，挺胸收腹，肌肉放松，双手自然下垂，两腿站直，两足并行，前面略分开。

正确坐姿是头略向前，身体坐直、背靠椅背；大腿和臀部大部分落座在座位上；小腿与大腿成直角，两手自然放在腿上；脚自然放在地上。有桌子时，身体与

桌子距离适当；两臂能自然放在桌子上，不耸肩或塌肩，坐时两肩一样高。

2. 组织适当的体育锻炼和户外活动

体育锻炼和户外活动可使幼儿肌肉更健壮有力；可刺激骨的生长，使身体长高，并促进骨中无机盐的积淀，使骨更坚硬。户外活动时适量接受阳光照射，可使身体产生维生素D，以预防佝偻病。锻炼时血液循环加快，可为幼儿骨骼、肌肉提供更多的营养[21]。

3. 衣服要宽松适度

幼儿不宜穿过于紧的衣服，以免影响血液循环，鞋过小会影响足弓的正常发育。衣服、鞋宽松应适度，过于肥大会影响运动，易造成意外伤害。

4. 供给充足的营养

骨的生长需要大量蛋白质、钙和磷等，还需要维生素D促进钙、磷的吸收，肌肉生长及能量的贮存需要大量蛋白质和葡萄糖。合理膳食是保证骨骼、肌肉发育的重要条件。

三、循环系统

循环系统包括血液循环系统和淋巴循环系统。血液循环指血液从心脏流向全身、再从全身回到心脏的过程，该系统包括廊液、心脏和血管。淋巴循环是指全身淋巴液进入血管、参加血液循环的过程，淋巴系统包括淋巴液、淋巴管和淋巴结。

（一）概述

1. 血液循环系统

（1）血液。血液存在于心脏和血管中，由血浆和血细胞组成。血浆为淡黄色、透明的液体，它是血细胞生存的环境，并起着运送血细胞、养料和代谢废物等作用。血细胞分为红细胞、白细胞和血小板。

（2）心脏。心脏内部有四个腔。上面两个叫心房，下面两个叫心室。心脏左右两半互不相通。心脏每分钟跳动的次数称心率，心率应在受试者安静状态时测量。

［21］任绮，高立. 学前幼儿体育与健康［M］. 北京：清华大学出版社，2012.

（3）血管。血管是血液循环的通道，分为动脉、静脉和毛细血管。

（4）血液循环。血液循环可分为体循环和肺循环。

（5）心血管活动的调节。心脏和血管的活动受植物性神经支配。当交感神经兴奋时，心跳加快、血压上升；副交感神经兴奋时，心跳减慢、血压降低。

2. 淋巴系统

淋巴循环是血液循环的辅助装置，包括淋巴液、淋巴管、淋巴结、扁桃体等。

（二）幼儿循环系统的特点

1. 血液

幼儿的血液总量相对比成人多，约占体重的8%～10%[22]。但幼儿的造血器官易受伤害，某些药物及放射性污染对造血器官危害极大。幼儿血液含水分多，含凝血物质及免疫球蛋白少，因此，幼儿凝血较慢，而且发生感染容易扩散。

婴幼儿生长发育迅速，血液循环量增加很快，喂养不当或幼儿严重挑食偏食，容易发生贫血。

2. 心脏

由于婴幼儿心输出量少，而新陈代谢旺盛，为满足需要，只有加快心率来补偿。幼儿年龄越小，心率越快。幼儿的脉搏很容易受内外各种因素的影响而不稳定，哭闹、进餐、发热、运动等都会影响脉搏。因此，测量脉搏应在幼儿安静时进行。

3. 淋巴器官

幼儿时期淋巴系统发育较快，淋巴结的保护和防御机能显著。扁桃体在4～10岁发育达到高峰，此年龄段幼儿易患扁桃体炎。

（三）幼儿循环系统的卫生保健

合理组织体育锻炼可增强幼儿体质；预防动脉硬化应始于幼儿，幼儿膳食应控制胆固醇和饱和脂肪酸的摄入量，同时宜少盐；纠正幼儿挑食、偏食的毛病，预防缺铁性贫血；发烧时应卧床休息，减轻心脏负担。

[22] 鹿啟永. 小儿循环系统的解剖生理特点［J］. 生物学杂志，1994，62（6）：40.

四、呼吸系统

呼吸系统是执行机体和外界气体交换的器官的总称。

（一）概述

呼吸系统由呼吸道和肺组成。呼吸道包括鼻、咽、喉、气管和支气管，是气体进出肺的通道。肺是气体交换的场所。

（二）幼儿呼吸系统的特点

1. 呼吸器官的特点

婴幼儿鼻腔较狭窄，粘膜柔嫩，容易受感染。感染时可引起鼻粘膜充血、肿胀，分泌增多，造成鼻腔堵塞。鼻中隔前下方血管丰富，容易因干燥、外伤等原因出血。鼻泪管较短，鼻腔感染可引发泪囊炎、结膜炎等。

幼儿喉腔狭窄，粘膜柔嫩，如果感染，可因粘膜充血、肿胀使喉腔更狭窄，致呼吸困难。幼儿喉部的保护性反射机能尚不完善，吃食物时说笑容易将未嚼碎的食物呛入呼吸道。幼儿声带容易疲劳，若发生肿胀充血，可造成声音嘶哑。

幼儿气管和支气管管腔较狭窄，管壁柔软，若发生感染易造成呼吸困难。

幼儿肺泡数量少、容积较小，若被粘液阻塞，也易引起呼吸困难。

2. 呼吸运动的特点

幼儿新陈代谢旺盛，机体需氧量相对比成人多，只能加快呼吸频率以满足需要，所以年龄越小，呼吸频率越快。新生儿每分钟呼吸约40～44次，1岁以内约30次，1～3岁约24次，4～7岁约22次[23]。

（三）幼儿呼吸系统的卫生保健

1. 培养幼儿良好的卫生习惯

帮助幼儿养成用鼻呼吸的习惯，充分发挥鼻腔的保护作用；教育幼儿不挖鼻孔，

[23] 杨爱连. 小儿呼吸系统解剖生理特点与临床意义 [J]. 山西医药杂志月刊，2009，38（1）：71-72.

以防鼻腔感染或引起鼻出血；教育幼儿咳嗽、打喷嚏时不要面对他人，用手帕捂住口鼻，并教给幼儿正确的擤鼻涕方法；不要让幼儿蒙头睡眠，以保证吸入新鲜空气。

2. 保持室内空气新鲜

新鲜空气含氧量充足，能满足机体需要。室内应经常开窗通风换气。

3. 科学组织幼儿进行体育锻炼和户外活动

经常参加户外活动和体育锻炼可以加强幼儿呼吸肌的力量，促进胸廓和肺的正常发育，增加肺活量。户外活动还能提高呼吸系统对疾病的抵抗力，预防呼吸道感染。

4. 严防呼吸道异物

培养幼儿安静进餐的习惯，不要边吃边说笑。教育幼儿不要边玩边吃小食品，更不可抛起来“接食”。

5. 保护幼儿声带

选择适合幼儿音域特点的歌曲或朗读材料，每句不要太长，每次练习时，发声时间最多为4～5分钟。鼓励幼儿用自然、优美的声音唱歌、说话，避免高声喊叫。

五、消化系统

消化系统由消化道和消化腺组成。消化道包括口腔、食道、胃、小肠、大肠和肛门。消化腺能分泌消化液，消化液含有水、无机盐和多种消化酶，能消化分解不同的营养物质。

（一）概述

1. 口腔

口腔是消化道的起始部分，包括牙齿、舌、三对唾液腺的开口。

（1）牙齿

牙齿是人体最坚硬的器官，长在上、下颌骨的牙槽里。牙齿的外形包括三部分，即牙根、牙冠、牙颈。牙齿的形态可分为切牙、尖牙、双尖牙、磨牙四种类型。

（2）舌

舌面上有味蕾，能辨别味道；舌能帮助搅拌和吞咽食物，还帮助发音。

（3）唾液腺

唾液腺包括腮腺、下颌腺和舌下腺，能分泌唾液进入口腔。

2. 胃

胃是消化道中最膨大的部分，位于腹腔左上方。胃的上端与食道相通处叫贲门，下端与十二指肠相通处叫幽门。胃壁内表面为粘膜层，可分泌胃液。胃能暂时贮存食物，并初步消化食物。

3. 小肠

小肠是消化道中最长的部分，小肠与胃相接的部分叫十二指肠，胰液和胆汁由此进入小肠。小肠内壁有肠腺，可分泌肠液。小肠内的消化液主要包括肠液、胃液、胰液和胆汁，含有各种消化酶。食糜进入小肠后可停留3～8小时，在肠内与消化液充分混合，小肠是人体内消化和吸收的重要场所。

4. 大肠

食物经小肠消化分解吸收后剩下的食物残渣进入大肠。大肠能暂时贮存食物残渣，吸收其中的水分、无机盐和部分维生素，并能利用肠内某些物质合成维生素K。食物残渣最后形成粪便，经大肠蠕动推送到直肠、肛门排出体外。

5. 肝脏

肝脏是人体最大的消化腺，位于腹腔的右上部。肝脏分泌胆汁，暂时贮存于胆囊，摄入含脂肪类食物时，胆汁即流入小肠，帮助消化脂肪。

6. 胰腺

胰腺分泌胰液进入小肠，能中和胃酸，保护肠粘膜。

（二）幼儿消化系统的特点

1. 口腔

（1）牙齿

牙齿的发育始于胚胎第六周，到出生时已有20个乳牙牙胚，生后6～8个月时，下中切牙萌出，2～2.5岁出齐20颗乳牙。乳牙萌出过程中，恒牙已开始发育，一般于6

岁左右萌出恒牙，又叫六龄齿[24]。

（2）唾液腺

由于新生儿及婴儿唾液腺未发育成熟，分泌唾液较少，因此口腔较干燥。出生后三四个月，唾液腺逐渐发育，唾液分泌增多，常流出口外，称为“生理性流涎”，随着生长可逐渐消失。

2. 胃

婴幼儿胃壁肌肉薄，伸展性较差，胃的容量小，且消化能力较弱。给婴幼儿提供的食物以及每餐的间隔时间应考虑幼儿的年龄特点。

3. 肠

婴幼儿肠管相对较长，小肠粘膜有丰富的毛细血管和淋巴管，吸收能力较强，但植物神经的调节能力差，容易发生肠道功能紊乱，引起腹泻或便秘。

4. 肝脏

婴幼儿肝脏相对较大，在肋缘下摸到肝脏下缘，一般为生理现象。因婴幼儿肝脏分泌胆汁较少，对脂肪的消化能力较差；肝脏贮存糖原较少，容易因饥饿发生低血糖。肝脏解毒能力较差。

5. 胰腺

婴幼儿时期胰腺对淀粉类和脂肪类食物的消化能力较弱，主要依靠小肠液的消化。随着年龄增长，胰腺功能日趋完善。

（三）幼儿消化系统的卫生保健

1. 保护牙齿

定期检查牙齿；培养幼儿早晚刷牙、饭后漱口的习惯；教育幼儿不要咬坚硬的东西；婴幼儿饮食中应有充足的钙；纠正幼儿某些不良习惯，如托腮、咬舌、咬唇、咬指甲、吃手指等，以预防牙列不齐。

2. 培养幼儿良好的进餐习惯

饭后擦嘴、漱口，吃完零食也应及时漱口；养成细嚼慢咽的习惯；饮食定时定

[24] 张芳. 实用小儿消化系统疾病护理手册[M]. 南京：东南大学出版社，2011.

量，不暴饮暴食。少吃零食，不挑食；不要边吃边说笑，更不要边玩耍边吃零食。

3. 饭前饭后不要组织幼儿进行剧烈运动

饭前应安排幼儿在室内进行较安静的活动。饭后宜轻微活动，如散步，1～2小时后方可进行体育活动。

4. 培养幼儿定时排便的习惯，预防便秘

不要让幼儿憋着大便，以防形成习惯性便秘。适当运动，多吃蔬菜水果等含粗纤维较多的食物，多喝开水，可促进肠道蠕动，预防便秘。

六、泌尿系统

人体新陈代谢产生的大部分代谢产物通过泌尿系统以尿的形式排出体外。泌尿系统包括肾、输尿管、膀胱和尿道。肾脏生成尿，经输尿管、膀胱，最终由尿道排尿，膀胱还能暂时贮存尿液[25]。

（一）幼儿泌尿系统的特点

肾功能较成人差；膀胱贮尿机能差，排尿次数多；尿道短，易发生上行性泌尿道感染。

（二）幼儿泌尿系统的卫生保健

1. 养成及时排尿的习惯

应注意培养幼儿及时排尿的习惯，不要让幼儿长时间憋尿。6个月左右的婴儿可在成人帮助下训练坐盆，1岁时即可主动坐盆排尿。不要让婴幼儿长时间坐便盆，以免影响正常的排尿反射。

2. 保持会阴部卫生，预防泌尿道感染

（1）让幼儿养成每晚睡前清洗外阴的习惯。要有专用毛巾、盆，不要用洗脚水洗外阴，毛巾要经常消毒。

[25] 郑玉涛. 小儿解剖生理与临床应用［M］. 西安：西安交通大学出版社，2010.

（2）1岁以后活动自如的幼儿就可穿封裆裤。教育幼儿不要坐地。

（3）每天适量喝水，满足机体新陈代谢的需要，及时排泄废物，又可通过排尿起到清洁尿道的作用。

（4）教会幼儿大便后要从前往后擦，以免粪便中的细菌污染尿道。

（5）托幼园所的厕所、便盆应每天消毒。

七、内分泌系统

内分泌系统由内分泌腺组成。人体内的主要内分泌腺有脑垂体、松果体、甲状腺、甲状旁腺、肾上腺、胰腺、胸腺及性腺等。对幼儿生长发育影响较大的内分泌腺有脑垂体和甲状腺。

（一）脑垂体

脑垂体位于大脑底部，重量不足1克，受下丘脑的控制。脑垂体能分泌多种激素，对幼儿的生长、发育及成熟有着重要作用，并能调节其他内分泌腺的活动。

脑垂体分泌生长激素、促甲状腺素和促性腺激素。生长激素可促进组织器官的生长，特别是骨骼的生长。促甲状腺素可促进甲状腺的发育及甲状腺素的合成与分泌。促性腺激素可促进性腺的发育和分泌，以及性器官的发育成熟及生殖细胞的成熟。

（二）甲状腺

甲状腺位于颈前部，喉与气管的两侧，重约20～40克，是人体最大的内分泌腺。甲状腺能分泌甲状腺素，碘是合成甲状腺素的主要成分[26]。甲状腺素可调节机体的新陈代谢，促进幼儿的生长发育；调节营养物质与氧气在体内的代谢速度，并调节体温；促进脑细胞的生成与成熟，促进骨骼与生殖器官的发育。孕期若缺碘，可致使甲状腺机能不足，婴儿出生后易患克汀病，又称呆小症，表现为智力低下、身材矮小、耳聋。

[26] 邵水金. 正常人体解剖学（第九版）[M]. 北京：中国中医药出版社，2012.

八、生殖系统

生殖系统是生物体内的和生殖密切相关的器官成分的总称。生殖系统的功能是产生生殖细胞、繁殖新个体、分泌性激素和维持副性征。

（一）概述

生殖系统可分为外生殖器官和内生殖器官。男性外生殖器官包括阴茎和阴囊；内生殖器官包括睾丸、附睾、输精管、精囊、射精管和前列腺等。女性外生殖器官包括阴阜、大阴唇、小阴唇、阴蒂、前庭及前庭大腺；内生殖器官包括阴道、子宫、输卵管及卵巢。

（二）幼儿生殖系统的特点及卫生保健

1. 婴幼儿性心理发育

婴幼儿期是个体性心理发育的关键时期。3岁左右，幼儿常会问“为什么他站着小便”之类的问题；5～6岁时可出现恋父、恋母的情感，并提出“我是怎么来的”之类的问题。婴幼儿期是形成性角色、发展性心理的关键期。教师应注意对幼儿进行科学的、随机的性教育，使幼儿形成正确的性别自我认同，并提高自我保护意识，防范性侵害。

2. 保持外生殖器官的卫生

让幼儿养成每天清洗外阴部的习惯。若幼儿出现玩弄生殖器或“习惯性擦腿动作”，成人不要责骂幼儿，要以有趣的事情吸引其注意力。另外，还应查明幼儿出现这类行为的原因。

九、感觉器官

感觉是人们认识世界的途径。感觉包括视觉、听觉、嗅觉、触觉、味觉及本体感觉等。视觉是人们认识世界的主要途径，人们获得的知识70%来自视觉。

（一）视觉器官——眼睛

1. 概述

眼球是感受光线刺激的视觉器官。眼球由眼球壁和眼球内折光物质组成。眼球周围的附属结构除眼肌外，还包括眼睑、结膜、泪腺、睫毛、眉等。

2. 幼儿眼睛的特点

（1）眼球前后径较短，呈生理性远视，一般到5～6岁左右转为正视。

（2）晶状体弹性大，调节能力强，因此能看清很近的物体。如果幼儿形成不良的用眼习惯，长时间视物过近，则会使睫状肌过度紧张而疲劳，最终形成近视。

3. 眼的卫生保健

（1）帮助幼儿养成良好的用眼习惯。

（2）为幼儿创设良好的采光条件。

（3）为幼儿提供的书籍字体宜大，字迹、图案应清晰。教具大小要适中，颜色鲜艳，画面清楚。

（4）定期给幼儿测查视力。

（5）教育幼儿不要揉眼睛，毛巾、手绢要专用，以预防沙眼、结膜炎。

（6）预防眼外伤。

（7）照顾视力差的幼儿，减轻他们的用眼负担，合理安排他们的座位，限制近距离用眼时间，并让他们经常望远。

（二）听觉器官——耳

1. 概述

耳是听觉和平衡觉器官，分外耳、中耳和内耳三部分。外耳包括耳廓、外耳道。中耳包括鼓膜、三块听小骨和咽鼓管开口。内耳包括耳蜗、半规管和前庭。

2. 幼儿耳的特点

外耳道比较狭窄，外耳道壁尚未完全骨化。咽鼓管相对较短、平直，管径较粗。

当鼻腔有感染时，病菌易侵入中耳，引起中耳炎。

3. 幼儿耳的卫生保健

不要用锐利工具给幼儿掏耳朵；预防中耳炎；减少环境中的噪音。

十、皮肤

皮肤主要由表皮和真皮构成。表皮外一层已死亡的表皮细胞称为角质层；真皮下有一层皮下脂肪组织。真皮里有丰富的血管、神经、毛囊，皮肤的附属物包括毛发、指甲、皮脂腺和汗腺等。

（一）幼儿皮肤的特点

幼儿皮肤保护机能差，容易感染和受损伤；皮肤保温作用差，散热多。

（二）幼儿皮肤的卫生保健

1. 养成良好卫生习惯

给幼儿洗头时，要避免皂沫进入幼儿眼睛。幼儿以留短发为宜。给幼儿修剪指甲时，手指甲应剪成圆弧形，脚趾甲则应剪平，边缘稍修剪即可。

2. 加强锻炼

经常组织幼儿进行户外活动，坚持冷水洗脸可提高皮肤调节体温的能力，增强对冷热变化的适应性。

3. 注意衣着卫生

当季节、气候变化时，应提醒幼儿及时增减衣服。平日着装不宜过多，以提高机体的适应能力。衣服应安全舒适，式样简单，便于穿脱。内衣以棉织品为宜。

4. 注意洗浴卫生

不用刺激性强的洗涤、护肤品。幼儿皮肤嫩、皮脂分泌少，不宜用刺激性强的洗涤用品，洗脸洗手后应使用幼儿护肤品，不宜用成人用的护肤品或化妆品，幼儿不要烫发和戴首饰。

第三节　幼儿身体的生物力学测量

运动生物力学测量的目的是测得能反映人体和运动器材的属性、特点和运动规律的生物力学信息资料，为本学科和有关学科的研究、教学、训练等提供客观依据[27]。幼儿身体的生物力学测量则指测得能反映幼儿身体发育特性和运动规律的生物力学信息，为幼儿身体发育和身体动作教育提供客观依据。

一、步态

能够评估的指标为幼儿行走时步态周期特征。运动学指标的特征包括①时间参数：步态周期、站立相、摆动相、双足支撑、单足支撑等；②空间参数：步频、步长、步宽、步幅长、足偏角等参数。

步态特征评估对幼儿行走的整个姿势和身体姿态都有着重要的意义，能够量化地判断出幼儿在此年龄段自身行走的特点。

二、肌肉力量

能够测量幼儿各关节最大等长收缩肌力、肌肉屈伸肌力比值（例如膝关节伸肌和屈肌比值，以及股四头肌和股后肌群的比值），从而判断腿部肌肉力量的均衡性；能够比较双侧肌肉力量的对称性。

[27] 卢德明. 运动生物力学测量方法 [M]. 北京：北京体育大学出版社，2001.

三、平衡

（一）静态平衡能力

平衡能力是维持身体姿势的能力，特别是在较小支撑面上，控制身体重心的能力，它反映了身体对来自前庭器官、肌肉、肌腱、关节内的本体感受器以及视觉等各方面刺激的协调能力。平衡感发育不良会造成幼儿站无站相、坐无坐相、容易跌倒、拿东西不稳、走路撞墙、心烦气躁、好动不安、眼睛不能盯住目标、人际关系不良、有攻击性，甚至由于脑机能不全影响语言能力发展及左脑的组织、逻辑能力等。所以平衡能力是一个整体的能力，它的发展是其他感觉发展的基础。

（二）动态平衡能力

动态平衡能力是指当人体重心偏移平衡位置后，干扰因素去除时，人体仍能恢复到初始平衡范围。动态平衡能力能够反映幼儿对刺激的应答能力和快速反应能力。

四、测力台和VICON

测力台和VICON结合能够测量动作的动力学和运动力学指标。例如幼儿做抛球的动作，利用三维摄像技术能够准确记录幼儿抛球时的姿势、出手的角度，以及整个抛球动作过程，从而对幼儿的动作发展作出精确评价。测力台和VICON还能够测出幼儿下落或者跳跃落地时的力以及重心的轨迹。

五、肌电测试（无线表面肌电测试系统）

表面肌电信号是指神经肌肉系统在完成各种随意性和非随意性活动时产生的生物电变化经表面电极引导、放大、记录和显示所获得的一维电压时间序列信号。表面电极可直接置于皮肤表面，使用方便，可用于测试较大范围的肌电信号，并且提供了安全、简便、无创、无痛的客观指标。

表面肌电在运动中肌肉活动的力学特征分析、疲劳程度分析、反应时间和协调性分析方面都发挥了重要作用，这些研究对于提高技术动作和运动成绩、避免运动损伤和伤后康复等都具有实际指导意义。表面肌电能够测试出幼儿在体育活动中肌肉工作效率，对幼儿的动作发展做出评价。

六、其他生物力学测量

幼儿关节活动角度可通过量角器、电子量角器等仪器测量与评价。幼儿的本体感觉可通过一系列测试方法、仪器测量与评价。秒表可测试幼儿20米折返跑，高速摄像机可分析评价幼儿跑步等动作发展。

第四章　幼儿功能性动作分类与练习方法

第一节　幼儿功能性动作发展金字塔模型与层次划分

由动作发展的阶段划分可知，人类动作的习得过程是由“反射”“预先适应”“基本动作技能”及“运动项目技能”等六个阶段构成。“反射”与“预先适应”发生在0～3岁时期，“基本动作技能”主要在3～6岁习得，而后三个阶段是在6岁以后获得。3～6岁阶段是幼儿基本动作技能发展的重要时期，以发展粗大动作技能为主要内容，幼儿基本动作技能水平高低对未来幼儿熟练掌握运动技能、竞赛技能等起着至关重要的作用。“反射”与“预先适应”阶段是0～3岁幼儿对外来特定刺激产生的不自主、刻板的动作反应，它是幼儿生存和动作技能学习的前提。国外专家认为，反射是所有动作技能发展的基础，基本动作技能则是在反射的基础上发展而来的[1]。

通过对幼儿动作发展规律的梳理，并以动作学习与控制、人体功能解剖学等相关理论作为参考，提出3～6岁幼儿身体功能动作发展金字塔模型（图4-1）。在国内外动作发展专家公认的“反射—反应”“基本动作技能”和“运动项目技能发展”三个动作发展阶段的基础上，再加入“功能性动作”“基础动作”和“功能性动作技能”阶段。

[1] Clark J. The mountain of motor development：A metaphor [J]. Vanaspe publications，2002.

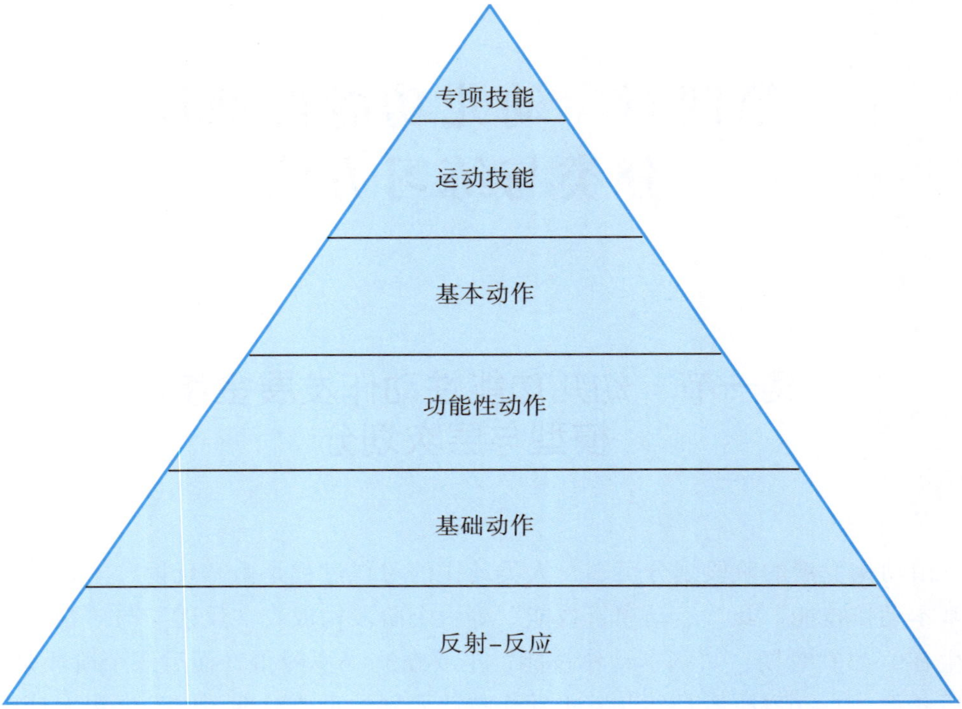

图4-1　3～6岁幼儿功能性动作发展金字塔模型

一、基础动作

基础动作是指人体各关节结构所对应的功能，它主要为屈与伸、内收与外展、内旋与外旋、环转。婴儿期“条件发射”的出现是日后幼儿动作发展的基石，它是婴儿出生后在无意识的状态下获得的，不为外界的干预所影响。随着幼儿各个关节的发育以及直立行走的能力加强，人体各个关节所具备的功能也逐渐出现。反射与基础动作模式具有共同的特点，都不受后天干预影响，但后者所指的机体结构与功能作用是幼儿未来进行体育活动的重要因素，也是教师制定活动内容的重要依据。例如：在安排爬行动作时，不仅可以选择冠状面的纵向行进和后退，也可以安排水平位的横向左右移动。同时，基础动作是动作模式深入学习的基础，而各个结构所对应的功能在空间内的组合则形成动作模式。

二、功能性动作

功能性动作是指在空间和时间维度上，所具备共同元素的一系列整体解剖动作[2]。功能性动作是组成基本动作技能的主要内容，若干个动作模式在不同运动平面内的组合形成某种基本动作技能，例如，抛球基本动作技能是由上肢推和拉两种动作模式组成。因此幼儿须先进行动作模式学习，待掌握熟练后再进行基本动作技能的学习。

三、基本动作

基本动作指若干项功能性动作按照人体多关节多平面内的运动特点、人体筋膜链布局的综合运用与组合。无论在实际工作、生活或运动中，以及幼儿基本动作技能学习过程中，人体动作几乎都是各个功能性动作在不同平面内的空间组合，所以需要从实际出发将多个关节功能在多维空间内进行综合表达。“人体筋膜链”主要由“浅层后侧链”“浅层前侧链”“体侧链”“螺旋链”及“深层前侧链”等12条筋膜链构成（图4–2与图4–3），它们不但包裹多种肌肉、集合多个感受器，也对肌肉与骨骼具有支撑作用。按照人体筋膜链走向，所设计动作不仅可以强化关节和肌肉的功能，还能迅速激活运动神经系统、募集更多的运动单元[3]。

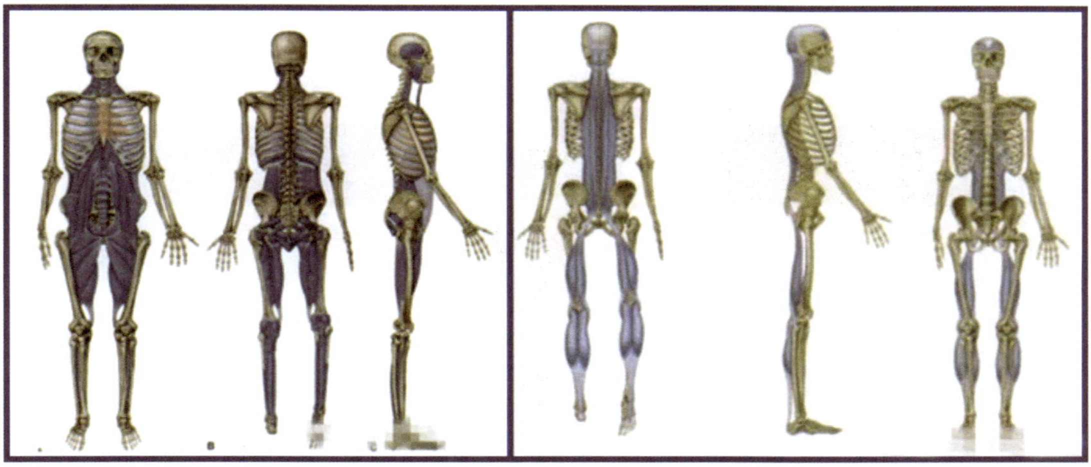

图4–2　“深层前侧链”与“浅层后侧链”

[2] 张英波. 动作学习与控制［M］. 北京：北京体育大学出版社，2003.
[3] Myers T.W. 解剖列车［M］. 关玲，周维金，瓮长水，译. 北京：军事医学科学出版社，2015.

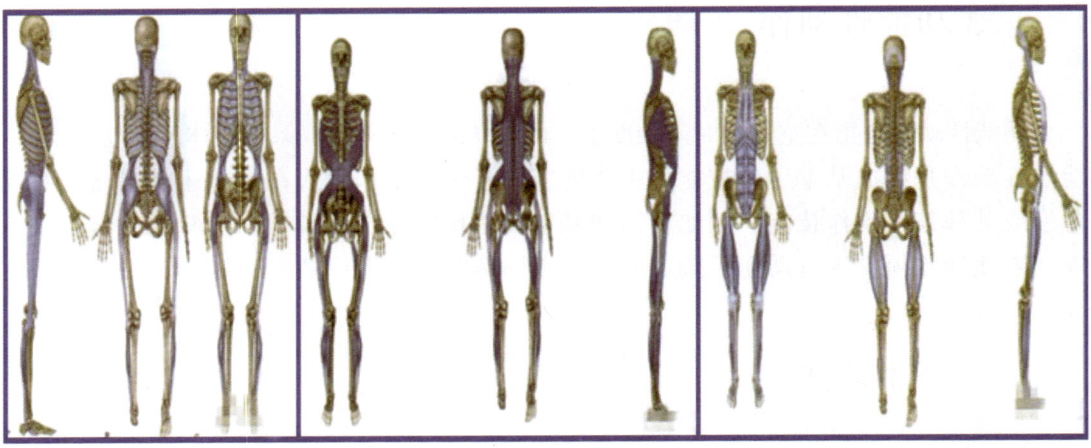

图4-3 "体侧链" "螺旋链" 与 "浅层前侧链"

另外，依据人体各关节运动轴的数量，关节分为灵活性主导或稳定性主导关节两种（图4-4）。例如：髋关节和肩关节能够围绕三个运动轴进行运动，其主导功能是灵活性，而膝关节和肘关节主要围绕一个运动轴完成屈曲和伸展，所以其主导功能是稳定性，腰椎主要围绕冠状轴完成动作模式，其主要功能是主导稳定。将此理念加入到基本动作练习中，可以使练习内容科学化、动作模式表达得到正确的巩固，同时还能防止幼儿在进行运动项目学习时受伤。

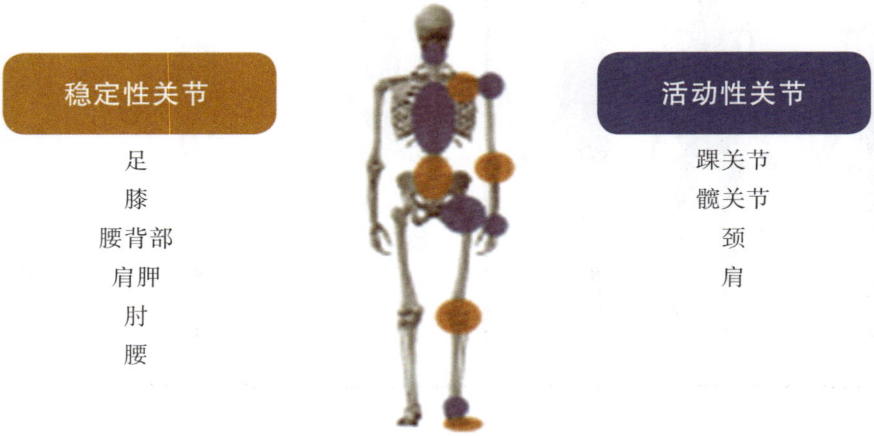

图4-4 人体不同关节主导的灵活性与稳定性

四、运动技能

基本动作技能指大肌肉群参与完成的动作技能，其熟练掌握是幼儿顺利完成日常生活、学习和游戏的前提[4]，是日后习得复杂运动技能的关键[5]。基本动作技能是幼儿动作发展的核心环节，研究证明，幼儿在基本动作技能学习过程中，对他们认知、感觉统合及社会适应方面有重要影响。身心健康方面，幼儿阶段基本动作技能掌握的优劣与肥胖[6]、心肺功能[7]、自信[8]存在明显正相关，并可预测他们未来的身体素质水平[9]、心理健康程度[10]。感知觉能力方面，幼儿在以动作为媒介与客观世界发生交互作用过程中，通过整合视、听、触及前庭等多个感觉通道信息，使感知觉更加精确[11]，修正探寻目标[12]、扩展物体认知[13]、增强身体与空间意识[14]。认知方面，通过爬行、行走等大肌肉动作经验积累，幼儿对新环境逐渐适

[4] 张莹. 动作发展视角下的幼儿体育活动内容实证研究［J］. 北京体育大学学报. 2012, 35（3）: 133-140.

[5] Foweather L, Knowles Z, Ridgers N.Fundamental movement skills in relation to weekday and weekend physical activity in preschool children［J］. Journal of science and medicine in sport, 2015, 18（6）: 691-696.

[6] Stodden D, Goodway J, Langendorfer S, etal.A developmental perspective on the role of motor skill competence in physical activity: An emergent relationship［J］. Quest, 2008, 60（2）: 290-306.

[7] Lubans D. Fundamental movement skills in children and adolescents: review of associated health benefits［J］. Sports Medicine, 2010, 40: 1019-1035.

[8] Lisa M, Barnett L, Philip J, etal. Childhood motor skill proficiency as a predictor of adolescent physical activity［J］. The Journal of adolescent health: official publication of the Society for Adolescent Medicine.2009, 44（3）: 252-259.

[9] Vlahov E, Baghurst T, Mwavita M.Preschool motor development predicting high school health-related physical fitness: a prospective study［J］. Perceptual and motor skills, 2014, 119（1）: 279-291.

[10] Barnett L, Morgan P.J.Childhood motor skill proficiency as a predictor of adolescent physical activity［J］. The Journal of adolescent health : official publication of the Society for Adolescent Medicine. 2009, 44（3）: 252-259.

[11] Shiller D, Rochon M.Auditory-Perceptual Learning Improves Speech Motor Adaptation in Children［J］. J Exp Psychol Human, 2014, 40（4）: 1308-1315.

[12] Cheng C, Ju Y, Chang H, etal.Motor impairments screened by the movement assessment battery for children-2 are related to the visual-perceptual deficits in children with developmental coordination disorder［J］. Research in developmental disabilities, 2014, 35（9）: 2172-2179.

[13] 董奇. 论动作在个体早期心理发展中的作用［J］. 北京师范大学学报（社会科学版）, 1997, 1（4）: 48-55.

[14] Kagerer F, Clark J.Development of kinesthetic-motor and auditory-motor representations in school-aged children［J］. Exp Brain Res, 2015, 233（7）: 2181-2194.

应，促进认知发展[15]。随着年龄增加，大肌肉动作发展水平与行为表现、认知功能趋于一致[16]。若幼儿大肌肉动作发展水平较低，则视觉工作记忆与认知能力也较差[17]。社会适应方面，动作改变幼儿与社会环境的互动模式[18]，不断增进幼儿对社会规则的学习，改善幼儿与同伴的关系[19]，研究发现，无论是在教室或游戏中，动作表现较差幼儿很难被同龄人接受[20]。

运动项目技能是指某些运动项目自身所具备的专项动作技能，例如：足球专项动作技能、篮球专项动作技能和排球专项动作技能等。幼儿前几个阶段动作掌握的全面和熟练，决定了运动项目技能的学习速度和程度，且运动项目技能学习主要从6岁以后开始（小学阶段开始），因此本部分不再进行介绍。

第二节　幼儿身体功能性动作体系的结构

在对幼儿身体功能性动作体系构建过程中（图4-5），严格遵循方法论中指标构建的基本原则和要求，使身体功能性动作体系更加科学、系统、有层次和实用。

幼儿身体功能动作的习得和发展，以“功能性动作模式”为开始阶段、以“基本动作技能”为结束阶段。当前一环节动作练习内容掌握熟练后再开始下一环节的内容，一环扣一环衔接进行。因此，其发展顺序为：“基础动作”→“功能性动作”→“基本动作”→“运动技能”→“运动项目技能”。

第一环节，基础动作的学习。教授幼儿认识自身关节结构与对应功能，例如：多

[15] Piek J, Dawson L, Smith L, Gasson N.The role of early fine and gross motor development on later motor and cognitive ability [J]. Hum Movement Sci, 2008, 27 (5): 668-681.

[16] 任园春. 不同大肌肉动作发展水平幼儿体质-行为及认知功能特点 [J]. 北京体育大学学报, 2013, 36 (3): 79-84.

[17] Wassenberg R, Frans J, Alfons G.Relation Between Cognitive and Motor Performance in 5 to 6 Year Old Children: Results From a Large-Scale Cross-Sectional Study [J]. Child development, 2005, 76 (5): 1092-103.

[18] Vannatta K, Gartstein M, Zeller M.Peer acceptance and social behavior during childhood and adolescence: How important are appearance, athleticism, and academic competence? [J]. International Journal of Behavioral Development, 2009, 33 (4): 303-311.

[19] Poulsen A, Ziviani J, Cuskelly M.Perceived freedom in leisure and physical co-ordination ability: impact on out-of-school activity participation and life satisfaction [J]. Child: care, health and development, 2007, 33 (4): 432-440.

[20] Livesey D, Lum M, Toshack T, Zheng Y.The relationship between motor performance and peer relations in 9- to 12-year-old children [J]. Child: care, health and development, 2011, 37 (4): 581-588.

轴关节（盂肱关节和髋关节）具备外展内收、内旋外旋、屈伸和环转的功能，单轴关节（膝关节）只具备屈伸的功能等，并设计16类功能性动作模式。

第二环节，功能性动作的学习。美国功能性训练专家Mark提出人体动作模式为“推、拉”[21]，而身体功能表现大师Santana先生在Mark基础上提出“弓箭步、转体”动作模式[22]，而美国春田学院致力于幼儿动作发展的刘展教授提出，动作模式的分类应是人们日常工作、学习或运动等动作表达的基础，提出“上举、弯身、下蹲”等动作模式[23]。因此，将各位专家所罗列动作模式种类与幼儿基本动作技能实际表现特点相结合，列出以下八种动作模式：“推撑”“提拉”“旋转”“翻滚”“弯身”“爬行”“下蹲”和“摆动”。这些动作是第一环节中各动作的综合组合，并在单平面、单维度中完成，例如在完成上肢“推撑”动作模式时，是肩关节内收、肘关节伸展及腕关节屈曲在矢状面内的同时表达。

第三环节，基本动作的学习。此环节是幼儿由动作模式学习向基本动作技能学习的过渡阶段，在第二环节单平面内动作模式表达的基础上，开始进行多关节、多平面、遵循人体运动链特点的练习。由于第四环节基本动作技能，例如跑、跳或滑步等，都是在多平面内完成，且是双侧肢体或上下肢共同完成。因此第三环节的熟练掌握是第四环节基本动作技能练习的关键，第三环节由105种练习动作构成。

第四环节，动作技能学习。基本动作技能学习是身体功能性动作体系中的核心部分，其内容为位移性动作、控制性动作和操作性动作，它们是未来幼儿进行运动项目技能学习的基础。前三个环节的学习和掌握都是为基本动作技能的顺利学习做铺垫和打基础。参考人类动作发展理论、美国动作研究学者Cook观点[24]以及结合“动作学习与控制理论”，将基本动作技能分为3类，其中位移性动作技能10种、操作性动作技能8种、控制性动作技能9种，并且结合功能性训练理念和器材，开发功能性灵敏动作、功能性速度动作、功能性核心脊柱动作等六大类，共计168种练习方式（图4-5）。

当幼儿在深入学习以上各个阶段内容，并熟练运用和表达动作模式、基本动作技能的基础上，根据他们认知能力发展、身体素质的特点以及对某些运动项目的兴趣，可以开始学习未来要长时间从事、贯穿终身的健身运动项目技能。

---

[21] Boyle M.Functional Trainingfor Sports [M]. ChampaignIL：HumanKinetics，2003.

[22] Creg C.Functional Training [J]. Boca Raton FL：Optimum Performance Systems，2000.

[23] 刘展. 幼儿少年动作和运动技能及运动能力评价的理论和方法 [J]. 北京：幼儿少年动作发展与身体活动促进国际论坛，2016.

[24] Cook G. 动作——功能动作训练体系 [M]. 张英波，梁林，赵洪波，译.北京：北京体育大学出版社，2011.

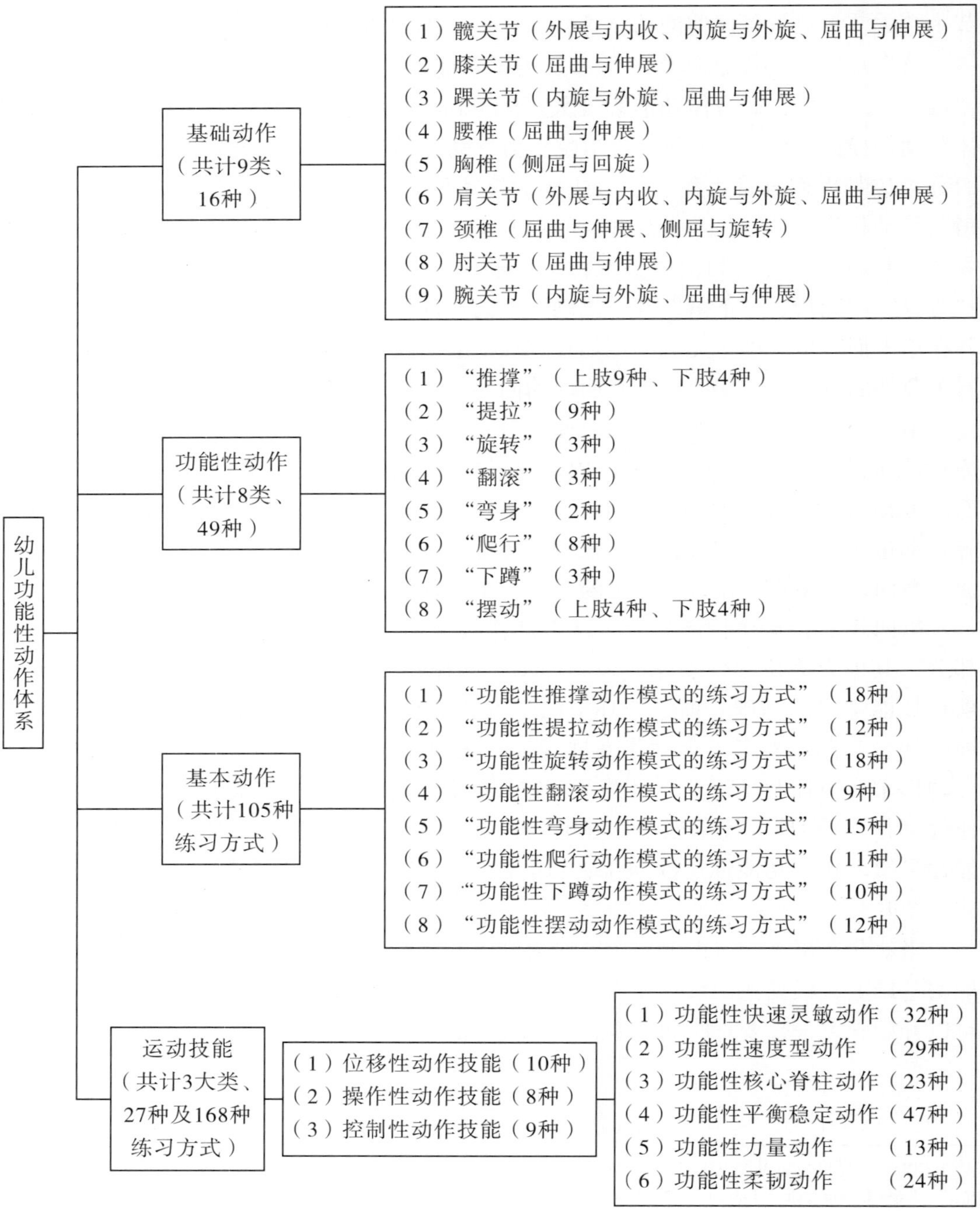

图4-5　幼儿身体功能性动作体系的结构

第三节　练习分类

将幼儿身体功能性动作体系的各部分内容与当前国际前沿的功能性训练理念及器材相结合，归纳出以下几个方面的动作种类。

一、基础动作的种类与内容

基础动作内容主要强调的是幼儿不同结构所具备的功能。从图4-6可知，人体不同关节所对应的功能，根据关节运动轴参与的数量可分为“三轴关节”：肩关节与髋关节（具备外展与内收、内旋与外旋、屈曲与伸展功能）；“双轴关节”：腕关节、踝关节等（具备屈曲与伸展、内旋与外旋功能）；“单轴关节”：膝关节和肘关节等（只具备围绕单个运动轴的功能）。

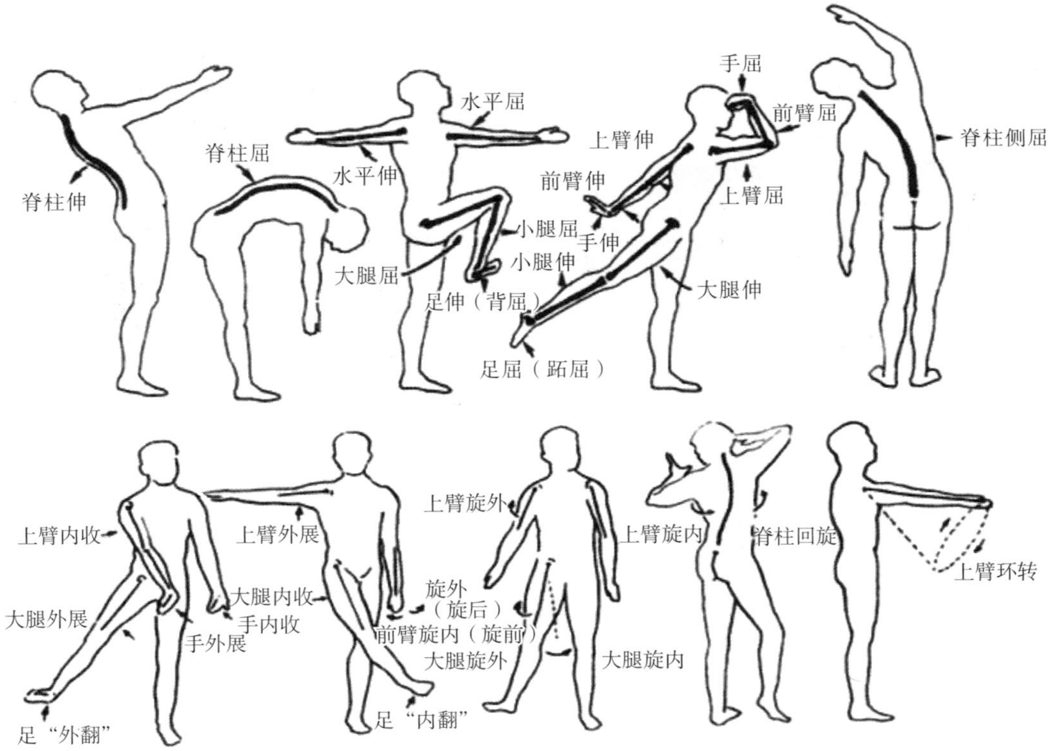

图4-6　人体各关节所对应的功能

基础动作内容一方面需要使幼儿了解他们各个关节的结构与功能，使其认识结构、掌握功能；另一方面，仍需对幼儿各关节进行一定形式的活动，从而完善结构、强化功能。由于肩、肘、腕、髋、膝、踝、胸椎和腰椎八大关节是人体完成动作技能时全身骨杠杆和肌肉收缩时的主要枢纽，因此针对这几处关节所对应功能的练习为以下动作，共计16种（图4-7与图4-8）。

图4-7　“肩关节功能”动作

图4-8　“腕关节功能”动作

二、功能性动作的种类与内容

幼儿需要掌握的八类功能性动作分别为：①“推撑”，指的是上肢或下肢在矢状面、水平面、冠状面内完成“推”或“撑”动作，使四肢末端远离身体近端的动作

（共计13种）；②“提拉”，指的是上肢在矢状面、水平面、冠状面内完成“提”或“拉”动作，使上肢靠近身体近端的动作（共计9种）；③“旋转”，指躯干围绕矢状轴或垂直轴的转动动作（共计3种）；④“翻滚”，指身体呈蜷缩或蚌式姿态，在三个平面完成的翻滚动作模式（共计3种）；⑤“弯身”，指躯干上部围绕冠状轴或矢状轴，上体靠近大腿前侧或外侧的动作模式（共计2种）；⑥“爬行”，指四肢撑地状态下以对侧肢体或同侧肢体同时行进的动作模式（共计8种）；⑦“下蹲”，指下肢通过屈曲髋部与膝部，使身体中心靠近下肢远端的动作模式（共计3种）；⑧“摆动”，指上肢或下肢围绕冠状轴的前后摆动（共计8种）。

（一）推撑功能性动作

1. 上肢

图4-9~图4-17

图4-9

（1）坐姿矢状面手臂前后推撑（图4-9）。

动作目的： 发展幼儿在坐姿矢状面推撑的动作。

动作要领： 幼儿呈正常坐姿，双臂屈曲、双手放置于胸前，掌心朝前；两侧手臂伸直使手掌向前推出，然后屈臂还原至起始动作；通过肩关节旋转使左侧手臂置于身体后侧，掌心朝后，手臂伸直使手掌向后推出，然后屈臂还原至起始动作，右侧手臂重复之前的动作。

图4-10

（2）站姿矢状面手臂向前后推撑（图4-10）。

动作目的： 发展幼儿在站姿矢状面推撑的动作。

动作要领： 幼儿呈正常站姿，双脚与肩同宽，双臂屈曲、双手放置于胸前，掌心朝前；两侧手臂伸直使手掌向前推出，然后屈臂还原至起始动作；通过肩关节旋转使左侧手臂置于身体后侧，掌心朝后，手臂伸直使手掌向后推出，然后屈臂还原至起始动作，右侧手臂重复之前 的动作。

（3）仰卧姿矢状面向前后推撑（图4–11）。

动作目的：发展幼儿在仰卧位矢状面推撑的动作。

动作要领：幼儿呈正常仰卧姿势，双脚并拢，双臂屈曲、双手放置于胸前，掌心朝前；两侧手臂伸直使手掌向前推出，然后屈臂还原至起始动作。

图4–11

（4）坐姿冠状面手臂上下推撑（图4–12）。

动作目的：发展幼儿在坐位冠状面推撑的动作。

动作要领：幼儿呈正常坐姿，双臂屈曲、双手放置于肩上，掌心朝上；两侧手臂伸直使手掌向上推出，然后屈臂还原至起始动作；通过肩关节旋转使两侧手臂置于肩下，掌心朝下，手臂伸直使手掌向下推出，然后屈臂还原至起始动作，右侧手臂重复之前的动作。

图4–12

图4–13

（5）站姿冠状面手臂上下推撑（图4–13）。

动作目的：发展幼儿在站姿冠状面推撑的动作。

动作要领：幼儿呈正常站姿，双脚与肩同宽，双臂屈曲、双手放置于肩上，掌心朝上；两侧手臂伸直使手掌向上推出，然后屈臂还原至起始动作；通过肩关节旋转使两侧手臂置于肩下，掌心朝下，手臂伸直使手掌向下推出，然后屈臂还原至起始动作，右手臂重复之前的动作。

（6）仰卧姿冠状面上下推撑（图4–14）。

动作目的：发展幼儿在仰卧位冠状面推撑的动作。

动作要领：幼儿呈正常仰卧姿，双脚与肩同宽，双臂屈曲、双手放置于肩上，掌心朝上；两侧手臂伸直使手掌向上推出，然后屈臂还原至起始动作；通过肩关节旋转使两侧手臂置于肩下，掌心朝下，手臂伸直使手掌向下推出，然后屈臂还原至起始动作。

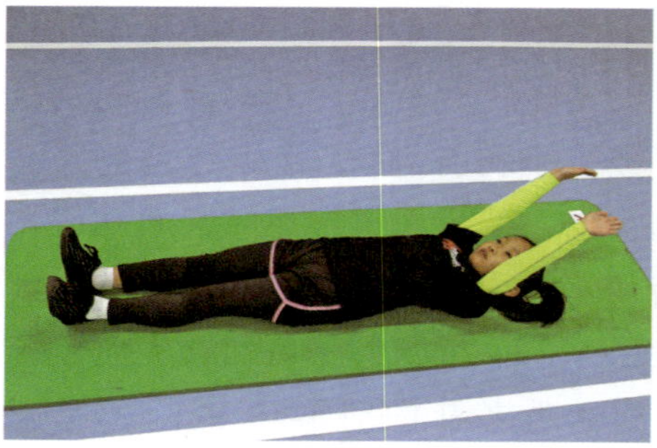
图4–14

（7）坐姿水平面位手臂左右推撑（图4-15）。

动作目的：发展幼儿在坐姿水平面推撑的动作。

动作要领：幼儿呈正常坐姿，双臂屈曲、双手放置于肩外侧，掌心朝外；左侧手臂伸直使手掌向外推出，然后屈臂还原至起始动作；通过肩关节旋转使左侧手臂置于肩内，掌心朝右，手臂伸直使手掌向右推出，然后屈臂还原至起始动作，右侧手臂重复之前的动作。

图4-15

（8）站姿水平面手臂左右推撑（图4-16）。

动作目的：发展幼儿在站姿水平面推撑的动作。

动作要领：幼儿呈正常站姿，双臂屈曲、双手放置于肩外侧，掌心朝外；左侧手臂伸直使手掌向外推出，然后屈臂还原至起始动作；通过肩关节旋转使左侧手臂置于肩内，掌心朝右，手臂伸直使手掌向右推出，然后屈臂还原至起始动作，右侧手臂重复之前的动作。

图4-16

（9）仰卧姿水平面左右推撑（图4-17）。

动作目的：发展幼儿在仰卧位水平面推撑的动作。

动作要领：幼儿呈正常仰卧姿势，双臂伸直、置于体侧，右侧手臂伸直使手掌向上推出，然后屈臂还原至起始动作；通过肩关节旋转使右侧手臂置于肩内，掌心朝右，手臂伸直使手掌向右推出，然后屈臂还原至起始动作，左侧手臂重复之前相同的动作。

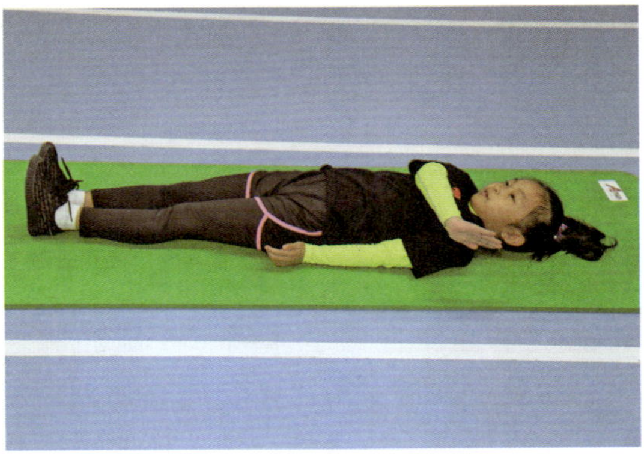

图4-17

图4-18~图4-21

2. 下肢

（1）矢状面站姿前后分腿上下推撑（图4-18）。

动作目的： 发展幼儿在站姿矢状面下肢前后分腿推撑的动作。

动作要领： 幼儿呈前后分腿站立姿势，双脚前后间距小于两脚长，躯干直立、双手掐腰置于体侧；左脚在前、右脚在后，下蹲屈曲，左侧膝关节与髋关节、右侧腿保持伸直状态；左侧腿伸直，还原至起始作，交换至右腿，方法相同。

图4-18

（2）冠状面站姿左右分腿推撑（图4-19）。

动作目的： 发展幼儿在站姿冠状面下肢左右分腿推撑的动作。

动作要领： 幼儿呈左右分腿站立姿势，双脚间距大于肩宽，躯干直立、双手掐腰置于体侧；下蹲屈曲，左腿屈膝，屈髋，重心左移，右腿伸膝，伸髋，左腿蹬地起立，还原至起始动作；交换至右腿，方法相同。

图4-19

（3）水平面仰卧姿向前推撑（图4-20）。

动作目的： 发展幼儿在仰卧姿下肢向前推撑的动作。

动作要领： 幼儿呈正常仰卧位，双脚并拢、手臂伸直置于体侧；左腿屈膝屈髋，使左脚在髋关节之上，脚心朝上；左侧腿向身体正上方蹬伸，然后还原至起始动作，交换至右腿，方法相同。

图4-20

图4-21

（4）水平面俯卧姿向后推撑（图4-21）。

动作目的：发展幼儿在俯卧姿下肢向后推撑的动作。

动作要领：幼儿呈正常俯卧位，双脚并拢、手臂伏于地上；左腿屈膝伸髋，使左脚在臀部之上，脚心朝斜上；左侧腿向身体后上方30°蹬伸，然后还原至起始动作；交换至右腿，方法相同。

（二）提拉功能性动作

图4-22~图4-30

1. 坐姿矢状面手臂前后提拉（图4-22）

图4-22

动作目的：发展幼儿在坐姿冠状面提拉的动作。

动作要领：幼儿呈正常坐姿，双臂伸直，掌心朝前；两侧手臂屈曲使手掌向胸前靠拢，然后屈臂还原至起始动作；通过肩关节旋转使两侧手臂伸直置于身体后侧，掌心朝后，手臂屈曲使手掌向背部靠拢，然后伸臂还原至起始动作。

2. 站姿矢状面手臂向前后提拉（图4-23）

图4-23

动作目的：发展幼儿在站姿冠状面提拉的动作。

动作要领：幼儿呈正常站姿，双脚与肩同宽，双臂伸直，掌心朝前；两侧手臂屈曲使手掌向胸前靠拢，然后屈臂还原至起始动作；通过肩关节旋转使两侧手臂伸直置于身体后侧，掌心朝后，手臂屈曲使手掌向背部靠拢，然后伸臂还原至起始动作。

3. 仰卧姿矢状面向前后提拉（图4–24）

动作目的：发展幼儿在仰卧姿矢状面提拉的动作。

动作要领：幼儿呈正常仰卧姿势，双臂伸直，掌心朝前；两侧手臂屈曲使手掌向胸前靠拢，然后还原至起始动作。

图4–24

4. 坐姿冠状面手臂上下提拉（图4–25）

动作目的：发展幼儿在坐姿冠状面提拉的动作。

动作要领：幼儿呈正常坐姿，双臂伸直、双手放置于肩上，掌心朝上；两侧手臂屈曲使手掌向肩靠拢，然后伸臂还原至起始动作；通过肩关节旋转使两侧手臂伸直置于肩下，掌心朝下，手臂屈曲使手掌向肩靠拢，然后伸臂还原至起始动作。

图4–25

5. 站姿冠状面手臂上下提拉（图4–26）

动作目的：发展幼儿在站姿冠状面提拉的动作。

动作要领：幼儿呈正常站姿，双脚与肩同宽，双臂伸直、双手放置于肩上，掌心朝上；两侧手臂屈曲使手掌向肩靠拢，然后伸臂还原至起始动作；通过肩关节旋转使两侧手臂伸直置于肩下，掌心朝下，手臂屈曲使手掌向肩靠拢，然后伸臂还原至起始动作。

图4–26

6. 仰卧姿冠状面上下提拉（图4–27）

动作目的：发展幼儿在仰卧姿冠状面提拉的动作。

动作要领：幼儿呈正常仰卧位，双臂伸直，掌心朝上；两侧手臂屈曲使手掌向肩靠拢，然后伸臂还原至起始动作。

图4–27

7. 坐姿水平面位手臂左右提拉（图4–28）

动作目的：发展幼儿在坐姿水平面提拉的动作。

动作要领：幼儿呈正常坐姿，双臂伸直，掌心朝外；左侧手臂屈曲使手掌向内回收，然后伸臂还原至起始动作；通过肩关节旋转使左侧手臂伸直置于胸前，掌心朝右，手臂屈曲使手掌向左收回，然后伸臂还原至起始动作，右侧手臂重复之前相同的动作。

图4–28

8. 站姿水平面手臂左右提拉（图4–29）

动作目的：发展幼儿在站姿水平面提拉的动作。

动作要领：幼儿呈正常站姿，双臂伸直、双手放置于肩外侧，掌心朝外；左侧手臂屈曲使手掌向内回收，然后伸臂还原至起始动作；通过肩关节旋转使左侧手臂伸直置于胸前，掌心朝右，手臂屈曲使手掌向左收回，然后伸臂还原至起始动作，右侧手臂重复之前相同的动作。

图4–29

图4-30

9. 仰卧姿水平面面左右提拉（图4-30）

动作目的： 发展幼儿在仰卧姿水平面提拉的动作。

动作要领： 幼儿呈正常仰卧姿，双臂伸直、双手放置于肩外侧，掌心朝外；左侧手臂屈曲使手掌向内回收，然后伸臂还原至起始动作；通过肩关节旋转使左侧手臂伸直置于胸前，掌心朝右，手臂屈曲使手掌向左收回，然后伸臂还原至起始动作，右侧手臂重复之前相同的动作。

图4-31~图4-33

（三）旋转功能性动作

1. 跪姿手膝撑地躯干上下旋转（图4-31）

动作目的： 发展幼儿跪姿手膝撑地躯干上下旋转动作能力。

动作要领： 幼儿跪姿手膝撑地，双臂伸直垂直于地面、屈膝，大腿与地面垂直；左侧手臂屈曲、手掌抱头，左侧肘关节垂直指向地面；呼气的同时通过胸椎旋转使左侧手臂指向外侧，吸气的同时胸椎向右旋转还原至起始动作，右侧手臂重复之前的动作。

注意事项： 注意配合腹式呼吸，不要弓背。

图4-31

2. 站姿躯干前后旋转（图4-32）

动作目的： 发展幼儿站姿躯干前后旋转动作能力。

动作要领： 幼儿呈正常站立姿势，双脚间距比肩略宽，双臂向两侧伸平行于地面；双臂屈曲、双手互握与胸前；呼气的同时通过胸椎旋转使整个躯干向左旋转至最大幅度，吸气的同时胸椎向右旋转还原至起始动作，然后再呼气向左旋转躯干至最大幅度，再还原。

注意事项： 注意配合腹式呼吸，身体要直立，不要弓背。

图4-32

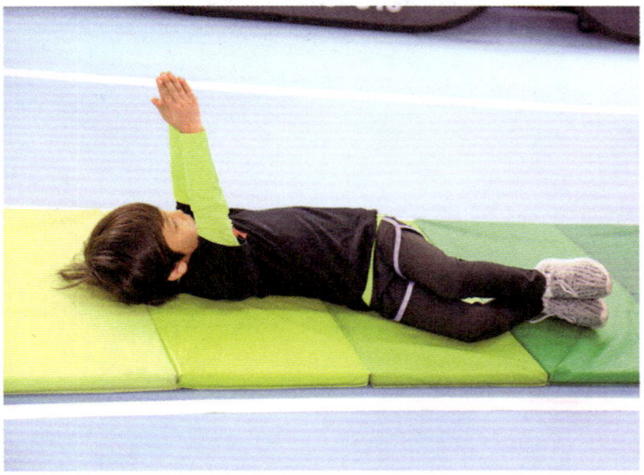

图4-33

3. 侧卧躯干左右旋转（图4-33）

动作目的： 发展幼儿侧卧躯干左右旋转动作能力。

动作要领： 幼儿侧卧于垫子上，躯干伸直，膝关节屈曲至90°；左臂在上右臂在下伸直并拢，呼气的同时躯干向左旋转使左臂接触到身体后方的垫子上，交换至右侧，并重复之前相同的动作。

注意事项： 注意配合腹式呼吸，以胸椎的旋转为主，不应过度外展肩关节。

图4-34~图4-36

（四）翻滚功能性动作

1. 前滚翻（图4-34）。

动作目的：发展幼儿协调性，增强腹部、颈部、腰腹部等的肌肉力量。

动作要领：双膝跪姿，双腿间距与肩同宽，双手紧贴于膝前；重心前移，两腿蹬直离地，同时屈膝、低头、含胸、提臀，以头的后部在两手支点前着垫，依次经颈、背、腰、臀向前滚动，当滚至背部着垫时迅速收腹屈膝，上体紧跟大腿团身抱膝成蹲坐。

注意事项：注意配合腹式呼吸，在翻滚之前先主动低头。

图4-34

2. 后滚翻（图4-35）

动作目的：发展幼儿协调性，增强背部、颈部、腰腹部等的肌肉力量。

动作要领：幼儿由蹲撑开始卷腹、屈膝、屈髋使膝关节紧靠面部；双臂推撑要均匀用力，身体后倒，臀部、背部、颈部、头依次着地，滚动要圆滑，双脚着地瞬间迅速抬头，双手支撑推地，上体抬起成蹲撑。

注意事项：注意配合腹式呼吸，注意头部和颈部要配合后翻的动作，不要造成头挫伤。

图4-35

3. 侧滚翻（图4-36）

动作目的：发展幼儿协调性，增强上肢、躯干侧部肌肉力量。

动作要领：身体下蹲，前后脚开立适度，左脚在前，右脚在后；左肩会最先着地，然后转换至左右两手先后撑地，左臂向外，肘关节

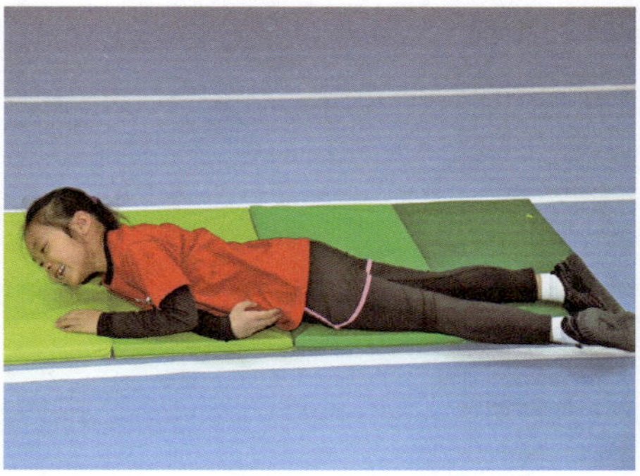

图4-36

向外，为反手姿势。右臂自然撑地。重心慢慢前移。过渡至右肩着地后，右手用力推离地面，身体恢复至起始姿势。

注意事项：注意动作连贯，上肢形成稳定支撑，不要造成挫伤头。

（五）弯身功能性动作

图4-37~图4-38

1. 躯干前倾弯身（图4-37）

图4-37

动作目的：发展幼儿躯干前倾弯身动作。

动作要领：幼儿呈正常站立位，双脚左右开立与肩同宽，双手插腰；呼气的同时屈膝、屈髋，使膝盖投影与脚尖重合，膝关节呈130°～150°浅蹲，上身前倾至与大腿呈90°，吸气恢复至起始动作。

注意事项：注意背部平直，配合腹式呼吸。

2. 躯干左右侧倒弯身（图4-38）

图4-38

动作目的：发展幼儿躯干左右侧倒弯身动作。

动作要领：幼儿呈正常站立位，双脚左右开立与肩同宽，双手插腰，呼气的同时躯干向一侧屈曲30°左右，吸气恢复至起始动作后，躯干再向另一侧屈曲。

注意事项：注意背部平直，配合腹式呼吸。

图4-39~图4-43

（六）爬行功能性动作

此类动作主要发展幼儿的爬行能力，练习时注意背部平直，躯干在爬行过程保持稳定，配合腹式呼吸。

1. 纵向对侧手膝爬行（图4-39）

动作目的：发展幼儿纵向手膝爬行动作。

动作要领：幼儿手膝支撑俯卧位，双手在双肩投影之下，双膝在髋关节投影之下，平视于地面；左手与右脚向前移动10～20厘米后，右手与左脚向前移动20～30厘米；之后手脚分别以20～30cm每步的幅度交替向前爬行。

图4-39

2. 纵向对侧手脚爬行（图4-40）

动作目的：发展幼儿纵向手脚爬行动作。

动作要领：幼儿手脚支撑俯卧位，双手在双肩投影之下，双腿伸直，双脚间距于肩同宽，平视于地面；左手与右脚向前移动10～20厘米后，右手与左脚向前移20～30厘米；之后手脚分别以20～30厘米每步的幅度交替向前爬行。

图4-40

3. 纵向同侧手膝爬行（图4-41）

动作目的：发展幼儿纵向同侧手膝爬行动作。

动作要领：幼儿手膝支撑俯卧位，双手在双肩投影之下，双膝在髋关节投影之下，平视于地面；左手与左脚向前移动10～20厘米后，右手与右脚向前移动20～30厘米；之后手脚分别以20～30厘米每步的幅度交替向前爬行。

图4-41

4. 纵向同侧手脚爬行（图4-42）

动作目的：发展幼儿纵向同侧手膝爬行动作。

动作要领：幼儿手脚支撑俯卧位，双手在双肩投影之下，双腿伸直，双脚间距与肩同宽，平视于地面；左手与左脚向前移动10～20厘米后，右手与右脚向前移20～30厘米；之后手脚分别以20～30厘米每步的幅度交替向前爬行。

图4-42

5. 横向对侧手膝爬行（图4-43）

动作目的：发展幼儿纵向手膝横向爬行动作。

动作要领：幼儿手膝支撑俯卧位，双手在双肩投影之下，双膝在髋关节投影之下，平视于地面；向左爬行时，左手与右脚向左移动10～20厘米后，右手与左脚向左移动20～30厘米；之后手脚分别以20～30厘米每步的幅度交替向左爬行。向右爬行变换方向即可。

图4-43

图4-44~图4-46

（七）下蹲功能性动作

此类动作主要发展幼儿的下蹲能力，练习时注意背部平直，下蹲过程中膝关节不要向两侧移动，下蹲后臀部低于膝关节，膝关节不超过脚尖，配合腹式呼吸。

1．双脚平行开立屈髋屈膝下蹲（图4-44）

动作目的：发展幼儿平行蹲的动作。

动作要领：幼儿呈正常站立位，双脚左右开立与肩同宽，双脚尖向前，双手插腰；屈膝、屈髋，臀部向后坐，开始下蹲；伸膝、伸髋，蹬地起立，恢复起始姿势。

图4-44

2．双脚左右弓步屈髋屈膝下蹲（图4-45）

动作目的：发展幼儿左右弓步蹲的动作。

动作要领：幼儿呈站立位，双脚左右开立至1.5倍肩宽，双脚尖向前，双手插腰；右腿屈膝、屈髋，重心移至右侧，左腿保持伸直状态；伸膝、伸髋，右腿蹬地起立，恢复起始姿势，对侧完成相同动作。

图4-45

3. 双脚前后弓步屈髋屈膝下蹲（图4-46）

动作目的：发展幼儿前后弓步蹲的动作。

动作要领：幼儿双脚前后开立，双脚尖向前，双手插腰，右腿在前，左腿在后；身体下蹲，使右腿屈膝至90°，重心向前移动使其始终保持在两腿中间，左腿保持伸直状态；伸膝、伸髋，右腿蹬地起立，恢复起始姿势，对侧完成相同动作。下蹲后臀部与膝关节等高，躯干保持中立位，配合腹式呼吸。

图4-46

（八）摆动功能性动作

图4-47~图4-50

1. 上肢

此类动作主要发展幼儿双臂摆动能力，练习时，躯干始终保持中立位，摆动以肩带为轴，肘关节锁死。

图4-47

（1）双臂同时前后摆动（图4-47）。

动作目的：发展幼儿双臂同时摆动的动作。

动作要领：幼儿呈正常站立位，双脚左右开立与肩同宽，双脚尖向前，双肘屈至90°置于身体两侧；以胸锁关节为轴，向前摆动大臂，使双肘超过躯干前侧；然后向后摆动双臂，使双手超过躯干后侧。

（2）双臂依次前后摆动（图4-48）。

动作目的：发展幼儿双臂依次摆动的动作。

动作要领：幼儿呈正常站立位，双脚左右开立与肩同宽，双脚尖向前，双肘屈至90°置于身体两侧；以胸锁关节为轴，向前摆动右臂，使右肘超过躯干前侧，再向后摆动左臂，使左手超过躯干后侧。左右侧手臂交替进行。

图4-48

（3）双臂同时向上摆动（图4-49）。

动作目的：发展幼儿双臂同时向上摆动的动作。

动作要领：幼儿呈正常站立位，双脚左右开立与肩同宽，双脚尖向前，双肘屈至90°置于身体两侧；以胸锁关节为轴，同时向上摆动大臂，使双肘摆动至与肩同高；随后放松肩关节，双臂自然下垂置于身体两侧。

图4-49

（4）双臂依次向上摆动（图4-50）。

动作目的：发展幼儿双臂依次向上摆动的动作。

动作要领：幼儿呈正常站立位，双脚左右开立与肩同宽，双脚尖向前，双肘屈至90°置于身体两侧；以胸锁关节为轴，向上摆动右侧大臂，使右肘摆动至与肩同高，左臂动作不变；左右侧手臂交替进行。

图4-50

2. 下肢

此类动作主要发展幼儿双腿摆动能力，练习时躯干始终保持中立位，支撑一侧髋关节不能屈曲。

图4-51~图4-52

（1）双腿依次前后摆动（图4-51）。

动作目的：发展幼儿双腿依次前后摆动的动作。

动作要领：幼儿呈正常站立位，双脚左右开立与肩同宽，双脚尖向前；以左腿为支撑，右侧髋关节、膝关节屈曲至90°，使大腿、小腿折叠向前摆动；膝关节、髋关节伸展，使腿向后摆动；左右侧交替进行。

图4-51

（2）双腿依次向上摆动（图4-52）。

动作目的：发展幼儿双腿依次向上摆动的动作。

动作要领：幼儿呈正常站立位，双脚左右开立与肩同宽，双脚尖向前，双手叉腰；以左腿为支撑，右侧髋关节、膝关节屈曲至最大幅度，使膝关节贴近胸部；右侧膝关节、髋关节伸展，使腿向后摆动；左右侧交替进行。

图4-52

三、基本动作技能的种类与内容

将上述八类动作模式，结合“多关节多平面”“人体筋膜链”和“关节的灵活性与稳定性”三个理念，以若干个功能性训练器材为辅助进行练习。“多关节多平面”中，多关节是指进行动作模式时需动用多个关节，例如功能性动作模式“上肢向前推撑与下肢前后分腿推撑结合”中手臂在完成前推的同时，双腿完成前后推撑动作，髋、膝、踝、肩、肘和腕关节等同时参与其中；多平面是借助弹力带和平衡板等器材，不断变化幼儿动作模式完成过程中身体的重心，从而使幼儿在三个运动平面内同时完成动作模式练习，例如功能性提拉动作模式中“坐瑞士球上肢左右提拉”和“坐瑞士球上肢前后提拉”练习。“人体筋膜链”练习是遵循人体五大筋膜链的走向安排动作模式，例如旋转功能性动作模式中“坐姿直臂右斜下旋转”与“坐姿直臂右斜上旋转”练习，是遵循人体螺旋筋膜链中四肢远端对角的连线，而功能性弯身动作模式中“双脚左右开立前倾弯身”，遵循人体浅层后侧筋膜链。“关节稳定性和灵活性”指完成动作模式练习时应遵循所参与关节主导灵活性或稳定性特点，例如功能性弯身动作模式中“双脚左右开立前倾弯身”，是通过髋关节（主导灵活性）屈曲完成，而腰椎（主导稳定性）则应保持伸展状态。具体练习方式如下。

（一）推撑基本动作技能的练习方式（共计18种）

此类动作主要发展幼儿上下肢推撑的配合能力，加弹力带的练习还可发展幼儿躯干在多平面的稳定性，练习时躯干要始终保持中立位。

图4-53~图4-55

1. 3~4岁幼儿

（1）上肢向前推撑与下肢前后分腿推撑结合（图4-53）。

动作要领：幼儿呈前后分腿站立姿势，左脚在前、右脚在后，双脚间距小于两脚长，双臂屈曲，双手放置于胸前，掌心朝前；下蹲屈曲左侧膝关节与髋关节，右侧腿保持伸直状态；两侧手臂伸直使手掌向前推出，同时左侧腿伸直；屈臂还原至起始动作；交换至对侧完成相同动作。

图4-53

（2）上肢左右推撑与下肢左右推撑结合（图4-54）

动作要领：幼儿呈左右分腿站立姿势，双脚间距为1.5倍肩宽，双臂屈曲，双手放置于肩外侧，掌心朝外；下蹲屈曲左侧膝关节与髋关节，右侧腿保持伸直状态，身体重心在左侧；两侧手臂伸直使手掌向外推出，同时左侧腿伸直；双臂屈曲还原至起始动作；交换至对侧完成相同动作。

图4-54

（3）上肢上下推撑与下肢向下推撑结合（图4-55）。

动作要领：幼儿呈左右分腿站立姿势，双脚与肩同宽，双臂屈曲，双手放置于肩上，掌心朝上；下蹲屈曲两侧膝关节与髋关节至90°；两侧手臂伸直使手掌向上推出，伸直双腿；屈臂，将手置于肩关节以下，两侧手臂伸直使手掌向下推出，伸直双腿。

图4-55

2. 4～5岁幼儿

图4-56~图4-61

（1）上肢向前推撑与下肢向下推撑结合（图4-56）。

动作要领：幼儿呈左右分腿站立姿势，双脚与肩同宽，双臂屈曲，双手放置于胸前，掌心朝前；下蹲屈曲两侧膝关节与髋关节至90°；两侧手臂伸直使手掌向前推出，伸直双腿；屈臂还原至起始动作。

图4-56

（2）上肢左右推撑与下肢前后分腿推撑结合（图4–57）。

动作要领：幼儿呈前后分腿站立姿势，左脚在前、右脚在后，双脚间距小于两脚长，双臂屈曲，双手放置于肩外侧，掌心朝外；下蹲屈曲左侧膝关节与髋关节，右侧腿保持伸直状态；两侧手臂伸直使手掌向外推出，同时左侧腿伸直；屈臂还原至起始动作；交换至对侧完成相同动作。

图4–57

（3）上肢向上推撑与下肢左右推撑结合（图4–58）。

动作要领：幼儿呈左右分腿站立姿势，双脚间距为1.5倍肩宽，双臂屈曲，双手放置于肩上，掌心朝上；下蹲屈曲左侧膝关节与髋关节，右侧腿保持伸直状态，身体重心在左侧；两侧手臂伸直使手掌向上推出，同时左腿伸直；屈臂还原至起始动作；交换至对侧腿完成相同动作。

图4–58

（4）弹力带水平干扰上肢向前推撑与下肢前后推撑结合（图4–59）。

动作要领：幼儿呈前后分腿站姿，双脚间距为1.5倍肩宽，双臂屈曲，双手置于胸前；训练员站在幼儿身体左侧，用弹力带绕幼儿腰部；下蹲屈曲前侧膝关节与髋关节；两侧手臂伸直使手掌向前推出，同时前腿伸直，与此同时训练员在左侧以不同的力量和方向持续牵拉弹力带；屈臂还原至起始动作；交换至对侧完成相同动作。

图4–59

（5）弹力带斜向干扰上肢向上推撑与下肢向下推撑结合（图4-60）。

动作要领：幼儿呈左右分腿站立姿势，双脚与肩同宽，双臂屈曲，双手放置于肩上，掌心朝上，训练员站在幼儿身体斜前方，用弹力带绕过幼儿腰部；下蹲屈曲两侧膝关节与髋关节至90°；两侧手臂伸直使手掌向上推出，伸直双腿，与此同时训练员在斜前侧以不同的力量持续牵拉弹力带；训练员交换至另一侧，完成相同动作。

图4-60

（6）弹力带左右干扰上肢左右推撑与下肢左右推撑结合（图4-61）。

动作要领：幼儿呈左右分腿站立姿势，双脚间距为1.5倍肩宽，双臂屈曲，双手放置于肩外，掌心朝外，与此同时训练员站在幼儿身体前方，用弹力带绕过幼儿腰部；下蹲屈曲左侧膝关节与髋关节，右侧腿保持伸直状态，身体重心在左侧；两侧手臂伸直使手掌向外推出，同时左腿伸直，与此同时训练员在左右两侧以不同的力量持续牵拉弹力带；屈臂还原至起始动作；交换至对侧完成相同动作。

图4-61

3. 5~6岁幼儿

（1）弹力带水平干扰上肢向前推撑与下肢向下推撑结合（图4-62）。

图4-62~图4-70

动作要领：幼儿呈左右分腿站立姿势，双脚与肩同宽，双臂屈曲，双手放置于胸前，掌心朝前；训练员站在幼儿身体左侧，用弹力带绕幼儿腰部；下蹲屈曲双侧膝关节与髋关节；两侧手臂伸直使手掌向前推出，同时双腿伸直，与此同时训练员在左侧以不同的力量持续牵拉弹力带；屈臂还原至起始动作；训练员交换至对侧，完成相同动作。

图4-62

（2）弹力带水平干扰上肢向上推撑与下肢左右推撑结合（图4–63）。

动作要领：幼儿呈左右分腿站立姿势，双脚间距为1.5倍肩宽，双臂屈曲，双手放置于肩上，掌心朝上；训练员站在幼儿身体左侧，用弹力带绕幼儿腰部；幼儿下蹲屈曲左侧膝关节与髋关节，右侧腿保持伸直状态，身体重心在左侧；两侧手臂伸直使手掌向上推出，同时左腿伸直，与此同时训练员在左侧以不同的力量持续牵拉弹力带；屈臂还原至起始动作；交换至对侧腿，训练员站在另一侧完成相同动作。

图4–63

（3）弹力带水平干扰上肢向前推撑与下肢前后推撑结合（图4–64）。

动作要领：幼儿呈前后分腿站姿，双脚间距为1.5倍肩宽，双臂屈曲，双手置于胸前；训练员站在幼儿身体左侧，用弹力带绕幼儿腰部；下蹲屈曲前侧膝关节与髋关节；两侧手臂伸直使手掌向前推出，同时前腿伸直，与此同时训练员在左侧以不同的力量和方向持续牵拉弹力带；屈臂还原至起始动作；交换前后腿，训练员交换至对侧完成相同动作。

图4–64

（4）弹力带斜向干扰上肢向前推撑与下肢向下推撑结合（图4–65）。

动作要领：幼儿呈左右分腿站立姿势，双脚间距与肩同宽，双臂屈曲，双手放置于胸前，掌心朝前；训练员站在幼儿身体左侧，用弹力带绕幼儿腰部；下蹲屈曲；两侧手臂伸直使手掌向前推出，同时双腿伸直，与此同时训练员在左后侧以不同的力量持续牵拉弹力带；屈臂还原至起始动作；训练员交换至对侧腿完成相同动作。

图4–65

（5）弹力带斜向干扰上肢左右推撑与下肢前后分腿推撑结合（图4-66）。

动作要领：幼儿呈前后分腿站姿，双脚间距为1.5倍肩宽，双臂屈曲，双手置于肩外侧；训练员站在幼儿身体左侧，用弹力带绕幼儿腰部；下蹲屈曲前侧膝关节与髋关节；两侧手臂伸直使手掌向外推出，同时前腿伸直，与此同时训练员在左下方持续牵拉弹力带；屈臂还原至起始动作；交换前后腿，训练员交换至对侧，完成相同动作。

图4-66

（6）弹力带斜向干扰上肢向上推撑与下肢左右推撑结合（图4-67）。

动作要领：幼儿呈左右分腿站姿，双脚间距为1.5倍肩宽，双臂屈曲，双手置于肩上侧；训练员站在幼儿身体左侧，用弹力带绕幼儿腰部；下蹲屈曲左侧膝关节与髋关节，右侧腿伸直，重心放在身体左侧；两侧手臂伸直使手掌向上推出，同时左腿伸直，训练员在左上方持续牵拉弹力带；屈臂还原至起始动作；幼儿右腿屈曲，训练员交换至对侧，完成相同动作。

图4-67

（7）弹力带左右干扰上肢向前推撑与下肢向下推撑结合（图4-68）。

动作要领：幼儿呈左右分腿站立姿势，双脚间距与肩同宽，双臂屈曲，双手放置于胸前，掌心朝前；训练员站在幼儿身体左侧，用弹力带绕幼儿腰部；下蹲屈曲；两侧手臂伸直使手掌向前推出，同时双腿伸直，与此同时训练员在左侧以不同的力量持续牵拉弹力带；屈臂还原至起始动作；训练员站至另一侧，完成相同动作。

图4-68

（8）弹力带左右干扰上肢左右推撑与下肢前后分腿推撑结合（图4-69）。

动作要领：幼儿呈前后分腿站立姿势，双脚间距与肩同宽，双臂屈曲，双手放置于肩外，掌心朝外；训练员站在幼儿身体左侧，用弹力带绕幼儿腰部；前侧腿下蹲屈曲，后腿伸直；两侧手臂伸直使手掌向外推出，同时前腿伸直，与此同时训练员在左侧以不同的力量持续牵拉弹力带；屈臂还原至起始动作；交换前后腿，训练员站至另一侧，完成相同动作。

图4-69

（9）弹力带左右干扰上肢向上推撑与下肢左右推撑结合（图4-70）。

动作要领：幼儿呈左右分腿站立姿势，双脚间距与肩同宽，双臂屈曲，双手放置于肩上，掌心朝上；训练员站在幼儿身体左侧，用弹力带绕幼儿腰部；左侧腿下蹲屈曲，右侧腿伸直；两侧手臂伸直使手掌向上推出，同时左腿伸直，与此同时训练员在左侧以不同的力量持续牵拉弹力带；屈臂还原至起始动作；交换至右侧腿，训练员站至另一侧，完成相同动作。

图4-70

（二）提拉基本动作技能的练习方式（共计9种）

此类动作主要发展幼儿上下提拉的能力，提高幼儿核心稳定性，踩平衡板的练习还可提高幼儿的平衡能力。

1. 3~4岁幼儿

图4-71~图4-73

（1）坐瑞士球上肢上下提拉（图4-71）。

动作要领：幼儿坐在瑞士球之上，双臂伸直，双手放置于肩上，掌心朝上；两侧手臂屈曲使手掌向肩靠拢，然后伸臂还原至起始动作；通过肩关节旋转使两侧手臂伸直置于肩下，掌心朝下，手臂屈曲使手掌向肩靠拢，然后伸臂还原至起始动作。

图4-71

图4-72

（2）坐瑞士球上肢左右提拉（图4-72）。

动作要领：幼儿坐在瑞士球之上，双臂伸直，双手放置于肩外侧，掌心朝外；两侧手臂屈曲使手掌向肩部靠拢，然后屈臂还原至起始动作。

图4-73

（3）坐瑞士球上肢前后提拉（图4-73）。

动作要领：幼儿坐于瑞士球之上，双脚与肩同宽，双臂伸直，掌心朝前；两侧手臂屈曲使手掌向胸前靠拢，然后伸臂还原至起始动作；通过肩关节旋转使两侧手臂伸直置于身体后侧，掌心朝后，手臂屈曲使手掌向背部靠拢，然后还原至起始动作。

图4-74~图4-76

2. 4~5岁幼儿

（1）水平开立脚踩平衡板上肢上下提拉（图4-74）。

动作要领：幼儿两脚开立分别站在平衡盘之上，双脚间距为1.5倍肩宽，双臂伸直，掌心朝上；两侧手臂屈曲使手掌向肩靠拢，然后伸臂还原至起始动作；通过肩关节旋转使两侧手臂伸直置于肩下，掌心朝下，手臂屈曲使手掌向肩靠拢，然后还原至起始动作。

图4-74

（2）水平开立脚踩平衡板上肢左右提拉（图4-75）。

动作要领：幼儿两脚开立分别站在平衡盘上，双脚间距为1.5倍肩宽，双臂侧平举，掌心朝外；两侧手臂屈曲使手掌向肩部靠拢，然后伸臂还原至起始动作。

图4-75

（3）水平开立脚踩平衡板上肢前后提拉（图4-76）。

动作要领：幼儿两脚开立分别站在平衡盘之上，双脚间距为1.5倍肩宽，双臂伸直，掌心朝前；两侧手臂屈曲使手掌向胸前靠拢，然后伸臂还原至起始动作；通过肩关节旋转使两侧手臂伸直置于身体后侧，掌心朝后，手臂屈曲使手掌向背部靠拢，然后还原至起始动作。

图4-76

3. 5～6岁幼儿

图4-77~图4-79

（1）前后弓步脚踩平衡板上肢上下提拉（图4-77）。

动作要领：幼儿两脚前后开立分别站在平衡盘之上，双脚间距为1.5倍肩宽，双臂伸直，掌心朝上；双腿屈曲呈弓箭步，两手臂屈曲使手掌向肩靠拢，然后伸臂还原至起始动作；通过肩关节旋转使两侧手臂伸直置于肩下，掌心朝下，手臂屈曲使手掌向肩靠拢，然后伸臂还原至起始动作。

图4-77

（2）前后弓步脚踩平衡板上肢左右提拉（图4-78）。

动作要领：幼儿两脚前后开立分别站在平衡盘之上，双脚间距为1.5倍肩宽，双臂伸直，掌心朝外；双腿屈曲呈弓箭步，两侧手臂屈曲使手掌向肩部靠拢，然后伸臂还原至起始动作。

图4-78

（3）前后弓步脚踩平衡板上肢前后提拉（图4-79）。

动作要领：幼儿两脚前后开立分别站在平衡盘之上，双脚间距为1.5倍肩宽，双臂伸直，掌心朝前；双腿屈曲呈弓箭步，两侧手臂屈曲使手掌向肩部靠拢，然后伸臂还原至起始动作；通过肩关节旋转使两侧手臂伸直置于身体后侧，掌心朝后，手臂屈曲使手掌向背部靠拢，然后伸臂还原至起始动作。

图4-79

（三）旋转基本动作技能的练习方式（共计13种）

此类动作模式主要发展幼儿旋转动作，提高幼儿胸椎旋转活动度及躯干稳定性。练习时注重胸椎的旋转，而非肩关节外展。

图4-80~图4-81

1. 3~4岁幼儿

（1）侧卧躯干旋转（图4-80）。

动作要领：幼儿右侧卧在垫子之上，屈膝屈髋至90°，双臂并拢伸直置于胸前，呼气的同时胸椎向左旋转，带动手臂，使左手触摸至身后的地面；吸气的同时向右旋转胸椎，还原至起始动作。

图4-80

（2）手膝跪撑躯干上下旋转（图4-81）。

动作要领：幼儿手膝跪撑垫子之上，膝关节在髋部正下方，双臂在肩部正下方；左手扶在头部，呼气的同时胸椎向下旋转，带动手臂，使左肘触右膝；吸气的同时向右旋转胸椎至最大幅度，然后还原至起始动作。

图4-81

图4-82

2. 4～5岁幼儿

图4-82~图4-84

（1）坐瑞士球躯干左右旋转（图4-82）。

动作要领：幼儿坐在瑞士球之上，躯干直立，左手抱头；呼气的同时胸椎向右侧旋转，带动手臂，使左肘接近右胸；吸气的同时向左后旋转胸椎至最大幅度，然后还原至起始动作。

图4-83

（2）左右分腿站立右侧躯干前后旋转（图4-83）。

动作要领：幼儿呈左右开立，两脚间距为1.5倍肩宽，左手抱头；呼气的同时胸椎向右侧旋转，带动手臂，使左肘接近右胸；吸气的同时向左后方旋转胸椎至最大幅度，然后还原至起始动作。

图4-84

（3）前后分腿站立躯干前后旋转（图4-84）。

动作要领：幼儿呈前后开立，两脚间距为1.5倍肩宽，左手抱头；呼气的同时胸椎向右侧旋转，带动手臂，使左肘接近右胸；吸气的同时向左后方旋转胸椎至最大幅度，然后还原至起始动作。

图4-85~图4-92

3. 5~6岁幼儿

（1）坐姿直臂左斜下旋转（图4-85）。

动作要领：幼儿呈正常坐姿，双臂伸直，双手合十；呼气的同时胸椎向左斜下旋转，带动手臂，使双手到达髋关节左侧；吸气的同时还原至起始动作。

图4-85

（2）坐姿直臂右斜下旋转（图4-86）。

动作要领参见坐姿直臂左斜下旋转，交接至对侧完成相同动作。

图4-86

（3）坐姿直臂左斜上旋转（图4-87）。

动作要领：幼儿呈正常坐姿，双臂伸直下垂至身前，双手合十；呼气的同时胸椎向左斜上旋转，带动手臂，使双手到达头的左上方；吸气的同时还原至起始动作。

图4-87

（4）坐姿直臂右斜上旋转（图4-88）。

动作要领参见坐姿直臂左斜上旋转，交换至对侧完成相同动作。

图4-88

（5）左右分腿站立直臂右斜下旋转（图4-89）。

动作要领：幼儿呈左右分腿站姿，双脚间距呈1.5倍肩宽，双臂伸直放在头顶之上，双手合十；呼气的同时胸椎向右斜下旋转，带动手臂，使双手到达髋关节的右侧；吸气的同时还原至起始动作。

图4-89

（6）左右分腿站立直臂左斜下旋转（图4-90）。

动作要领参见左右分腿站立直臂右斜下旋转，交换至对侧完成相同动作。

图4-90

（7）左右分腿站立直臂左斜上旋转（图4-91）。

动作要领：幼儿呈左右分腿站姿，双脚间距呈1.5倍肩宽，双臂伸直下垂至躯干之前，双手合十；呼气的同时胸椎向左斜上旋转，带动手臂，使双手到达头顶的左上方；吸气的同时还原至起始动作。

图4-91

（8）左右分腿站立直臂右斜上旋转（图4-92）。

动作要领参见左右分腿站立直臂左斜上旋转，交换至对侧完成相同动作。

图4-92

（四）翻滚基本动作技能的练习方式（共计6种）

此类动作模式主要发展幼儿旋转动作，增强幼儿协调性，以及腹部、颈部、腰部等肌肉力量。练习时注意躯干肌肉保持适度的紧张。

图4-93~图4-94

1. 3～4岁幼儿

（1）向左侧滚翻（图4-93）。

动作要领：幼儿平躺在垫子上，双脚伸直并拢，双臂伸直紧靠躯干；通过躯干旋转肌群发力躯干向左侧旋转，直至仰卧在垫子之上。

图4-93

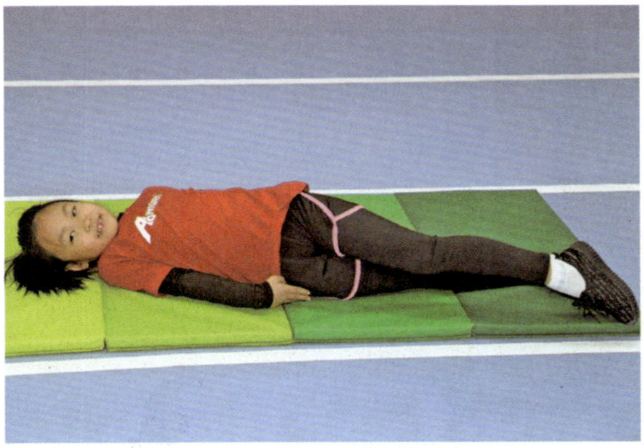

图4-94

（2）向右侧滚翻（图4-94）。

动作要领参见向左侧滚翻，完成向右侧的滚翻动作。

2. 4～5岁幼儿

图4-95~图4-96

图4-95

（1）向前滚翻（图4-95）。

动作要领： 双膝跪姿，双腿间距与肩同宽，双手紧贴与膝前；人重心前移，两腿蹬直离地，同时屈膝、低头、含胸、提臀，头的后部在两手支点前着垫，依次经颈、背、腰、臀向前滚动。当滚至背部着垫时迅速收腹屈膝，上体紧跟大腿团身抱膝成蹲坐。

注意事项： 注意配合腹式呼吸，在翻滚之前先主动低头。

图4-96

（2）斜坡向下滚翻（图4-96）。

动作要领： 身体躺在斜坡之上，双脚伸直并拢，双臂屈曲放于胸前；通过肌群发力躯干向左侧旋转，直至俯卧在斜坡之上。

图4-97~图4-98

3. 5～6岁幼儿

（1）斜坡向下前滚翻（图4-97）。

动作要领：幼儿在斜坡上呈跪姿，双腿间距与肩同宽，双手紧贴于膝前；重心前移，两腿蹬直离地，同时屈膝、低头、含胸、提臀，头的后部在两手支点前着垫，依次经颈、背、腰、臀向前滚动。当滚至背部着垫时迅速收腹屈膝，上体紧跟大腿团身抱膝成蹲坐。

注意事项：注意配合腹式呼吸，在翻滚之前先主动低头。

图4-97

图4-98

（2）海绵包上向左侧滚翻（图4-98）。

动作要领：幼儿躺在海绵包之上，双脚伸直并拢；通过肌群发力躯干向左侧旋转，直至俯卧在海绵包之上。

（五）弯身基本动作技能的练习方式（共计14种）

此类动作模式主要发展幼儿弯身动作，练习时注意控制身体重心平衡。

1. 3～4岁幼儿

图4-99~图4-101

（1）坐瑞士球前倾弯身（图4-99）。

动作要领：幼儿坐在瑞士球上，双脚左右开立，双手叉腰；通过髋关节屈曲，使躯干前倾30°；伸髋还原至起始动作。

图4-99

（2）坐瑞士球左侧倾弯身（图4-100）。

动作要领：幼儿坐在瑞士球之上，双脚屈曲左右开立，双手叉腰；通过脊柱侧屈，使躯干向左倾斜30°；伸至脊柱，还原至起始动作。

图4-100

（3）坐瑞士球右侧倾弯身（图4-101）。

动作模式参见坐瑞士球左侧倾弯身，身体对侧完成相同动作。

图4-101

图4-102~图4-106

2. 4～5岁幼儿

（1）双脚前后开立前倾弯身（图4-102）。

动作要领：幼儿两脚前后开立，双脚间距为1.5倍肩宽，双手叉腰；通过髋关节屈曲，使躯干前倾30°；伸髋还原至起始动作。

图4-102

（2）双脚前后开立左侧倾弯身（图4-103）。

动作要领：幼儿呈前后开立，双脚间距为1.5倍肩宽，双手叉腰；通过脊柱侧屈，使躯干向左倾斜30°；伸髋还原至起始动作。

图4-103

（3）双脚前后开立右侧倾弯身（图4-104）。

动作要领参见双脚前后开立左侧倾弯向，身体对侧完成相同动作。

图4-104

图4–105

（4）双脚左右开立前倾弯身（图4–105）。

动作要领：幼儿呈左右开立，双脚间距为1.5倍肩宽，双手叉腰；通过髋关节屈曲，使躯干前倾30°；伸髋还原至起始动作。

图4–106

（5）双脚左右开立侧倾弯身（图4–106）。

动作要领：幼儿呈左右开立，双脚间距为1.5倍肩宽，双手插腰；通过脊柱侧屈，使躯干向左倾斜30°；伸髋还原至起始动作。

3. 5～6岁幼儿

图4–107~图4–112

图4–107

（1）双脚踩平衡板前后开立前倾弯身（图4–107）。

动作要领：幼儿呈前后开立，双脚间距为1.5倍肩宽，双脚站在平衡盘之上，双手叉腰；通过髋关节屈曲，使躯干前倾30°；伸髋还原至起始动作。

（2）双脚踩平衡板前后开立左侧倾弯身（图4-108）。

动作要领：幼儿呈前后开立，双脚间距为1.5倍肩宽，双脚站在平衡盘之上，双手叉腰；通过脊柱侧屈，使躯干向左倾斜30°；伸髋还原至起始动作。

图4-108

（3）双脚踩平衡板前后开立右侧倾弯身（图4-109）。

动作要领参见双脚踩平衡板前后开立左侧倾弯身，身体对侧完成相同动作。

图4-109

（4）双脚踩平衡板左右开立前倾弯身（图4-110）。

动作要领：幼儿呈左右开立，双脚间距为1.5倍肩宽，双脚站在平衡盘之上，双手叉腰；通过髋关节屈曲，使躯干前倾30°；伸髋还原至起始动作。

图4-110

（5）双脚踩平衡板左右开立左侧倾弯身（图4-111）。

动作要领：幼儿呈左右开立，双脚间距为1.5倍肩宽，双脚站在平衡盘之上，双手叉腰；通过脊柱侧屈，使躯干向左倾斜30°；伸髋还原至起始动作。

图4-111

（6）双脚踩平衡板左右开立右侧倾弯身（图4-112）。

动作要领参见双脚踩平衡板左右开立左侧倾弯身，身体对侧完成相同动作。

图4-112

（六）爬行基本动作技能的练习方式（共计11种）

有关功能性爬行动作模式的练习方式，可参照基本动作技能中功能性核心脊柱动作。

（七）下蹲基本动作技能的练习方式（共计10种）

此类动作主要发展幼儿下蹲动作，进而提高幼儿身体动态稳定性及平衡能力。练习时注意躯干保持平直，不要圆背，保持身体重心稳定。

图4-113~图4-114

1. 3～4岁幼儿

（1）双脚左斜向弓步屈髋屈膝下蹲（图4-113）。

动作要领：幼儿呈左右开立，双脚间距为1.5倍肩宽，双手叉腰；左侧腿屈膝、屈髋至90°，膝关节不过脚，身体重心在左侧腿，右腿保持伸直状态；伸膝、伸髋还原至起始动作。

图4-113

（2）双脚右斜向弓步屈髋屈膝下蹲（图4-114）。

动作要领如双脚左斜向弓步屈髋屈膝下蹲，身体对侧完成相同动作。

图4-114

2. 4～5岁幼儿

图4-115~图4-117

图4-115

（1）双脚平行开立踩榴莲球屈髋屈膝下蹲（图4-115）。

动作要领： 幼儿呈左右开立，双脚间距为1.5倍肩宽，双脚站在榴莲球上；双腿屈膝、屈髋至90°，膝关节不过脚，身体重心在两腿之间；伸膝、伸髋还原至起始动作。

图4-116

（2）双脚左右弓步踩榴莲球屈髋屈膝下蹲（图4-116）。

动作要领： 幼儿呈左右开立，双脚间距为1.5倍肩宽，双脚站在榴莲球上，双手叉腰；右侧腿屈膝、屈髋至90°，膝关节不过脚，身体重心在右侧腿，左腿保持伸直状态；伸膝、伸髋还原至起始动作；交换至对侧完成相同动作。

图4-117

（3）双脚前后弓步踩榴莲球屈髋屈膝下蹲（图4-117）。

动作要领： 幼儿呈前后开立，双脚间距为1.5倍肩宽，双脚站在榴莲球上，双手叉腰；前侧腿屈膝、屈髋至90°，膝关节不超过脚尖，后侧小腿与地面平行，身体重心在两腿中间，后腿保持伸直状态；伸膝、伸髋还原至起始动作；左右侧交换完成相同动作。

图4-118~图4-122

3. 5～6岁幼儿

（1）弹力带干扰双脚平行开立屈髋屈膝下蹲（图4-118）。

动作要领：幼儿呈左右开立，双脚间距为1.5倍肩宽，双脚站在平衡盘上，双手插腰；训练员在幼儿身体幼儿一侧，用弹力带环绕幼儿腹部；右侧腿屈膝、屈髋至90°，膝关节不过脚，身体重心在右侧腿，左腿保持伸直状态，与此同时训练员以不同的力量和方向牵拉弹力带；伸膝、伸髋还原至起始动作，交换至对侧位置重复之前的动作。

图4-118

（2）弹力带干扰双脚左右弓步屈髋屈膝下蹲（图4-119）。

动作要领：幼儿呈左右开立，双脚间距为1.5倍肩宽，双脚站在平衡盘上，双手叉腰；训练员在幼儿身体幼儿一侧，用弹力带环绕幼儿腹部；右侧腿屈膝、屈髋至90°，膝关节不过脚，身体重心在右侧腿，左腿保持伸直状态，与此同时训练员以不同的力量和方向牵拉弹力带；伸膝、伸髋还原至起始动作，交换至对侧重复之前的动作。

图4-119

（3）弹力带干扰双脚前后弓步屈髋屈膝下蹲（图4-120）。

动作要领：幼儿双脚前后开立，双脚间距为1.5倍肩宽，双脚站在平衡盘上，双手叉腰；训练员在幼儿身体幼儿一侧，用弹力带环绕幼儿腹部；前侧腿屈膝、屈髋至90°，膝关节不过脚，身体重心在两腿之间，后腿保持伸直状态，与此同时训练员以不同的力量和方向牵拉弹力带；伸膝、伸髋还原至起始动作，交换至对侧重复之前的动作。

图4-120

（4）弹力带干扰双脚左斜向弓步屈髋屈膝下蹲（图121）。

动作要领：幼儿呈左右开立，双脚间距为1.5倍肩宽，双脚站在平衡盘上，双手叉腰；训练员在幼儿身体幼儿一侧，用弹力带环绕幼儿腹部；左侧腿屈膝、屈髋至90°，膝关节不过脚，身体重心在左侧腿，右腿保持伸直状态，与此同时训练员以不同的力量和方向牵拉弹力带；伸膝、伸髋还原至起始动作，交换至对侧重复之前的动作。

图4–121

（5）弹力带干扰双脚右斜向弓步屈髋屈膝下蹲（图4–122）。

动作要领：幼儿呈左右开立，双脚间距为1.5倍肩宽，双脚站在平衡盘上，双手叉腰；训练员在幼儿身体幼儿一侧，用弹力带环绕幼儿腹部；右侧腿屈膝、屈髋至90°，膝关节不过脚，身体重心在右侧腿，左腿保持伸直状态，与此同时训练员以不同的力量和方向牵拉弹力带；伸膝、伸髋还原至起始动作，交换至对侧重复之前的动作。

图4–122

（八）摆动基本动作技能的练习方式（共计8种）

此类动作模式练习时躯干要始终保持中立位，摆动以肩带为轴，肘关节锁死。

图4-123~图4-125

1. 3-4岁幼儿

（1）双脚前后弓步双臂依次前后摆动（图4-123）。

动作目的：发展3～4岁幼儿双臂依次摆动的动作。

动作要领：幼儿呈前后分腿站立，双脚间距为1.5倍肩宽，双脚尖向前，双肘屈至90°置于身体两侧；以胸锁关节为轴，向前摆动右臂，使右肘超过躯干前侧、同时向后摆动左臂，使左手超过躯干后侧，两侧手臂交替进行。

图4-123

（2）双脚前后弓步双臂依次向上摆动（图4-124）。

动作目的：发展3～4岁幼儿双臂依次向上摆动的动作。

动作要领：幼儿呈前后分腿站立，双脚间距为1.5倍肩宽，双脚尖向前，双肘屈至90°置于身体两侧；以胸锁关节为轴，向上摆动右侧大臂，使右肘摆动至与肩同高，左臂动作不变；左右侧手臂交替进行。

图4-124

（3）站姿双腿依次摆动（图4-125）。

动作目的：发展3～4岁幼儿双腿依次前后摆动的动作。

动作要领：幼儿呈正常站立位，双脚左右开立与肩同宽，双脚尖向前，双手叉腰；以左腿为支撑，髋关节、膝关节屈曲至90°，使大腿、小腿折叠向前摆动，膝关节、髋关节伸展，使腿向后摆动；左右腿交替进行。

注意事项：躯干始终保持中立位，支撑一侧髋关节不能屈曲。

图4-125

2. 4～5岁幼儿：

图4-126~图4-128

(1)坐瑞士球双臂同时前后摆动（图4-126）。

图4-126

动作目的： 发展4～5岁幼儿双臂同时摆动的动作。

动作要领： 幼儿坐在瑞士球上，双脚左右开立与肩同宽，双脚尖向前，双肘屈至90°置于身体两侧；以胸锁关节为轴，同时向前摆动大臂，使双肘超过躯干前侧，然后向后摆动双臂，使双手超过躯干后侧。

(2)坐瑞士球双臂前后依次摆动（图4-127）。

图4-127

动作目的： 发展4～5岁幼儿双臂依次摆动的动作。

动作要领： 幼儿坐在瑞士球之上，双脚左右开立与肩同宽，双脚尖向前，双肘屈至90°置于身体两侧；以胸锁关节为轴，向前摆动右臂，使右肘超过躯干前侧，同时向后摆动左臂，使左手超过躯干后侧；左右侧手臂交替进行。

(3)坐瑞士球双臂依次向上摆动（图4-128）。

图4-128

动作目的： 发展4～5岁幼儿双臂依次向上摆动的动作。

动作要领： 幼儿坐在瑞士球上，双脚左右开立与肩同宽，双脚尖向前，双肘屈至90°置于身体两侧；以胸锁关节为轴，向上摆动右侧大臂，使右肘摆动至与肩同高，左臂动作不变；左右侧手臂交替进行。

图4-129~图4-130

3. 5~6岁幼儿

（1）弹力带干扰双脚前后弓步双臂依次前后摆动（图4-129）。

动作目的：发展5~6岁幼儿双臂依次摆动的动作，提高身体的稳定性及平衡能力。

动作要领：幼儿前后分腿站立，屈膝屈髋呈弓箭步姿势，双肘屈至90°置于身体两侧；训练员在幼儿身体幼儿一侧，用弹力带环绕幼儿腹部；以胸锁关节为轴，向前摆动右臂，使右肘超过躯干前侧，同时向后摆动左臂，使左手超过躯干后侧，训练员以不同的力量与方向牵拉弹力带；训练员交换至对侧位置，练习者交换前后腿，左右侧手臂交替进行。

注意事项：注意保持身体稳定性。

图4-129

（2）弹力带干扰双脚前后弓步双臂依次向上摆动（图4-130）。

动作目的：发展5-6岁幼儿双臂依次摆动的动作，提高身体的稳定性及平衡能力。

动作要领：幼儿坐前后分腿站立，屈膝屈髋呈弓箭步姿势，双肘屈至90°置于身体两侧；训练员在幼儿身体幼儿一侧，用弹力带环绕幼儿腹部；以胸锁关节为轴，向上摆动右侧大臂，使右肘摆动至与肩同高，同时向后摆动左臂，使左手超过躯干后侧。训练员交换至对侧位置，练习者交换前后腿，左右侧手臂交替进行。

注意事项：注意保持身体稳定性。

图4-130

四、运动技能的种类与内容

基本动作技能是身体功能性动作体系中第三个环节，是幼儿由动作模式学习向运动项目技能学习的关键阶段。以教育部颁发的《3～6岁幼儿学习与发展指南》《幼儿园工作规程》有关动作技能内容为参照，结合“人类动作发展理论”与“动作学习与控制理论”，将3～6岁幼儿基本动作技能分为位移性动作、操作性动作和控制性动作。位移性动作技能指幼儿能够在空间产生位移变化的动作技能（共计10种）；操作性动作技能指四肢操作诸如棒、球等物体的动作技能（共8种）。控制性动作技能指幼儿在空间内运动时控制躯干或四肢以维持身体姿态的技能（共9种），如表4-1所示。

表4-1　幼儿基本动作技能分类与内容

种类	内容
位移性动作技能	向上蹦跳、连续前滑跳步、连续垫跳步、跑步、爬行、跨步跳、侧滑步、单脚跳、行走、双脚跳、立定跳、纵跳
操作性动作技能	抓握、用脚停球、踢、投掷、挥击、拍球、接球和滚球
控制性动作技能	滚动、停步、屈体摆动、坐、转体、躲闪、站立、钻爬、攀登

为使教师能够将表4-1基本动作技能内容较为全面地传授给幼儿，同时提高幼儿练习动作的兴趣，特将这三大类动作技能与前文总结的3～6岁幼儿身体素质发展规律以及当今功能性训练的理念结合，再次将基本动作技能划分为功能性灵敏动作、功能性速度动作、功能性平衡稳定动作、功能性核心脊柱动作、功能性力量动作和功能性柔韧动作六个方面。

（一）功能性快速灵敏动作

幼儿灵敏素质指在各种突然变化的条件下，幼儿能够较为迅速、协调地改变身体运动空间的位置和方向，以适应不断变化的外环境的能力。灵敏素质能力很大程度与大脑精确调控度相关，从上文论述已知，3～6岁是幼儿大脑快速发育的阶段，大约在7岁时幼儿大脑已发育到成人的80%，大脑的快速发育为幼儿灵敏素质发展提供了基础。结合功能性训练中神经快速激活等理念，运用软梯、多角球以及灵敏圈设计出幼儿功能性快速灵敏动作。软梯类动作主要使幼儿在软梯上或软梯外完成多个角度、较为复杂的脚步变换，特别是发展幼儿动作的转换和变向能力，促进幼儿躲闪、转体等基本动作技能的掌握（共计16种）。灵敏圈动作通过对灵敏圈进行不同方向、组合以及距离设置，发展幼儿下肢单脚或双脚连续的或单一的跨步、滑跳步、垫跳步等位移性动作技能（共计16种）。

1. 软梯练习方法

软梯动作主要发展幼儿下肢协调性。训练过程中要始终保持腰背部平直，不能弓背；跳跃时脚步轻盈，注意控制动作节奏。

图4-131~图4-134

● 3～4岁幼儿

（1）正向慢速一步一格小步跑（图4-131）。

动作要领：面对软梯站立，膝关节微屈，上体略前倾。前脚掌着地，一步一格慢速前进，手臂配合自然摆动。

图4-131

（2）倒向慢速一步一格小步跑（图4-132）。

动作要领：背向软梯站立，膝关节微屈，上体略前倾。前脚掌着地，一步一格慢速向后移动，手臂配合前后摆动。

图4-132

（3）正向慢速双脚跳（图4-133）。

动作要领：面对软梯，双手自然放于身体两侧。双脚同时蹬地跳起落在第一个格子内，成左右开立，触地瞬间跳起双脚合并落在第二个格子内。依次循环向前跳，然后再向后跳。

图4-133

图4-134

（4）倒向慢速双脚跳（图4-134）。

动作要领：背向面对软梯，双手置于身体两侧。双脚同时蹬地跳起落在第一个格子内，成左右开立，触地瞬间跳起双脚合并落在第二个格子内。依次循环向前跳，然后再向后跳。

图4-135

- 4～5岁幼儿

图4-135~图4-140

（1）正向快速两步一个格跑（图4-135）。

动作要领：面对软梯站立，膝关节微屈，上体略前倾。前脚掌着地，两步一格慢速前进，手臂自然前后摆动。

图4-136

（2）正向快速进进出出（图4-136）。

动作要领：面对软梯站立，双脚依次迈进软梯。左脚移出到左边框，右脚移出到右边框触地瞬间，左脚右脚依次迈步进入第二个格子内，依次循环向前。

注意事项：动作连贯、节奏清晰；脚与地面接触的时间越短越好。

（3）正向快速扭动髋部跑（图4–137）。

动作目的：发展下肢协调性，增加大腿内侧肌肉动作速度。

动作要领：面对软梯，双脚开立站在第一个格子的两侧，双手自然放于身体两侧；双脚同时跳起在空中交叉，髋部扭转，两腿成前后开立落在两个格子内。每次跳进时交换两腿的位置，依次循环向前。

注意事项：尽量缩短脚与地面接触的时间。

图4–137

（4）正向格子内外脚步滑动（图4–138）。

动作要领：面对软梯站在第一个格子的左侧；右脚左脚依次迈步进入第一个格子，左脚触地瞬间右脚迈步到右边框外，左脚向前迈步到第二个格子内，右脚跟进；左脚移出到左边框，右脚向前迈步到第三个格子内，左脚跟进。依次循环向前。

注意事项：膝关节始终保持微屈，尽可能缩短脚与地面接触的时间。

图4–138

（5）正向开合跳（图4–139）。

动作目的：发展下肢协调性。

动作要领：面对软梯，双手置于身体两侧，双脚同时蹬地跳起落在第一个格子两侧，成左右开立，触地瞬间跳起双脚合并落在第二个格子内。依次循环向前跳，然后再向后跳。

注意事项：熟练以后逐渐加快速度。

图4–139

图4-140

（6）正向Z字型跳（图4-140）。

动作目的：发展下肢协调性，提高身体平衡能力。

动作要领：正向面对软梯站在第一个格子左侧边框外，双脚跳起向右进入第一个格子内，触地瞬间跳起到第二个格子边框外，再次跳起进入第二个格子内。依次循环向前。

注意事项：熟练以后逐渐加快速度。

• 5～6岁幼儿

图4-141~图4-146

（1）侧向快速进进出出（图4-141）。

动作目的：发展下肢协调性，提高变向速度。

动作要领：侧向面对软梯站立，双脚依次迈进软梯。左脚移出到侧向边框，右脚移出到侧向边框触地瞬间，左脚右脚依次迈步进入第二个格子内，依次循环向前。

注意事项：左右脚交替前移；整个动作过程要求连贯没有停顿、节奏清晰；脚与地面接触的时间越短越好。

图4-141

（2）正向快速格子内外连续跑（图4-142）。

动作目的：提高变向移动速度，增加脚步的灵敏性。

动作要领：面对软梯站立，双脚依次迈进软梯。左脚触地瞬间，右腿快速迈步到右边框外；右脚迈出触地瞬间，左腿快速迈步到左边框外。高抬左、右腿依次进入第二个格子内，右脚迈出右边框外触地瞬间，左腿迈步到左边框外。手臂配合自然摆动，依次循环向前。

注意事项：上体保持正直，摆动腿积极下压，脚掌尽量减少与地面接触的时间。

图4-142

（3）进二退一跑（图4–143）。

动作目的：提高变向移动速度，增加脚步的灵敏性。

动作要领：面对软梯站立，手臂自然放于身体两侧，一步一格两脚交替向前移动两格，然后后撤一步，手臂配合自然摆动，依次循环向前。

注意事项：上体保持正直，摆动腿积极下压，脚掌尽量减少与地面接触的时间。

图4–143

（4）正向前后分腿跳（图4–144）。

动作目的：发展下肢协调性，增加大腿内侧肌肉动作速度。

动作要领：双脚开立站在软梯的两侧，双手自然置于身体两侧；双脚同时跳起，在空中交叉成前后开立落在两个格子内。每次跳进格子时交换两腿的位置，依次循环向前。

注意事项：尽量缩短脚与地面接触的时间，注意控制动作节奏。

图4–144

（5）侧向快速剪刀（图4–145）。

动作目的：发展下肢协调性。

动作要领：侧向站立于软梯的边框外，双手自然放于身体两侧。左脚发力跳进第一个格子内，前脚掌触地瞬间，右脚爆发式跳起进入第二个格子内，同时左脚跳出第一个格子。依次循环向前。

注意事项：尽可能缩短脚掌接触地面的时间，体会脚掌触地快速反弹的感觉。

图4–145

（6）侧向Z字形跳（图4-146）。

动作目的：发展下肢协调性。

动作要领：站立于软梯边框外，以右侧先行为例，双脚同时蹬地跳起进入第一个格子内，触地瞬间向前跳至第二个格子的上边框外；跳起后退进入第二个格子内，继续后退跳出到第二个格子下边框外，前跳进入第三个格子，手臂配合前后摆动。一前一后成Z形循环向前。

注意事项：体会脚掌触地快速反弹的感觉，缩短脚步与地面的接触时间。

图4-146

2. 灵敏圈练习方法

此类动作主要发展幼儿下肢协调性，训练过程中始终保持腰背部平直，跳跃时注意控制动作节奏。

- **3～4岁幼儿**

图4-147~图4-150

（1）正向慢速双脚跳（图4-147）。

动作要领：正向面对灵敏圈内，双手自然放于身体两侧；双脚并拢同时蹬地跳起落在第一个灵敏圈内；当身体控制稳定时，双脚起跳落入第二个灵敏圈内。依次向前跳。

图4-147

（2）倒向慢速开合跳（图4-148）。

动作要领：背向面对灵敏圈站立，双手自然放于身体两侧；双脚同时蹬地跳起落在第一个格子两侧，成左右开立姿态，触地瞬间跳起双脚合并落在第二个灵敏圈内。依次循环向前跳。

图4-148

（3）侧向双脚跳（图4-149）。

动作要领：侧向面对灵敏圈站立，膝关节微屈，上体略前倾，双手自然放于身体两侧。双脚并拢同时蹬地跳起落在第一个灵敏圈内；当身体重心稳定时，双脚起跳落入第二个灵敏圈内。依次侧向前跳。

图4-149

（4）斜向双脚跳入圈（图4-150）。

动作目的：提高身体重心控制能力，发展下肢协调性。

动作要领：斜向面对灵敏圈站立，膝关节微屈，上体略前倾。斜向双脚并拢同时蹬地跳起落在第一个灵敏圈内；当身体重心稳定时，斜向双脚并拢同时蹬地跳出到第二个灵敏圈外侧。依次向前跳。

注意事项：跳跃时脚步轻盈，控制动作节奏。

图4-150

图4-151~图4-156

• 4～5岁幼儿

（1）正向快速连续双脚跳（图4-151）。

动作要领：正向面对灵敏圈内，双手自然放于身体两侧，双脚同时蹬地跳起落在第一个灵敏圈内，触地瞬间双脚快速跳起落在第二个灵敏圈内。依次循环连续快速向前跳。

图4-151

（2）倒向快速连续双脚跳（图4-152）。

动作要领：背向面对灵敏圈内，双手自然放于身体两侧，双脚同时蹬地跳起落在第一个灵敏圈内，触地瞬间双脚快速跳起落在第二个灵敏圈内。依次循环连续快速向后跳。

图4-152

（3）侧向快速连续滑步（图4-153）。

动作要领：侧向面对灵敏圈，两脚踩在前两个灵敏圈内。双手自然放于身体两侧，左脚蹬地滑步进入第三个灵敏圈内，触地瞬间右脚快速蹬地滑步进入第四个灵敏圈内。依次循环连续快速滑步向前。

图4-153

（4）斜向跨跳入圈（图4-154）。

动作要领：斜向面对灵敏圈，双手自然放于身体两侧；双脚并拢同时蹬地斜向跳起落在第一个灵敏圈内，当身体重心稳定时，双脚斜向起跳落入第二个灵敏圈内。依次向前。

图4-154

（5）正向跨跳入圈（图4-155）。

动作要领：正向面对灵敏圈，双手自然放于身体两侧；双脚同时蹬地跨跳落在第一个灵敏圈内，当身体重心稳定时，双脚蹬地跨跳落入第二个灵敏圈内。依次向前。

图4-155

（6）单脚连续跳圈（图4-156）。

动作要领：正向面对灵敏圈内，双手自然放于身体两侧，以左脚为例，左脚屈膝蹬地起跳落在第一个灵敏圈内，前脚掌触地瞬间快速跳起落在第二个灵敏圈内。依次向前跳。

注意事项：训练过程中始终保持腰背部平直，不能弓背，单脚跳跃时，控制动作节奏。

图4-156

图4-157~图4-162

• 5～6岁幼儿

（1）正向快速双脚连续跳接跨步（图4-157）。

动作要领：正向面对灵敏圈，双手自然放于身体两侧；双脚并拢同时蹬地跨跳落在第一个灵敏圈内，触地瞬间快速转换左脚向前跨步跳落在第二个灵敏圈内。依次向前跳。

图4-157

（2）倒向快速双脚连续跳接弓步（图4–158）。

动作要领：背向面对灵敏圈，双手自然放于身体两侧；双脚并拢同时蹬地跨跳落在第一个灵敏圈内，触地瞬间转换右脚后撤快速弓步落在第二个灵敏圈内，右脚触地时两脚同时起跳落入第三个灵敏圈内。依次向前。

图4–158

（3）正向快速前滑步接侧滑（图4–159）。

动作要领：正向面对灵敏圈，双手自然放于身体两侧。左脚向前滑步落在第一个灵敏圈内，右脚紧跟落入。右脚触地瞬间快速接侧滑步进第二个灵敏圈内，左脚紧跟。依次向前。

图4–159

（4）左右斜向跨跳切换（图4–160）。

动作要领：斜向面对灵敏圈，双手自然放于身体两侧，左脚向左跨跳在第一个灵敏圈内；左脚触地时，右脚向右跨跳在第二个灵敏圈内。依次向前。

图4–160

（5）连续后撤步接上步跨跳（图4–161）。

动作要领：正向面对灵敏圈，双手自然放于身体两侧，双脚并拢站在第三个灵敏圈内，左脚向后撤步到第二个灵敏圈内；左脚触地后，右脚后撤步到第一个灵敏圈内；右脚触地后，上步到第三个灵敏圈内；左脚触地后，两脚同时发力落入第四个灵敏圈内。依次向前。

图4–161

（6）左右斜向连续滑（图4–162）。

动作要领：斜向面对灵敏圈内，双手自然放于身体两侧，左脚向左滑进第一个灵敏圈内，触地瞬间右脚快速向右滑进第二个灵敏圈内。依次向前。

图4–162

各年龄段幼儿软梯动作与灵敏圈内动作的难度进阶和动作变化，主要考虑四个方面原则：①脚步变化复杂程度。小班幼儿，脚步动作变化较为简单，仅是前后交替进行，没有左右交叉，而中班和大班幼儿既需要前后交替进行也要左右交叉，或者是前后左右的脚步组合等；②脚步移动速度变化方面，小、中、大班幼儿脚步移动速度依次为慢、较快和快；③动作准确性上，完成动作时，幼儿双脚应根据教师的指令依次踩入软梯方格或灵敏圈内空心中，但小班幼儿神经支配动作能力不如中班和大班，在练习时一般会踩到器材，但只要幼儿能有意识地去控制自己的动作，教师可以降低动作完成的精确度和难度。

（二）功能性速度动作

幼儿速度素质指幼儿快速运动的能力，也可指人体或人体某一部分快速移动、快速完成动作或快速做出反应的能力，它分为反应速度、动作速度和移动速度。人体在进行快速移动时，是以关节为枢纽、骨骼为杠杆、肌肉为动力输出。幼儿骨骼生长速度要远高于肌肉，加之四肢阻力臂远远大于动力臂，所以幼儿在进行速度练习时，应该以反应速度和动作速度练习为主，移动速度练习为辅。多方向跑是动作速度与位移速度的结合，使幼儿在跑动行进过程中完成不同方向上的下肢蹬伸、抬转等动作，以提高跑的位移性动作技能（共计11种）。多角球动作主要通过多角球轨迹和不规则变化促进幼儿信号刺激快速应答能力，提高垂直面、水平面和冠状面下手部的抓接能力，同时加入静态脚步和动态脚步两种练习，一方面发展幼儿下肢侧滑、上步、后撤步等位移性动作技能，一方面提高手部精细动作的抓、接、抛等操作性技能（共计18种）。

1. 多方向跑练习方法

此练习主要提高幼儿的变向能力，跑步能力及反应能力等，跑步时身体要正直，手臂前后自然摆动，脚尖向前。

图4-163

- **3～4岁幼儿：**

图4-163~图4-165

（1）慢速5米折返跑（图4-163）。

动作目的：发展下肢变向能力。

动作要领：身体前倾，双手自然放于身体两侧，前后分腿站立于起跑线上；听到口令后，慢速跑动，手臂自然摆动，到达5米标志物后触碰标志物后转身慢速跑回起始位置。

图4-164

（2）慢速6米跑（图4-164）。

动作目的：发展下肢跑步能力。

动作要领：身体前倾，双手自然放于身体两侧，前后分腿站立于起跑线上；听到口令后，慢速跑动，手臂自然摆动，跑过终点。

（3）慢速数字跑（图4–165）。

动作目的：发展跑动中的反应能力。

动作要领：身体前倾，双手自然放于身体两侧，前后分腿站立于起跑线上；听到口令后，慢速跑动，手臂在身体两侧自然摆动，跑动中根据口令中的数字向数字跑动。

图4–165

图4–166~图4–169

● 4～5岁幼儿

（1）中速迷你T型跑（图4–166）。

动作目的：发展跑动中的变向能力。

动作要领：站在起跑线上，听到口令后，中速向标志桶跑动，手触右侧标志桶后向左侧滑步触摸标志桶，触摸后向右侧滑步触摸标志桶，触摸后侧向滑步回到中间标志桶，倒向跑回起跑位置。

图4–166

（2）中速字母跑（图4–167）。

动作目的：发展跑动中的变向能力。

动作要领：身体前倾，双手自然放于身体两侧，前后分腿站立于起跑线上；发令后，中速向前跑动绕过用标志桶摆放的字母，然后回到起始位置。

图4–167

图4-168

（3）中速障碍跑（图4-168）。

动作目的： 发展跑动中跨越障碍的能力。

动作要领： 身体前倾，双手自然放于身体两侧，前后分腿站立于起跑线上；发令后，中速向前跑动跨越障碍物。

图4-169

（4）中速数字跑（图4-169）。

动作目的： 发展跑动中的变向能力。

动作要领： 身体前倾，双手自然放于身体两侧，前后分腿站立于起跑线上；发令后，中速向前跑动绕过用标志桶摆放的数字。

图4-170

• 5～6岁幼儿

（1）快速S型跑（图4-170）。

图4-170~图4-172

动作目的： 发展跑动中的变向能力。

动作要领： 将标志桶摆成S型，身体前倾，双手自然放于身体两侧，前后分腿站立于起跑线上；发令后，手臂自然摆动，快速向前跑动绕过标志桶。

（2）快速L型跑（图4–171）。

动作目的： 发展跑动中的变向能力。

动作要领： 将标志桶摆成L型，身体前倾，双手自然放于身体两侧，前后分腿站立于起跑线上；发令后，手臂自然摆动，快速向前跑动绕过标志桶。

图4–171

（3）快速10米折返跑（图4–172）。

动作目的： 发展跑动中的变向能力。

动作要领： 身体前倾，双手自然放于身体两侧，前后分腿站立于起跑线上；发令后，快速向前奔跑，手臂自然摆动，单手触碰10米外的标志桶后转身跑回起始位置。

图4–172

图4–173~图4–178

2. 多角球练习方法

● 3～4岁幼儿

（1）矢状面内双手抓（图4–173）。

动作目的： 发展矢状面内双手抓的能力。

动作要领： 将球置于矢状面高处，身体微蹲，双手自然放于身前，球在矢状面高处落下，双手同时抓住球。

注意事项： 躯干保持正直，双手同时接住落球。

图4–173

（2）矢状面内双手抛（图4–174）。

动作目的：发展矢状面内双手抛的能力。

动作要领：将球置于矢状面低处，双手握住球，身体微蹲，双手向上抛起球。

注意事项：躯干保持正直，双手同时将球抛起。

图4–174

（3）水平面内双手抓（图4–175）。

动作目的：发展水平面内双手抓的能力。

动作要领：将球置于水平面高处，身体微蹲，双手自然放于身前，球在水平面高处落下，双手同时抓住落下球。

注意事项：躯干保持正直，双手同时接住落球。

图4–175

（4）水平面内双手抛（图4–176）。

动作目的：发展水平面上肢抛的能力。

动作要领：将球置于水平面低处，双手握住球，身体微蹲，双手向前抛起球。

注意事项：躯干保持正直，双手同时将球抛起。

图4–176

（5）冠状面内双手抓（图4-177）。

动作目的： 发展冠状面双手抓的能力。

动作要领： 将球置于冠状面高处，身体微蹲，双手自然放于身前，球在冠状面高处落下，双手同时抓住落下的球。

注意事项： 躯干保持正直，双手同时接住落球。

图4-177

（6）冠状面内双手抛（图4-178）。

动作目的： 发展冠状面双手抛的能力。

动作要领： 将球置于冠状面低处，双手握住球，身体微蹲，双手同时将球抛起。

注意事项： 躯干保持正直，双手同时将球抛起。

图4-178

图4-179~图4-184

- **4～5岁幼儿**

（1）矢状面内单手抓抛（图4-179）。

动作目的： 发展矢状面单手抓抛的能力。

动作要领： 在矢状面单手持球，身体微蹲，练习开始后，持球手将球抛起，另一只手将球接住。

注意事项： 单手抓球时，躯干保持正直。

图4-179

（2）原地踏步矢状面内双手抓抛（图4–180）。

动作目的：发展矢状面动态双手抓的能力。

动作要领：在矢状面双手持球，身体原地踏步，练习开始后，双手将球抛起，当球落下时双手再将球同时接住。

注意事项：踏步时躯干保持正直，双手同时接住落球。

图4–180

（3）水平面内单手抓抛（图4–181）。

动作目的：发展水平面单手抓的能力。

动作要领：在水平面内单手持球，身体微蹲，练习开始后，持球手将球抛起，另一只手将球接住。

注意事项：单手抓球时，躯干保持正直。

图4–181

（4）原地踏步水平面内双手抓抛（图4–182）。

动作目的：发展水平面动态双手抓抛的能力。

动作要领：在水平面内双手持球，原地踏步，练习开始后，双手将球抛起，当球落下时双手再将球同时接住。

注意事项：踏步时躯干保持正直，双手同时接住落球。

图4–182

（5）冠状面内单手抓抛（图4-183）。

动作目的：发展冠状面单手抓的能力。

动作要领：在冠状面内单手持球，身体微蹲，练习开始后，持球手将球抛起，另一只手将球接住。

注意事项：单手抓球时，躯干保持正直。

图4-183

（6）原地踏步冠状面内双手抓抛（图4-184）。

动作目的：发展冠状面动态双手抓的能力。

动作要领：在冠状面内双手持球，原地踏步，练习开始后，双手将球抛起，当球落下时双手再将球同时接住。

注意事项：双手抓球时，躯干保持正直。

图4-184

图4-185~图4-190

- **5～6岁幼儿**

（1）向前上步双手抓接（图4-185）。

动作目的：发展上肢双手抓的能力。

动作要领：将球置于身体前上方，两脚与肩同宽，屈膝呈半蹲位，双手自然放于身前；球从高处落下，身体上步，双手抓住落下球。

注意事项：双手抓球时，躯干保持正直。

图4-185

（2）后撤步后移挥抛（图4–186）。

动作目的：发展上肢双手抛的能力。

动作要领：两脚与肩同宽，屈膝呈半蹲位，双手持球放于身前；抛球时，身体后撤步后移将球向前抛起。

注意事项：双手抛球时，躯干保持正直。

图4–186

（3）侧向横移抓接（图4–187）。

动作目的：发展侧向横移抓接的能力。

动作要领：两脚并拢，身体正直侧向站立；接球时，身体侧向上步横移，双手自然放于身前抓住前方来球。

注意事项：双手抓接球时，躯干保持正直。

图4–187

（4）原地踏步与上步切换行进间接球（图4–188）。

动作目的：发展下肢步伐切换行进间接球的能力。

动作要领：身体正直，下肢原地踏步，手臂在身体两侧自然摆动；当球来时，向前上步呈弓箭步姿态，双手在身体前接住来球。

注意事项：双手抓接球时，躯干保持正直。

图4–188

（5）左右滑步抓接反弹球（图4-189）。

动作目的： 发展下肢步伐切换行进间接球的能力。

动作要领： 两脚并拢，双手在身体两侧，上身正直，身体呈站立位；左腿向左滑步，落地瞬间右腿向右滑步；球往高处抛起，弹起后抓住球。

注意事项： 双手抓接球时，躯干保持正直。

图4-189

（6）斜向跨跳定点抛投（图4-190）。

动作目的： 发展下肢斜向跨跳定点抛投的能力。

动作要领： 两脚并拢，双手在身体两侧，上身正直，身体呈站立位；左腿向左滑步，落地瞬间右腿向右滑步；到达定点时，将球向远处抛出。

注意事项： 双手抛球时，躯干保持正直。

图4-190

多方向跑难度进级和动作变化原则主要有三个方面：①跑动距离。不同年龄段幼儿跑动距离有一定要求，3～4岁幼儿一般连续加速跑动为5～8米、4～5岁幼儿一般6～9米、5～6岁为10米左右；②跑动方向变化。小班幼儿由于肌肉发育程度低于另外两个年级，而且急停和急转技能没有掌握，所以他们跑动时方向变化较少，而中班和大班孩子可以适当在练习中加入跑动方向的变化；③跑动速度。由于各年龄段幼儿下肢肌肉力量、躯干核心区稳定性等方面有所差异，所以小、中、大班幼儿跑动速度依次为慢速、中速和快速。

（三）功能性核心脊柱动作

人类通过250万年的时间从爬行演变成直立行走，脊柱由水平支撑变成垂直支撑，重心由原来前后肢中心位置过渡到第四腰椎和肚脐连线中点，导致第四、五腰椎承受了人体重心变化的多变负荷刺激，因此，人体核心区是随着人进化功能逐渐退化的。此外，核心脊柱区位于人体的躯干部位，它是人体在运动时维持机体正确姿态、调控四肢活动幅度以及上下肢能力传递的重要环节。“由近及远”是幼儿动作发展规律内容之一，其本质含义就是由幼儿核心脊柱区域向四肢发展的趋势。此外，脊柱疾病是幼儿常见形态疾病之一，“早干预和治未病”是治疗脊柱疾病的主要思路。核心脊柱动作可以促进幼儿脊柱的健康发展和强化。爬行动作是幼儿模仿动物的爬行动作，可以促进他们核心脊柱发展以及提高他们爬的动作技能（共计11种）。徒手动作主要以手脚支撑、身体平行地面动作为主，其优点是不需要器材、占地面积小，适合多名幼儿一起进行练习，进而提高幼儿核心区的稳定性和肌肉力量。动作共计12种。

1. 爬行练习方法

此类动作主要发展幼儿的爬行能力，提高核心区的稳定性和肌肉力量。

图4-191

图4-192

• 3～4岁幼儿

图4-191～图4-192

（1）对侧虎爬（图4-191）。

动作要领：双手双脚着地，双臂伸直，双手虚掌置于肩下方，双脚前脚掌着地，双腿屈曲，左/右脚向前移动约一脚的距离，异侧手向前移动同样的距离，右/左腿蹬伸使身体前行。

注意事项：保持身体不左右晃动，肩部收紧。

（2）同侧大象爬（图4-192）。

动作要领：手足着地，两臂伸直，两手五指屈曲虚掌与肩同宽并置于肩正下方，两腿伸直（或稍屈），两脚全脚掌着地与肩同宽置于髋关节正下方稍靠后的位置，躯干尽量保持一条直线，抬头，眼看前下方。右腿直腿前进至右脚尖即将触碰到手的位置，脚跟先着地，过渡到全脚掌着地，与此同时，直臂抬起右手手腕屈曲向前移动约一脚，然后手腕自然落地到右肩的前方，左脚左手与右侧相同，以此交替行进。

注意事项：手尽量贴地而行，缓慢前进；两腿可稍屈，肩部收紧。

图4-193~图4-196

● 4～5岁幼儿

（1）对侧猫爬（图4-193）。

图4-193

动作要领：双手双脚（前脚掌）着地，左手左脚在前，右手右脚在后，躯干与地面平行，右侧手与左侧膝较近，双臂伸直，左小腿与地面平行，大腿与小腿成90°，右腿伸直或微屈，眼看前下方。移动时，左腿蹬伸，同时抬右脚移动至左脚正前方（约一脚），移动右手至左手正前方，保持双手双脚在一条直线上，抬头，眼看前下方，以此交替前进。

注意事项：肩部收紧，缓慢前进。

（2）同侧虎爬（图4-194）。

图4-194

动作要领：手足着地，两臂伸直，两手与肩同宽置于肩正下方，两腿伸直（或稍屈），两脚全脚掌着地与肩同宽置于髋关节正下方稍靠后的位置，躯干尽量保持一条直线，抬头眼看前方。右腿直腿前进至右脚尖即将触碰到手的位置，脚跟先着地，过渡到全脚掌着地，与此同时，屈肘抬起右手至右肩关节处后，向前伸臂至手臂伸直，然后自然落地到右肩的正前方，左脚左手与右侧相同，以此左右侧交替行进。

注意事项：要用肩部带动肘部，再用肘部带动小臂和手腕，手背尽量贴肩而行，缓慢前进；两腿可稍屈，前进距离可缩短。

图4-195

（3）蜘蛛爬（图4-195）。

动作要领：双手手掌间隔比肩略宽，双腿分开与髋同宽或略宽于髋，然后胸部向下，直至距离地面3～4厘米。当身体下沉的时候，左腿蹬伸，右腿屈膝抬起，向右前方完成侧跨步动作，膝盖向右手手肘靠近并收缩腹肌，屈膝、脚掌着地，然后手臂迅速撑起，而后旋转髋部，右腿蹬伸，左腿屈膝抬起，向左前方完成侧跨步动作，膝盖至左肘时，屈膝前脚掌着地，以此左右交替进行。

注意事项：在整个过程中膝盖不可触碰到地面，肩部和腹部收紧。

图4-196

（4）鳄鱼爬（图4-196）。

动作要领：双手双脚着地，双手间距宽于肩置于肩两侧，两臂屈曲大于90°，双腿伸直，双脚前脚掌着地，尽量使肩髋膝踝在一条直线上。移动时，右脚向右前方移动约一脚至两脚，前脚掌着地，右腿蹬伸使身体前行，同时左手曲臂向前移动至左前方，以此交替前进。

注意事项：髋随着腿的前进左右摇摆，肩部收紧。

- **5～6岁幼儿**

图4-197~图4-200

图4-197

（1）海狮爬（图4-197）。

动作要领：双手双脚着地，双手与肩同宽或略宽于肩，两臂伸直或微屈置于肩下方，双腿伸直，抬头看前方。移动时，双脚不动，躯干左右交替侧倾，使两手臂交替向前移动。

注意事项：尽量使肩髋膝踝在一条直线上，肩部和腹部收紧。

图4-198

（2）螃蟹爬（图4-198）。

动作要领：背部朝下，双手双脚着地，双臂伸直双手置于肩下方，髋屈曲约90°，双腿屈曲，脚在膝下方，臀部抬离地面。移动时，异侧的手和脚同时向前移动约一脚，动力来源于手的后推和膝关节的屈曲，如此交替行进。后退螃蟹爬动力来源于髋和膝关节的伸展。

注意事项：异侧的手和脚同时移动，肩部和臀部收紧。

（3）同侧猫爬（图4–199）。

动作要领：手足（前脚掌）着地，两手和两脚左右间距与肩同宽或略窄于肩，躯干与地面平行，两手平行，两脚平行，两小腿与地面平行，大腿与小腿成90°，抬头，眼看前方。移动时，左腿蹬伸，右侧同时屈膝屈肘向前移动约一脚的距离，抬头，眼看前方，左侧同右侧，以此交替前进。

注意事项：肩部和髋部收紧，尽量使动作连贯。

图4–199

（4）对侧蜥蜴爬（图4–200）。

动作要领：双手双脚着地，双手宽于肩置于肩外侧，两臂伸直，双脚与肩同宽或略窄于肩，抬头眼看前方。移动时，右腿蹬伸，旋转髋部时左腿屈膝向侧前方，脚向前约一脚的距离，同时异侧的手向前约一脚，两臂屈曲使身体下沉至手臂屈曲成90°，然后两臂伸直。左腿蹬伸，继而如前述动作，交替行进。

注意事项：腹部收紧，髋部旋转。

图4–200

2. 徒手练习方法

此类动作主要提升幼儿核心力量及稳定性，练习时保持身体平直，腰部不要出现塌陷。

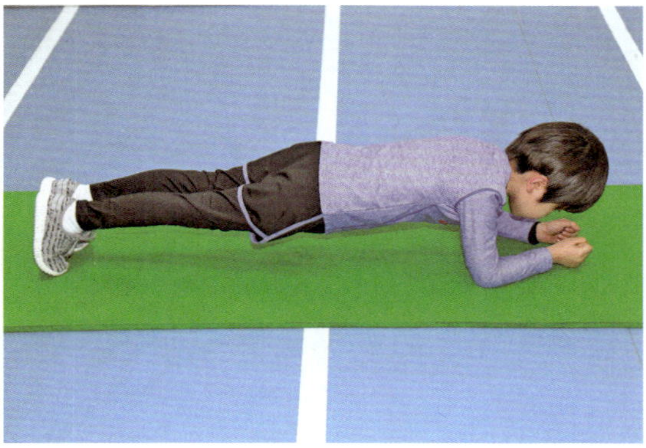

图4-201

● 3～4岁幼儿

（1）静态手脚平板支撑（图4-201）。

图4-201~图4-202

动作目的：提高腹部核心稳定性及力量。

动作要领：俯卧在运动垫上，平板支撑开始，两脚前脚掌着地，两手直臂支撑，躯干挺起，呈桥型。

注意事项：头、躯干、臀部和腿部呈一条直线。

图4-202

（2）静态双脚臀桥支撑（图4-202）。

动作目的：提高腰部核心稳定性及力量。

动作要领：仰卧运动垫上，两腿屈腿呈90°，两脚脚后跟着地，背部着地，髋部挺起，呈桥型。

图4-203

● 4～5岁幼儿

（1）双臂支撑双脚动态开开合合（图4-203）。

图4-203~图4-206

动作目的：提高腹部核心稳定性力、量以及下肢协调性。

动作要领：俯卧运动垫上，两脚前脚掌着地，用手支撑，躯干挺起，呈桥型；左脚向左移动，右脚紧跟向右移动；左脚移动回原来位置，右脚也移动到原来位置；两脚依次开合。

（2）动态臀桥升降（图4–204）。

动作目的：提高腹部核心稳定性、力量以及下肢协调性。

动作要领：仰卧运动垫上，两腿屈腿呈90°，两脚脚后跟着地，背部着地，髋部挺起，呈桥型，然后髋部下降还原起始姿势。

图4–204

（3）静态跪姿手腿伸展（图4–205）。

动作目的：提高腹部核心稳定性、力量以及上下肢协调性。

动作要领：跪姿在训练垫上，双手、两脚与肩同宽，手臂和大腿垂直于地面，练习开始，左手右脚同时抬起，左手臂、躯干和右腿呈一条直线并保持动作。

注意事项：保持身体正直，髋关节不要出现扭转。

图4–205

（4）静态侧向手脚撑（图4–206）。

动作目的：提高侧向腹部核心稳定性、力量。

动作要领：侧卧在训练垫上，以右侧为例，右手和右脚在一个平面上，练习开始，右手右脚支撑，髋关节侧向抬起，右手臂、躯干和右腿呈一条直线并保持动作。

注意事项：保持身体正直，髋关节不要出现扭转。

图4–206

图4-207~图4-209

• 5~6岁幼儿

（1）肘脚支撑动态髋部左右点地（图4-207）。

动作目的： 提高侧向腹部核心稳定性及力量。

动作要领： 俯卧运动垫上，平板支撑开始，两脚前脚掌着地，用肘支撑，躯干挺起；髋部向左转动触地，再向右转动触地。

图4-207

（2）动态超人（图4-208）。

动作目的： 提高核心稳定性及力量。

动作要领： 跪姿在训练垫上，双手、两脚与肩同宽，手臂和大腿垂直于地面。练习开始，左手手臂和右腿伸直并同时抬起，左手手臂、躯干和右腿部呈一条直线；两侧交替进行。

图4-208

（3）静态侧向肘脚支撑（图4-209）。

动作目的： 提高核心稳定性及力量。

动作要领： 侧卧在训练垫上，以左侧为例，左手和左脚在一个平面上。训练开始，左肘部、左脚支撑，同时髋关节侧向抬起，左肘部躯干和左腿呈一条直线并保持动作。

图4-209

爬行难度进阶和动作变化原则主要有：①支撑面积大小。虽然是模仿动物的各种爬行动作，但是不同动作之间难度有所不同。虎爬动作类似于猫爬，但是双手和双足之间支撑的面积要大于猫爬，所以核心区域力量较差的小班幼儿更适合练习虎爬。大象爬与鳄鱼爬最大区别在于前者重心更高，小班幼儿只要伸直肘部和膝部就可以完成，而鳄鱼爬要求中班孩子身体重心尽量要低，身体几乎接近地面，所以要求具备一定的手臂力量。②同侧支撑和对侧支撑前进。前者指同侧手和同侧脚（例如右手与右脚）先前进，另外一侧手脚依次跟进；后者指爬行时对侧手脚（例如：右手左脚）先前进，另一对侧手脚依次跟进。同侧动作较对侧难度更大，因为它对幼儿身体核心的抗旋转能力要求较高，所以教师要根据孩子年龄和完成情况进行选择。③一个平面或一条线。幼儿在完成动作时头、肩、腰和臀部应该保持一条线或一个平面，因为人体核心脊柱的绝大部分肌肉群只有当躯干平行于地面时其肌肉才能被刺激和激活。小班孩子在完成动作时允许臀部有轻微翘起，因为小班孩子下腹部肌群相对于中班和大班孩子力量较弱，还不足以维持良好的躯干姿势。

徒手动作难度进阶和动作变化原则主要有：①动态与静态。由于幼儿肌肉力量及神经肌肉控制能力不够完备，所以在难度进阶方面应该从静态逐渐过渡到动态。②支撑点数量。支撑点数量越少，对幼儿核心区的刺激就越强，例如当幼儿四点支撑时（双手与双脚支撑）可以轻松完成某个动作，为提高动作难度就可以选择三点支撑（双手与一侧脚撑地）。③一个平面或一条线。原理同上文爬行动作的介绍。需要强调的是，幼儿在完成动态动作时速度也不能太快，应该保持匀速并有所控制。上文在介绍功能性动作技能时提到，腰椎是主导稳定的，且腰椎是躯干脊柱的核心，所以应在保持它原本功能的前提下，通过练习促进幼儿核心脊柱的发育、爬行动作技能的掌握。

（四）功能性平衡稳定动作

平衡与稳定能力是人体在完成动态或静态动作时维持良好身体姿势的能力，它是大脑神经精确调控身体姿态、前庭功能及肌肉平衡的综合表现，而且平衡稳定能力是速度、反应及灵敏素质等发展的基础，因此，较好的平衡和稳定能力对幼儿其他素质发展、基本动作技能掌握具有重要影响。软塌动作与Bosu球动作主要是改善支撑面的不稳定性，从而强化平衡稳定能力，促进幼儿对机体部位、身体位置的精确感知和调控。前者更多是以原地静态平衡稳定为主，后者主要是以位移性动态平衡稳定为主（共计28种）。榴莲球动作是指导幼儿在榴莲球上完成静态平衡稳定动作，在提高平衡稳定能力的同时促进其动作模式或基本动作技能发展（共计19种）。

1. 软踏练习方法

此类动作主要发展幼儿下肢稳定性，练习薄时要保持身体正直，防止出现摔倒。

图4-210

● 3～4岁幼儿

图4-210~图4-212

（1）双脚分开站立（图4-210）。

动作要领： 两脚分开与肩同宽站立在平衡软榻上。自然站直，目视前方。

图4-211

（2）双腿站立双手画图（图4-211）。

动作要领： 两脚站立在平衡软榻上，自然站直。双手根据口令画图。

图4-212

（3）双脚分开闭一只眼站立（图4-212）。

动作要领： 两脚分开与肩同宽，脚尖向前，站立在平衡软榻上，自然站直并闭一只眼。

图4-213~图4-216

- 4～5岁幼儿

（1）双脚并拢闭眼站立（图4-213）。

动作要领： 两脚并拢，脚尖向前，站立于平衡软榻上，自然站直并闭双眼。

图4-213

（2）单腿站立（图4-214）。

动作要领： 单脚站立在平衡软榻上，上身自然站直。

图4-214

（3）闭一只眼单腿站立（图4-215）。

动作要领： 单脚站立在平衡软榻上，自然站直并闭一只眼。

图4-215

图4-216

（4）单腿站立双手画图（图4-216）。

动作要领：单脚站立在平衡软榻上，上身自然站直，双手根据口令画图。

图4-217

• 5～6岁幼儿

图4-217~图4-222

（1）闭眼单腿站立（图4-217）。

动作要领：单脚站立在平衡软榻上，上身自然站直并闭双眼。

图4-218

（2）一腿站立一腿画圈（图4-218）。

动作要领：单脚站立在平衡软榻上，另一条腿画圈，上身自然站直。

（3）闭眼双腿站立双手画图（图4-219）。

动作要领：两脚站立在平衡软榻上，上身自然站直，双手根据口令画图。

图4-219

（4）一腿支撑一腿四方位触地（图4-220）。

动作要领：单脚站立在平衡软榻上，另一条腿脚尖前后左右四个方向触地，上身自然站直。

图4-220

（5）单腿站立双手画不同图形（图4-221）。

动作要领：单脚站立在平衡软榻上，上身自然站直，双手画不同图形。

图4-221

图4-222

（6）闭眼单腿站立单腿画图（图4-222）。

动作要领：单脚站立在平衡软榻上，闭眼，另一条腿根据口令画图，上身自然站直。

2. Bosu球练习方法

图4-223

此类动作主要发展幼儿下肢稳定性及力量，练习时注意保持身体正直，防止摔倒。

- 3～4岁幼儿

（1）Bosu球上行走（图4-223）。

动作要领：将Bosu球球面向上，球底向下，依次排列；踩在Bosu球球面上自然站立，一步一球慢速行走。

图4-223~图4-225

图4-224

（2）Bosu球上爬行（图4-224）。

动作要领：将Bosu球球面向上，球底向下，依次排列；身体俯卧，双手双脚支撑在Bosu球上，一步一球慢速爬行。

（3）Bosu球上双脚跳跃（图4–225）。

动作要领：将Bosu球球面向上，球底向下，依次排列；自然站在Bosu球上，双脚起跳，跳跃到另一个Bosu球上。

图4–225

图4–226~图4–229

• 4～5岁幼儿

（1）闭眼Bosu球上行走（图4–226）。

动作要领：将Bosu球球面向上，球底向下，依次排列；自然站在Bosu球上，闭眼一步一球行走。

图4–226

（2）闭眼Bosu球上爬行（图4–227）。

动作要领：将Bosu球球面向上，球底向下，依次排列，身体俯卧，双手双脚支撑在Bosu球上，闭眼一步一球爬行。

图4–227

图4-228

（3）闭眼Bosu球上跳跃（图4-228）。

动作要领：将Bosu球球面向上，球底向下，根据个人情况有间隙地依次排列。自然站在Bosu球上，闭眼双脚起跳，跳跃到另一个Bosu球上。

图4-229

（4）闭眼Bosu球上行走与爬行切换（图4-229）。

动作要领：将Bosu球球面向上，球底向下，依次排列。身体自然站在Bosu球上，闭眼一步一球行走，然后切换到身体俯卧，闭眼一步一球爬行。

图4-230

• 5～6岁幼儿

（1）闭眼Bosu球上爬行与跳跃切换（图4-230）。

图4-230~图4-232

动作要领：将Bosu球球面向上，球底向下，依次排列。自然站在Bosu球上，闭眼一步一个爬行，然后切换到闭眼双脚起跳，跳跃到另一个Bosu球上。

（2）闭眼Bosu球上行走与跳跃切换（图4-231）。

动作要领：将Bosu球球面向上，球底向下，依次排列；自然站在Bosu球上，身体俯卧，闭眼一步一个行走，然后切换到闭眼双脚起跳，跳跃到另一个Bosu球上。

图4-231

（3）Bosu球上单脚跳（图4-232）。

动作要领：将Bosu球球面向上，球底向下，依次排列。自然站在Bosu球上，单脚起跳，跳跃到另一个Bosu球上。

图4-232

3. 榴莲球练习方法

此类动作主要发展幼儿下肢稳定性，练习时注意保持身体重心，防止摔倒，5～6岁幼儿练习时，还要注意在做下蹲动作时，膝关节不要超过脚尖。

图4-233~图4-238

• **3～4岁幼儿**

（1）双腿站立支撑（图4-233）。

动作要领：将榴莲球依次排列，两脚分别踩在榴莲球上，自然站直。

图4-233

（2）闭眼双腿站立（图4-234）。

动作要领：将榴莲球依次排列，两脚分别踩在榴莲球上，闭眼，自然站直。

图4-234

（3）双腿站立双手画图（图4-235）。

动作要领：将榴莲球依次排列，两脚分别踩在榴莲球上，自然站直，双手听指令画图。

图4-235

（4）闭眼站立双手画图（图4-236）。

动作要领：将榴莲球依次排列，两脚分别踩在榴莲球上，身体自然站直，闭眼双手画图。

图4-236

（5）前后弓步站立（图4–237）。

动作要领：将榴莲球前后排列，两脚分别踩在榴莲球上，弓步站立。

图4–237

（6）左右弓步站立（图4–238）。

动作要领：将榴莲球左右排列，两脚分别踩在榴莲球上，弓步站立（左右弓步进行练习）。

图4–238

图4–239~图4–241

- **4～5岁幼儿**

（1）双腿站立接球（图4–239）。

动作要领：将榴莲球依次排列，两脚分别踩在榴莲球上，自然站直，双手接对方来球。

图4–239

图4-240

（2）双腿站立抛球（图4-240）。

动作要领：将榴莲球依次排列，两脚分别踩在榴莲球上，自然站直，双手抛球。

图4-241

（3）双腿前后弓箭步行进（图4-241）。

动作要领：将榴莲球依次排列，两脚前后踩在榴莲球上，自然站直，弓步行进。

图4-242

• 5～6岁幼儿

（1）双脚平行下蹲（图4-242）。

图4-242~图4-247

动作要领：两脚开立踩在两个榴莲球上，自然站直，双手交叉抱于胸前，然后身体缓慢下蹲，膝关节弯曲90°后缓慢站起。

（2）双脚前后弓步下蹲（图4–243）。

动作要领：两脚前后踩在两个榴莲球上，自然站直，双手两侧叉腰，然后身体缓慢弓步下蹲，膝关节弯曲90°后缓慢站起。

图4–243

（3）双脚左右弓步下蹲（图4–244）。

动作要领：两脚开立左右两个踩在榴莲球上，自然站直，双手伸直前平举，然后缓慢一侧下蹲，膝关节弯曲90°，另一侧腿伸直，下蹲后缓慢站起，另一侧同样做下蹲动作。

图4–244

（4）双脚平行下蹲接抛球（图4–245）。

动作目的：发展下肢稳定性及上肢反应能力。

动作要领：两脚开立平行踩在榴莲球上，身体平行下蹲并保持，膝关节弯曲90°，双手放于身体前接前方来球。

图4–245

（5）双脚前后弓步下蹲接抛球（图4-246）。

动作目的：发展弓步位下蹲接球的能力，提高下肢稳定性

动作要领：两脚开立踩在榴莲球上，自然站直，双手自然放于身体两侧。接球时，身体快速下蹲，接住对方抛球，接住球，伸膝蹬起，将球抛出。

图4-246

（6）双脚左右弓步下蹲接抛球（图4-247）。

动作目的：发展弓步位下蹲接球的能力，提高下肢稳定性。

动作要领：两脚开立，弓步踩在两个榴莲球上，身体自然站直，双手自然放于身体两侧。接球时，身体快速下蹲，接住对方抛球，接住球，伸膝蹬起，将球抛出。

图4-247

软塌动作难度进阶和动作变化原则主要有：①支撑面面积双脚支撑面积越大，幼儿身体就越稳定，但是相应难度也降低了。根据幼儿完成动作的情况，提出适当的要求。②视觉开放与关闭。视觉是构成幼儿平衡稳定能力的重要因素，在练习中关闭视觉通道，完成动作难度就会加大，但是会反向刺激机体调动其他感觉功能通道。③四肢活动。四肢活动时，大脑会发出信号告诉机体只有更加稳定才能够维持四肢的活动。但在练习时，四肢活动的范围和速度应该有所控制，过大或过快都会使躯干无法保持稳定，使练习效果适得其反。Bosu球动作难度进阶和动作变化原则的第一条和第二条同软塌动作，不再介绍。但需要强调幼儿在Bosu球上完成走、爬等位移性动作时，教师一定要降低幼儿行进速度，因为速度过快会使身体带有前冲的惯性，这样不稳定平面对机体平衡稳定的影响就会减弱，所以为提高练习的效果，应控制练习速度。

榴莲球动作难度进阶和动作变化原则主要有：①榴莲球距离设置。幼儿机体重心偏移身体投影点的变化会受榴莲球距离远近的影响，距离较远时重心偏离就会越大，这时难度就越高，且对平衡稳定的影响越强。②增加手部动作变化。手部的动作变化迫使大脑激活更多的神经元，在完成手部抓接动作时还要维持机体

的稳定性。

（五）功能性力量动作

力量素质是人体肌肉工作时克服阻力的能力，其又分为最大力量、爆发力和力量耐力等。前文已提出，3～6岁并不是幼儿发展力量素质的敏感期，因此本阶段力量训练只是辅助，所设计的功能性力量动作主要是提高他们抛、接及踢等操作性动作技能（共计13种）。

药球练习方法

此类动作主要发展幼儿肢体的爆发力，3～4岁与4～5岁幼儿在抛球时躯干保持正直，不要出现左右晃动。

图4-248~图4-250

● 3～4岁幼儿

（1）双脚站立抛药球（图4-248）。

动作目的：发展前侧链爆发力。

动作要领：两脚平行站立，与肩同宽，双手持直臂持药球置于头后。抛球时，下肢、躯干同时向前发力，药球从头部正上方抛出。

图4-248

（2）双脚站立接药球（图4-249）。

动作目的：发展上肢的接球能力。

动作要领：两脚平行站立，与肩同宽，手臂前伸，双手张开呈一球形。接药球时，手指接住药球，手臂快速回收，将来球的力量卸掉。

图4-249

图4-250

（3）双脚站立侧抛药球（图4-250）。

动作目的：发展前侧链爆发力。

动作要领：两脚平行站立，与肩同宽，双手持直臂持药球置于头后。抛球时，下肢、躯干同时扭转发力，药球从头部侧上方抛出。

图4-251

- **4-5岁幼儿**

（1）前后分腿抛药球（图4-251）。

图4-251~图4-253

动作目的：发展前侧链爆发力以及下肢稳定性。

动作要领：前后分腿站立，双手持直臂持药球置于头后。抛球时，下肢、躯干同时向前发力，药球从头部正上方抛出。

图4-252

（2）前后分腿接药球（图4-252）。

动作目的：发展上肢的接球能力以及下肢稳定性。

动作要领：前后分腿站立，手臂前伸，双手张开概呈一球形。接药球时，手指接住药球，手臂快速回收，将来球的力量卸掉。

（3）站姿上步踢球（图4–253）。

动作目的：发展下肢爆发力以及下肢的稳定能力。

动作要领：将球至于身体前一步，正直站立。踢球时，一条腿上步支撑，另一条腿将球踢出。

图4–253

图4–254~图4–256

● 5～6岁幼儿

（1）斜向分腿抛药球（图4–254）。

动作目的：发展交叉链爆发力以及下肢稳定性。

动作要领：斜向分腿站立，双手持直臂持药球置于头后。抛球时，下肢、躯干同时扭转发力，侧向向前抛出。

注意事项：斜向分腿抛药球时，动作要流畅，不要出现推球现象。

图4–254

（2）斜向分腿接药球（图4–255）。

动作目的：发展上肢的接球能力以及下肢稳定性。

动作要领：斜向分腿站立，手臂前伸，双手张开呈一球形。接药球时，坐姿站起，双手接住药球，手臂快速回收，将来球的力量卸掉。

注意事项：斜向分腿抛药球时，动作要流畅，不要出现推球现象。

图4–255

（3）连续助跑踢球（图4-256）。

动作目的：发展连续助跑踢球的能力。

动作要领：助跑时，身体正直，手臂自然放于身体两侧摆动。当助跑到达踢球点时，支撑腿微屈膝，另一腿将球踢出。

注意事项：保持身体正直，不要出现身体晃动。

图4-256

药球动作难度进阶和动作变化原则主要有：①药球重量。药球重量的选择，应根据不同年龄段幼儿完成推、接和踢的动作质量，重量太轻动作无法固定和养成，而重量太重动作又会出现变形。②双脚站立位置。不同站立位置会导致身体重心在下肢的分布不一，所以完成动作的难度有所不同，双脚水平开立、前后开立和斜向开立完成动作的难度依次为一般、较难和难。③起始姿势。通过改变起始姿势，如：站姿、坐姿或俯卧，可加强幼儿对抛、接和踢动作技能的巩固和强化。

（六）功能性柔韧性动作

柔韧素质是幼儿关节在不同方向上的运动能力以及肌肉、韧带等软组织的伸展能力，它依靠关节按照一定的运动轴产生转动的活动范围而表现出来。对于幼儿柔韧素质的发展，主要是动态拉伸动作和静态拉伸动作，前者主要在活动课前进行，后者主要在活动课末尾进行。动态拉伸指有节奏控制的、速度略快的多次重复同一动作的练习方法，它可以提高肌肉的伸展性与收缩性，促进血液循环，从而提高肌肉的弹性和动作效果。静态拉伸指通过缓慢的动作将肌肉、韧带等软组织拉长到一定程度时，保持静止不动状态的练习方法，对改善关节活动范围、缓解机体疲劳等方面具有良好的作用。

1. 动态拉伸练习方法

图4-257~图4-260

● 3～4岁幼儿

（1）斜向弓步走（图4-257）。

图4-257

动作目的：发展髋关节的灵活性，提高身体稳定性。

动作要领：双手置于身体两侧，左腿向左前斜方弓步，左膝关节弯曲呈90°，右腿伸直。右腿向右前斜方弓步，右膝关节弯曲成90°，左腿伸直。两腿依次前行。

注意事项：弓步时，前腿膝关节不要超过脚尖，上身保持正直。

（2）摇篮抱腿（图4-258）。

图4-258

动作目的：发展大腿后部肌群、臀部和腰部伸展性，还可提高身体的协调性。

动作要领：直立站姿位，双脚与肩同宽，抬头挺胸，腹部收紧。左腿向前迈步，右膝抬至胸前，右手抬膝，左手抱脚踝呈“摇篮”状，缓慢用力向上抬，支撑腿抬起脚尖。

注意事项：在拉伸过程中保持胸部挺直，收紧支撑腿一侧的锯大肌。

（3）弓步转体（图4-259）。

图4-259

动作目的：发展臀肌、腹内外斜肌的伸展性，提高胸椎活动度。

动作要领：身体正直，两脚与肩同宽，右脚向前跨步呈弓步分腿姿，保持左侧大腿与地面平行。右手置于左腿膝关节外侧，放松躯干。左臂向身体后方外展，同时躯干慢慢向左旋转，至最大幅度，眼睛跟随拇指尖，保持拉伸姿势2秒左右。换对侧，重复刚才动作，至完成规定次数。

注意事项：前腿膝关节不要超过脚尖，牵拉时收紧后腿一侧的臀大肌。

图4-260

（4）相扑蹲起（图4-260）。

动作目的：发展大腿内侧和后部的伸展性。

动作要领：自然站立，双脚与肩同宽，背部平直，腹部收紧，双臂垂于身体两侧。俯身抓住脚尖，保持双腿呈直膝状态，下蹲时，髋关节和膝关节屈曲，双手在内侧抓住脚尖，胸部向上挺直，感到大腿内侧有牵拉感，蹲起时，膝关节伸直，背部挺直，大腿后侧有牵拉感。

注意事项：保持胸部和背部平直，脚后跟不要离地，肘关节在膝盖内侧，起来的时候下腰背和股四头肌主动发力。

图4-261

- **4～5岁幼儿**

（1）抱膝前进（图4-261）。

图4-261~图4-264

动作目的：发展腰部和臀部屈肌功能性运动幅度，可提高动态平衡能力和体态控制能力。

动作要领：自然站立，挺胸抬头。左腿屈膝上提，双手抱膝向上拉近至胸前，同时，右脚脚尖踮起，身体垂直向上领起，力达头顶，动作保持约2秒，缓慢放开左膝并向前迈左步，右腿提膝并重复上一动作。双腿交替继续练习。

注意事项：抱腿时上身正直保持身体平衡。

图4-262

（2）侧弓步（图4-262）。

动作目的：发展髋关节的横向活动幅度，拉伸大腿内侧肌肉。

动作要领：双腿开立宽于肩，脚尖微向外，下蹲时膝关节朝脚尖方向，前膝屈约90°但不要超过脚尖。

注意事项：弓步时，身体保持垂直。

（3）弓步回头望月（图4-263）。

动作目的：发展髋关节的活动幅度，增加脊椎旋转的活动幅度，增加骨盆的稳定性。

动作要领：练习时身体始终与地面垂直，以脊柱为轴进行旋转，双手交叉相握，身体向前成弓步，一侧转体至尽可能大的活动幅度，左右交替进行，动作幅度和速度逐渐增加。

注意事项：弓步时，身体保持垂直。

图4-263

（4）提踵走（图4-264）。

动作目的：发展踝关节力量，提高踝关节功能性运动幅度和关节稳定性，增强小腿肌肉力量。

动作要领：身体自然站立，抬头挺胸，脚后跟提起，重心置于前脚掌，左脚向前迈一步，前脚掌触地。

注意事项：保持身体平衡，脚尖向前。

图4-264

- **5～6岁幼儿**

图4-265~图4-268

（1）燕式平衡（图4-265）。

动作目的：发展大腿后部肌群运动幅度，提高身体平衡能力，加强上下肢协调性。

动作要领：身体自然站立，挺胸抬头，右脚向前上步，右腿微屈膝，身体前倾放平，同时两臂伸直放于体侧。两侧依次进行。

注意事项：保持身体平衡，骨盆不要出现扭转。

图4-265

（2）小虫爬（图4-266）。

动作目的：发展股后肌群和小腿三头肌的运动幅度，增强肩、臂部与核心区肌肉力量。

动作要领：双腿伸直，双手直臂触地；爬动时，手臂伸直前后协调爬行至身体平直；然后手臂不动，腿伸直前后协调爬行。

注意事项：保持身体平衡，骨盆不要出现扭转。

图4-266

（3）弓步左右侧倒（图4-267）。

动作目的：发展髋关节的活动幅度，增加骨盆的稳定性。

动作要领：下蹲时，前腿膝关节与脚尖同一方向，前膝屈约90°，但不要超过脚尖。练习时上身始终保持垂直。

注意事项：保持身体平衡，骨盆不要出现扭转。

图4-267

（4）后撤步下蹲（图4-268）。

动作目的：增加髋关节的活动幅度，增加骨盆的稳定性。

动作要领：后撤下蹲时，前腿膝关节与脚尖同一方向，前膝屈约90°但不要超过脚尖。

注意事项：保持身体平衡，骨盆不要出现扭转。

图4-268

2. 静态拉伸练习方法

此类动作主要发展幼儿腰背等身体各部的伸展性，练习时牵拉力度要适中，不要剧烈，防止肌肉拉伤。

图4-269~图4-272

● 3～4岁幼儿

（1）坐姿前倾（图4-269）。

动作目的：发展腰背部伸展性。

动作要领：坐姿两腿分开，俯身向前趴，双手自然放在身体前方的地面上，双手向前伸直，直到腰背部有适中的牵拉感为止。

图4-269

（2）抬肘侧屈（图4-270）。

动作目的：发展肱三头肌伸展性。

动作要领：站姿抬头挺胸，右臂肘部弯曲，抬右臂直至肘部靠近左耳，左手靠近右肩胛骨，左手抓住右臂肘部，向头后方向拉，直至肱三头肌有适度牵拉感为止。

图4-270

（3）屈伸手腕（图4-271）。

动作目的：发展上肢前臂的伸展性。

动作要领：站姿抬头挺胸，左手直臂前平举，五指并拢，手掌后伸，掌心向前。右手握住左手指尖后拉，直至有适度牵拉感为止。保持一定时间后，手掌前屈，掌心向后，右手握住左手指尖后拉，直至有适度牵拉感为止。

图4-271

图4-272

（4）颈部四方位（图4-272）。

动作目的：发展颈部肌肉的伸展性。

动作要领：站姿抬头挺胸，下颌微收，双臂自然垂于体侧。头部向左侧屈，直至有适度牵拉感为止，保持一定时间后，头部向右侧屈，直至有适度牵拉感为止，保持一定时间后，头部向前屈，直至有适度牵拉感为止，保持一定时间后，头部向后屈，直至有适度牵拉感为止，保持一定时间。

图4-273

- 4～5岁幼儿

图4-273~图4-276

（1）体前旋转（图4-273）。

动作目的：发展腰部伸展性。

动作要领：坐姿右腿伸直，将左脚置于右膝关节的外侧，将右肘抵于左膝关节的外侧。左手置于臀部后面，头部和躯干向身体左后方旋转，直至腰部出现适度牵拉感为止。

图4-274

（2）分腿侧倒（图4-274）。

动作目的：发展两侧腰部伸展性。

动作要领：低分腿姿，右腿在前，左腿在后，收紧腹部，背部保持平直。右手自然下垂，左手手臂向上伸展做侧屈动作，身体向左逐渐倾斜，直至侧腰部有适度牵拉感为止。

（3）小飞碟（图4–275）。

动作目的：发展腹部肌肉伸展性。

动作要领：身体俯卧在训练垫上，双手后伸抓住踝关节。双手发力后伸，将踝关节上抬，使胸部和膝关节离开垫子，并保持动作。

注意事项：拉伸时，头部上抬，不要低头。

图4–275

（4）直臂后伸（图4–276）。

动作目的：发展胸部肌肉的伸展性。

动作要领：抬头挺胸，分腿站立，双臂伸直并向后伸。保持身体直立的同时，尽量使肩胛骨向下拉，缓慢向上抬臂，直至胸部肌肉出现适度的牵拉感为止。

图4–276

图4–277~图4–279

● 5～6岁幼儿

（1）仰卧抱腿（图4–277）。

动作目的：发展臀大肌和大腿后群的伸展性。

动作要领：仰卧在训练垫上，右腿伸直，左腿直腿屈髋，保持头部及身体紧贴地面。两手抱住左大腿后部并将其拉向胸部，直至臀大肌和大腿后群有适度的牵拉感为止。

图4–277

（2）跪姿抓踝（图4-278）。

动作目的：发展大腿前侧和小腿前侧肌群的伸展性。

动作要领：跪在训练垫上，抬头挺胸，脚掌背伸，臀部压在脚背上，双手抓住踝关节，直到大腿和小腿前侧有适度的牵拉感为止。

图4-278

（3）抱头伸肩（图4-279）。

动作目的：发展胸部肌群的伸展性。

动作要领：身体成站立姿态，挺胸抬头，两腿前后分腿站立，双手交叉置于头后。身体逐渐前倾，肩部后伸，直至胸大肌有适度的牵拉感为止。

图4-279

动态拉伸与静态拉伸动作难度进阶和动作变化原则主要有：①参与关节数量。动态拉伸动作中参与拉伸的关节数量越多，完成难度越大，例如：“抱膝前进”动作，下肢髋、膝和踝都会参与其中，难度比较高。②支撑点数量。单腿完成动作的难度要高于双腿支撑完成的动作，例如：“燕式平衡”比“相扑蹲起”难度要大。为提高拉伸的效果，完成动态拉伸动作时，在动作末尾保持1～2秒。完成静态拉伸动作时，在动作末尾保持10～15秒。拉伸动作的选择应该依据人体关节结构与筋膜链理论，不仅有前侧肌肉群，还应有后侧和体侧的肌肉群。无论是动态还是静态拉伸，在拉伸的整个过程，都要进行腹式呼吸，促进拉伸的效果。小班幼儿的拉伸动作，中班和大班幼儿都可以采用，目的是通过不断变化练习动作以保持他们的练习兴趣。

由于三个年龄段幼儿在身体发育、认知发展等方面有所不同，所以三个年龄段幼儿的练习动作在练习方向、动作复杂性及动作参数上有所不同。3～4岁幼儿动作复杂性较低、方向单一、动作参数少，4～5岁幼儿动作较为复杂、方向较多变、动作参数较多，5～6岁幼儿动作复杂、多方向变化、动作参数多。在实际教学中，教师在对5～6岁幼儿教学时，也可以采用小班和中班的动作练习内容，教师可以依据孩子完成动作的质量和准确度来选择不同的动作。另外，在练习时为方便孩子记忆，动作名称应选择符合动作表现特征、便于孩子识记的名字。例如软梯动作中“正向格子内外滑动动作”又可叫作“滑冰步”，“正向格子内外连续跑动作”可称作“神龙摆尾”，而软塌动作中“单腿站立动作”和“原地旋转动作”又可称为“金鸡独立”和“孔雀起舞”。

第五章 幼儿功能性动作测评

幼儿发育评估是一种测量技术，是根据幼儿发育规律，应用一定方法对幼儿群体或个体发育状况进行程序化、标准化测量和评价的过程，是被用来获得幼儿发育行为心理变化数据的一种方法。在开展幼儿动作教学、幼儿保健及儿科临床诊疗时，发育评估是不可缺少的监测工具[1]。

第一节 基础运动功能测评工具介绍

基础运动功能是指人体各关节结构所对应的功能，主要为屈与伸、内收与外展、内旋与外旋。基础动作内容一方面是帮助幼儿教师及家长了解幼儿各个关节的结构与功能；另一方面，仍需对各关节进行一定形式的活动，从而完善结构、强化功能[2]。肩、肘、腕、髋、膝、踝、颈椎、胸椎和腰椎九大关节是人体完成动作技能时全身骨杠杆和肌肉收缩时的主要枢纽。关节活动范围测定是评定肌肉、骨骼、神经病损的基本步骤，是评定关节运动功能损害范围与程度的指标之一。测评的主要目的是：确定是否有关节活动受限，发现影响关节活动的原因；确定关节活动受限的程度；确定适宜的治疗目标，判定可能康复的程度；为选择适当的治疗方式、方法提供客观依据；客观测量关节活动范围的进展情况，以评价康复治疗、训练的效果；为病人及治疗师提供治疗依据，为科研提供客观资料等。针对这几处关节的对应测评有上肢关节的测评[3]（表5-1）、下肢关节的测评[4]（表5-2）及脊柱的测评[5]（表5-3）。

测评表使用规则为在测试中，若出现“1”则得2分，若出现“2”则得1分，出现

[1] 杨玉凤. 幼儿发育行为心理评定量表［M］. 北京：人民卫生出版社，2016.

[2] 王雄，沈兆喆. 身体功能训练动作手册［M］. 北京：人民体育出版社，2014.

[3] 严广斌. 关节活动度（Range of motion，ROM）［J］.中华关节外科杂志：电子版，2014，8（3）：15.

[4] 诺伊曼. 骨骼肌肉功能解剖学［M］. 刘颖等，译. 北京：人民军医出版社，2014.

[5] 葛杰. 各关节活动度的参考值［EB/OL］. 北京大学第三医院，http：//www.orthonline.com.cn/node/128207.2016-06-10.

"3"则得0分。上肢测评满分28分，下肢测评满分24分，脊柱测评满分16分，整体满分68分。所有动作皆测试两次，取最好成绩为最后得分。若整体得分≥60分，则表明幼儿关节活动度优秀，具体评价如表5-4所示。

关节活动度的测量工具有量角器，脊柱活动测量工具有皮尺。

关节活动度测量方法具体有以下几点：

（1）舒适体位；

（2）暴露测量的关节；

（3）确定测量关节的骨性标志；

（4）专人测量；

（5）主动关节活动测量、被动关节活动测量（以划线方式定位）；

（6）正确找准运动轴、固定臂、移动臂。

表5-1 上肢关节测评表

关节名称	动作形式	测量方法	评分标准	第一次测评	第二次测评	最后得分
肩关节	外展	体位：坐或俯卧位	1. 外展>135°			
		轴心：肩峰	2. 外展>90°，而≤135°			
		固定臂：后上臂中线	3. 外展≤90°			
	内收	体位：坐位	1. 内收>45°			
		轴心：肩峰	2. 内收>30°，而≤45°			
		固定臂：肩峰至颈后	3. 内收≤30°			
	内旋	体位：坐位	1. 内旋≥70°			
		轴心：肩峰	2. 内旋>50°，而<70°			
			3. 内旋≤50°			
	外旋	体位：坐位	1. 外旋≥90°			
		轴心：肩峰	2. 外旋>60°，而<90°			
			3. 外旋≤60°			
	屈曲	体位：坐或仰卧位	1. 屈曲180°			
		轴心：肩峰	2. 屈曲>90°，而<180°			
		固定臂：体侧中线	3. 屈曲≤90°			
	伸展	轴心：肩峰	1. 伸展>60°			
		固定臂：体侧中线	2. 伸展>45°，而≤60°			
			3. 伸展≤45°			

（续表）

关节名称	动作形式	测量方法	评分标准	第一次测评	第二次测评	最后得分
肘关节	屈曲		1. 肘屈≥135°			
		体位：坐位	2. 肘屈<135°，≥120°			
		轴心：肱骨外上髁	3. 肘屈>120°			
	伸展	固定臂：上臂中线	1. 肘伸<5°			
			2. 肘伸>5°，而<10°			
			3. 肘伸>10°			
	前臂旋后	体位：坐位	1. 旋后≥80°			
		轴心：尺骨茎突	2. 旋后>65°，而<80°			
		固定臂：与地面垂直	3. 旋后<65°			
	前臂旋前	体位：坐位	1. 旋前≥80°			
		轴心：尺骨茎突	2. 旋前>65°，而<80°			
		固定臂：与地面垂直	3. 旋前<65°			
腕关节	掌屈	体位：坐位	1. 腕屈>80°			
		轴心：桡骨茎突	2. 腕屈>45°，而≤80°			
		固定臂：桡骨平	3. 腕屈≤45°			
	背伸	体位：坐位	1. 腕伸>80°			
		轴心：桡骨茎突	2. 腕伸>45°，而≤80°			
		固定臂：桡骨	3. 腕伸≤45°			
	尺偏		1. 尺偏≥25°			
		体位：坐位	2. 尺偏>20°，而<25°			
		轴心：手背第三掌骨根部	3. 尺偏≤20°			
	桡偏	固定臂：前臂中线	1. 尺偏≥15°			
			2. 尺偏>10°，而<15°			
			3. 尺偏≤10°			

表5-2 下肢关节测评表

关节名称	动作形式	测量方法	评分标准	第一次测评	第二次测评	最后得分
髋关节	外展	体位：直立位	1. 外展>45°			
			2. 外展>30°，而≤45°			
			3. 外展≤30°			
	内收		1. 内收>35°			
			2. 内收>20°，而≤35°			
			3. 内收≤20°			

（续表）

关节名称	动作形式	测量方法	评分标准	第一次测评	第二次测评	最后得分
	内旋		1. 内旋≥45°			
			2. 内旋≥30°，而<45°			
			3. 内旋<30°			
	外旋		1. 外旋≥45°			
			2. 外旋>30°，而<45°			
			3. 外旋≤30°			
	屈曲		1. 前屈≥125°			
			2. 前屈>110°，而<125°			
			3. 前屈≤110°			
	伸展		1. 伸展≥15°			
			2. 伸展>10°，而<15°			
			3. 伸展≤10°			
膝关节	屈曲		1. 屈曲≥130°			
			2. 屈曲≥110°，而<130°			
			3. 屈曲>110°			
	伸展		1. 伸展0°			
			2. 伸展>0°，而<15°			
			3. 伸展≥15°			
踝关节	内翻		1. 内翻40°			
			2. 内翻<40°，而>30°			
			3. 内翻≤30°			
	外翻		1. 外翻40°			
			2. 外翻<40°，而>30°			
			3. 外翻≤30°			
	跖屈		1. 跖屈>40°			
			2. 跖屈>30°，而≤40°			
			3. 跖屈≤30°			
	背伸		1. 背伸>40°			
			2. 背伸>30°，而<40°			
			3. 背伸≤30°			

表5-3　脊柱测评表

关节名称	动作形式	测量方法	评分标准	第一次测评	第二次测评	最后得分
颈椎	屈曲		1. 屈曲>80°			
（包括		体位：端坐或直立	2. 屈曲>45°，而<80°			
头部		轴心：下颌角	3. 屈曲≤45°			
在内）	伸展	固定臂：肩上	1. 伸展>60°			
			2. 伸展>45°，而≤60°			
			3. 伸展≤45°			
	侧屈	体位：端坐或直立	1. 侧屈>45°			
		轴心：第七颈椎棘突	2. 侧屈>30°，而≤45°			
		固定臂：双肩上	3. 侧屈≤30°			
	旋转	体位：仰卧	1. 旋转≥80°			
		轴心：头顶	2. 旋转>65°，而<80°			
		固定臂：平床面	3. 旋转≤65°			
胸椎	脊柱	体位：直立位	1. 侧屈30°～40°			
+	侧屈	轴心：S1	2. 侧屈20°～30°			
腰椎		固定臂：背中线	3. 侧屈<20°			
		测量：角度、侧屈时指尖与膝关节的距离				
	脊柱	体位：仰卧或直立位	1. 旋转35～45°			
	旋转	轴心：头顶	2. 旋转20°～35°			
		固定臂：平床面	3. 旋转<20°			
	脊柱	体位：直立位	1. 前屈≥80°			
	前屈	轴心：L5棘突	2. 前屈>60°，而<80°			
		固定臂：体侧中线	3. 前屈≤60°			
		测量：角度、弯腰手指离地距离、弯腰时第七颈椎棘突至第一骶椎长1.6厘米				
	脊柱	体位：直立位	1. 后伸≥30°			
	后伸	轴心：S1	2. 后伸>20°，而<30°			
		固定臂：体侧中线	3. 后伸≤20°			

表5-4 测试得分评价对照表

	优	良	中	差
上肢	≥26分	≥24分	≥22分	<22分
下肢	≥22分	≥20分	≥18分	<18分
脊柱	≥14分	≥12分	≥10分	<10分
整体	≥60分	≥54分	≥48分	<48分

第二节 功能性动作测评工具介绍

功能性动作是在无基础运动障碍的前提下，对幼儿进行的进一步动作测评。幼儿需要掌握的功能性动作模式共有八类：①“推撑测试”，指上肢或下肢在矢状面、水平面、冠状面内完成“推”或“撑”动作，测试幼儿四肢末端远离身体近端动作的能力（共计13种测试）；②“提拉测试”，指上肢在矢状面、水平面、冠状面内完成“提”或“拉”动作，测试幼儿上肢靠近身体近端动作的能力（共计9种测试）；③“旋转测试”，测试幼儿躯干围绕矢状轴或垂直轴转动能力（共计3种测试）；④“翻滚测试”，幼儿身体呈蜷缩或蚌式姿态，测试幼儿在三个平面完成翻滚动作的能力（共计3种测试）；⑤“弯身测试”，幼儿躯干上部围绕冠状轴或矢状轴，测试幼儿上体靠近大腿前侧或外侧的能力（共计2种测试）；⑥“爬行测试”，测试幼儿四肢撑地状态下以对侧肢体或同侧肢体同时行进移动的能力（共计8种测试）；⑦“下蹲测试”，测试幼儿下肢通过屈曲髋部与膝部，使身体中心靠近下肢远端的动作能力（共计 3 种测试）；⑧“摆动测试”，测试幼儿上肢或下肢围绕冠状轴前后摆动的能力（共计 8 种测试）。以上8种类型测试如表5-5所示。

测评表使用规则为在测试中，每完成一种测试动作，记1分，没有完成记0分，所有动作测试两次，取最好成绩为最后得分。整个测试满分49分，若整体得分≥45分，则表明幼儿功能性动作能力优秀，具体评价如表5-6所示。

场地设施为软场地。

测试方法由教师做1～2次示范后，再由幼儿完成动作。整个测试过程中，可适当间歇3～5分钟。

表5-5　幼儿功能性动作测评表

测试类型	分类	动作名称	第一次测评	第二次测评	最后得分
推撑测试	上肢	坐姿矢状面手臂前后推撑			
13种	9种	站姿矢状面手臂向前后推撑			
		仰卧姿矢状面向前后推撑			
		坐姿冠状面手臂上下推撑			
		站姿冠状面手臂上下推撑			
		仰卧姿冠状面上下推撑			
		坐姿水平面位手臂左右推撑			
		站姿水平面手臂左右推撑			
		仰卧姿水平面左右推撑			
	下肢	矢状面站姿前后分腿上下推撑			
	4种	冠状面站姿左右分腿推撑			
		水平面仰卧姿向前推撑			
		水平面俯卧姿向后推撑			
提拉测试	—	坐姿矢状面手臂前后提拉			
9种		站姿矢状面手臂向前后提拉			
		仰卧姿矢状面向前后提拉			
		坐姿冠状面位手臂上下提拉			
		站姿冠状面手臂上下提拉			
		仰卧姿冠状面面上下提拉			
		坐姿水平面位手臂左右提拉			
		站姿水平面手臂左右提拉			
		仰卧姿水平面面左右提拉			
旋转测试	—	跪姿手膝撑地躯干上下旋转			
3种		站姿躯干前后旋转			
		侧卧躯干左右旋转			
翻滚测试	—	前滚翻			
3种		后滚翻			
		侧滚翻			
弯身测试	—	躯干前倾弯身			
2种		躯干左右侧倒弯身			

（续表）

测试类型	分类	动作名称	第一次测评	第二次测评	最后得分
爬行测试	—	纵向手膝爬行			
8种		纵向手脚爬行			
		纵向同侧手膝爬行			
		纵向对侧手脚爬行			
		横向手膝爬行			
		横向手脚爬行			
		横向同侧手膝爬行			
		横向对侧手脚爬行			
下蹲测试	—	双脚平行开立屈髋屈膝下蹲			
3种		双脚左右弓步屈髋屈膝下蹲			
		双脚前后弓步屈髋屈膝下蹲			
摆动测试	上肢	双臂同时前后摆动			
8种	4种	双臂依次前后摆动			
		双臂同时向上摆动			
		双臂依次向上摆动			
	下肢	双腿同时前后摆动			
	4种	双腿依次前后摆动			
		双腿同时向上摆动			
		双腿依次向上摆动			

表5-6　幼儿功能性动作测试得分评价对照表

	优	良	中	差
整体得分	≥45分	≥40分	≥30分	<30分

第三节　基本动作测评

基本动作指若干动作模式按照人体在多关节、多平面内运动特点和人体筋膜链走向的综合运用与组合。测试指标和方法依照“多关节与多平面”“人体筋膜链”走向和“逐个关节法”所描述的关节功能特点确定。

3～4岁幼儿基本动作测评表共包含8种类型12项测试（表5-7）；4～5岁幼儿基本动作测评表共包含8种类型19项测试（表5-8）；5～6岁幼儿基本动作测评表共

包含8种类型18项测试（表5-9）。测试时教师可先做1～2次示范，幼儿完成每一项中的所有动作记1分，否则记0分，每项测试两次，取最好成绩为最后得分，满分18分。测试所用工具有弹力带、瑞士球、平衡板、海绵包、肋木。

表5-7 3～4岁幼儿基本动作测评表

测试类型	动作名称	第一次测评	第二次测评	最后得分
推撑	上肢向前推撑与下肢前后分腿推撑结合			
	上肢左右推撑与下肢左右推撑结合			
	上肢上下推撑与下肢向下推撑结合			
提拉	坐瑞士球上肢上下、左右、前后提拉			
旋转	右侧卧躯干左旋转、左侧卧躯干右旋转			
	手膝跪撑左和右侧躯干上下旋转			
翻滚	向左、右侧滚翻			
弯身	坐瑞士球前倾、左侧倾、右侧倾弯身			
爬行	对侧虎爬、同侧大象爬			
下蹲	双脚左斜向、右斜向弓步屈髋屈膝下蹲			
摆动	双脚前后弓步双臂依次前后、向上摆动			
	站姿双腿依次摆动			

表5-8 4～5岁幼儿基本动作测评表

测试类型	动作名称	第一次测评	第二次测评	最后得分
推撑	上肢向前推撑与下肢向下推撑结合			
	上肢左右推撑与下肢前后分腿推撑结合			
	上肢向上推撑与下肢左右推撑结合			
	弹力带水平干扰上肢向前推撑与下肢前后推撑结合			
	弹力带斜向干扰上肢向上推撑与下肢向下推撑结合			
	弹力带左右干扰上肢左右推撑与下肢左右推撑结合			
提拉	水平开立脚踩平衡板上肢上下、左右、前后提拉			
旋转	坐瑞士球右侧、左侧躯干前后旋转			
	左右分腿站立右侧、左侧躯干前后旋转			
	前后分腿站立右侧、左侧躯干前后旋转			
翻滚	向前滚翻			
	斜坡向下左侧、右侧滚翻			

（续表）

测试类型	动作名称	第一次测评	第二次测评	最后得分
弯身	双脚前后开立前倾、左侧倾、右侧倾弯身			
	双脚左右开立前倾、左侧倾、右侧倾弯身			
爬行	对侧猫爬、同侧虎爬、蜘蛛爬、鳄鱼爬			
下蹲	双脚平行开立踩平衡板屈髋屈膝下蹲			
	双脚左右弓步、前后弓步踩平衡板屈髋屈膝下蹲			
摆动	坐瑞士球双臂同时前后摆动、前后依次摆动、依次向上摆动、依次向下摆动			
	双臂撑墙双腿依次前后摆动			

表5-9　5～6岁幼儿基本动作测评表

测试类型	动作名称	第一次测评	第二次测评	最后得分
推撑	弹力带水平干扰上肢向前推撑与下肢向下推撑结合			
	弹力带水平、斜向、左右干扰上肢向上推撑与下肢左右推撑结合			
	弹力带水平干扰上肢向前推撑与下肢前后推撑结合			
	弹力带斜向、左右干扰上肢向前推撑与下肢向下推撑结合			
	弹力带斜向、左右干扰上肢左右推撑与下肢前后分腿推撑结合			
提拉	前后弓步脚踩平衡板上肢上下、左右、前后提拉			
	左右弓步脚踩平衡板上肢上下、左右、前后提拉			
旋转	坐姿直臂左、右斜下旋转，左、右斜上旋转			
	左右分腿站立直臂左、右斜下旋转，左、右斜上旋转			
翻滚	斜坡向下前滚翻			
	向后滚翻			
	海绵包上向左侧滚翻、右侧滚翻			
弯身	双脚踩平衡板前后开立前倾、左侧倾、右侧倾弯身			
	双脚踩平衡板左右开立前倾、左侧倾、右侧倾弯身			
爬行	海狮爬、螃蟹爬、同侧猫爬、对侧蚂蚱爬、对侧蜥蜴爬			
下蹲	弹力带干扰双脚平行开立、左右弓步、前后弓步、左斜向弓步、右斜向弓步屈髋屈膝下蹲			
摆动	弹力带干扰双脚前后弓步双臂依次前后、向上摆动，双腿依次前后摆动			
	抓肋木悬空双腿前后依次摆动			

第四节　幼儿动作发展测评工具与方法简介

幼儿动作发展情况是运动技能学习的根基。良好的动作发展是幼儿顺利完成日常生活、学习和游戏的前提，是日后习得复杂运动技能的基础。基本运动技能发展的核心是运动协调能力，强调操作过程中肢体间的协调配合，以及动作各部分组成在时间和空间上的正确关系。有学者认为，1～7 岁为幼儿基本运动技能形成阶段，7～12岁为基本运动技能的运用阶段。目前，西方发达国家在制定青少年幼儿肥胖干预和健康促进政策时，重要的导向之一就是提高幼儿时期幼儿基本运动技能水平。

从19世纪初开始，对学前幼儿（3～6岁）发展的观察和评价都以动作为主要指标。进入21世纪，国内大部分学前幼儿动作发展评价主要集中在动作技能学习方法与特征上，而关于系统地研究幼儿早期动作发展评价方法与测量工具则尚鲜见。幼儿早期动作发展特殊性与敏感性决定了动作发展的评价应该采用年龄段特有的工具与方法。观察、记录与评价幼儿早期活动内容和方法是影响幼儿早期发展教育决策的基础。国外成熟的学前幼儿动作发展测试工具层出不穷（表5-10），但国内学龄前幼儿动作发展测量工具的研制比较落后。

表5-10　国外运动能力评估工具简介

名称	适用年龄	内容	评分标准	特点
TGMD（粗大动作发展测试）[6]	3～10岁	身体移动能力（跑步、立定跳远、单脚跳、跨跳、前滑步、侧滑步） 物体控制能力（原地拍球、接球、踢球、击固定球、上手投球、地滚球）	每个项目都要经过2次测验，并根据3～5个标准进行评分，满足一个标准得“1”分。评估结束后，TGMD-2量表可以给出各个分测验的原始分、标准分（量表分）以及总分	重视评价粗大动作技能的过程，内容丰富，简单易行

[6] Dale A. Ulrich. Test of Gross Motor Development (Second Edition) Examiner's Manual [M]. Austin, TX: pro-ed Publishers, 2000.

（续表）

名称	适用年龄	内容	评分标准	特点
M-ABC（幼儿动作测量量表）[7]	3～16岁	手部灵活性、瞄准与抓取、平衡	根据M-ABC使用手册中标准分转化表，将各测试项目的原始分转化为1～19	最常用的日常发育性协调障碍筛查工具
KTK（幼儿身体协调测试）[8]	5～15岁	走不同高度的平衡木、连续15次侧跳、用盒子向侧方移动、单脚跳过逐渐增高的海绵块	根据KTK使用手册标准分转化表，将各测试项目的原始分根据性别、年龄等因素转化为标准分，各项目标准分相加得到总分，称为运动商	主要用于测量幼儿粗大动作协调能力，只关注动作结果
DCDQ（发育性协调障碍问卷）[9]	6～12岁	包括17个动作协调发育项目	按1、2、3、4、5共5个标准评分，每级评分意义依据为“完全不符合”“有点儿符合”“中等程度符合”“相当符合”“最符合”	测试项目多为日常生活的动作技能，例如接球、跑步、写字、穿衣等
BOT（奥氏运动能力测试量表）[10]	4～21岁	精细运动测试（准确性、整合、手指灵活度） 粗大运动测试项目（平衡性、速度与敏捷、上肢协调、力量）	几乎每一个项目都有着特定的计分规则与方式，依据表中评分标准，对照各项目评分表将个体原始得分转化为对应的点分数。从而获得项目分数、各分测验得分和总分	评估范围广、评估指标细、计分标准严

这些评估工具不尽相同，有着各自的优势和缺点，但都有着非常严格的评价计分标准，力求了解并评估幼儿最真实的情况，运动能力与幼儿发展息息相关，并且是重要的一环，就如著名“精神运动学”学者雷娜特·齐默尔博士所说的那样，“幼儿早期的很多体验都是与身体运动联系在一起的，这些通过身体运动产生的体验构成了

[7] Henderson SE，Sugden DA，Barnett A. Movement assessment battery for children–second edition（Movement ABC–2）[M]. London： The Psychological Corporation，2007.

[8] 杨小乐. 3–4岁幼儿运动发育水平测量与评价［D］. 金华：浙江师范大学，2012.

[9] 花静，吴擢春等.幼儿运动协调能力成套评估工具的应用性研究［J］. 中华流行病学杂志，2012，33（10）：1010–1015.

[10] Bruininks.The Bruininks–Oseretsky Test of Motor Proficiency.2nd ed［M］. Minneapolis： NCS Pearson，2005.

幼儿自我意识发展基础，认知、情感、社会能力这三个方面都可以通过运动得到训练”，可以说，合理且足够的运动可以促进幼儿各方面发展。与此同时，思来氏公司的一项研究表明，幼儿的运动素养与其他基础素养（认知、语言、社会性）有着密切联系，并且运动对于幼儿学科知识的学习具有促进作用。

一、大肌肉群发展测试（TGMD-2）

TGMD是 1985 年由 Dale A.Ulrich 博士研究编制的，其目的是用于评估 3～10 岁幼儿粗大动作运动能力发展情况。2000 年进行了修订，形成了大肌肉群发展测试-第二版（TGMD-2）。测试结果可以用作①识别和确认那些在大肌肉群运动技巧发展方面明显落后于同龄幼儿的孩子；②评估个人在大肌肉群发展方面的进程；③为涉及大肌肉群发展的研究提供测量工具；④为运动技能的发展制定可行性计划；⑤评估大肌肉群运动计划的成功与否。TGMD-2的优点在于可以使试验者在短时间内进行一次测试，并收集数据用来制定重大的教育决策。

TGMD-2量表测试由位移运动和物体控制运动两部分组成，位移动作由跑、立定跳远、单脚跳、前跨跳、前滑步和侧滑步六项构成，控制动作由击原地拍球、踢球、双手接球、固定球、上手投球和地滚球六项构成，总计12个测试动作。每个动作评分标准为3～5个，若达到一个标准得1分、未达到得0分，每个动作有两次完成机会，两次得分相加为这个动作的最后得分。12个测试动作满分为96分，位移与控制动作各48分。此测试量化了动作质量，标准易于理解，操作简单可行。在香港、台湾和大陆 3～10岁幼儿粗大动作发展水平评估中，已被验证具有较高的效度和信度[11][12][13]。

（一）位移性运动分测验

1. 动作名称：跑

场地器材：长约 20 米、平坦的场地，两个标志物和胶带。

测验方法：两个标志物相距15米，在终点后要留有至少5米的缓冲距离。受试

［11］吴升扣. 幼儿早期动作发展测量的研究进展［J］. 北京体育大学学报，2014，37（4）：81-87.

［12］吴升扣，姜桂萍，张首文，等. 3-6岁幼儿静态平衡能力特征及粗大动作发展水平研究［J］. 中国运动医学杂志，2014，33（7）：651-657.

［13］李静. 山东省3-10岁幼儿动作发展研究［J］. 山东体育学院学报，2009，25（4）：47-50.

者要尽可能快地通过两个标志物。

评分标准：（1）两臂弯曲与腰部，双腿进行相对运动。

（2）双脚有短暂离地过程。

（3）脚尖和脚跟狭窄部位着地（非整个脚平面着地）。

（4）摆动腿弯曲约为90°。

2. 动作名称：立定跳远

场地器材：长约5米的平坦场地，标志物和胶带。

测验方法：受试者站在起跳线后，尽可能向远跳。

评分标准：（1）做准备动作时双臂向后弯曲，同时双腿屈膝。

（2）双臂向前上方充分伸展。

（3）双脚同时起跳，同时落地。

（4）双脚落地时手臂下压。

3. 动作名称：单脚跳

场地器材：长约6米的平坦场地，标志物和胶带。

测验方法：受试者分别用一只脚连续跳跃三次以上。

评分标准：（1）非支撑腿弯曲于体后。

（2）非支撑腿可以向前摆动。

（3）两臂弯曲，前摆以产生力量。

（4）优势脚连续跳跃三次以上。

（5）非优势脚连续跳跃三次以上。

4. 动作名称：前跨跳

场地器材：长约10米的平坦场地，沙包、标志物和胶带。

测验方法：将沙包放在地上，距沙包3米（根据年龄大小可调整）处划起跳线，在起跑线助跑后用最大步伐跨过沙包。

评分标准：（1）一只脚起跳，另一只脚落地。

（2）双脚短暂离地时间比跑步时间长。

（3）手臂与腿相对运动。

5. 动作名称：前滑步

场地器材：长约10米的平坦场地，标志物和胶带。

测验方法：两个标志物相距10米摆放，指导受试者从一个标志物用向前滑步至另一个标志物，并返回原标志物。

评分标准：（1）两臂弯曲并积极上摆。
（2）一只脚向前迈步，另一只脚紧跟其后而不超过。
（3）两脚有短暂离地过程。
（4）两只脚能分别连续完成四个向前的滑步。

6. 动作名称：侧滑步

场地器材：长约10米的平坦场地，标志物和胶带。

测验方法：两个标志物相距10米摆放，指导受试者侧身从一端滑向另一端并反向滑回。

评分标准：（1）身体侧向滑至标志物。
（2）一只脚紧跟另一只脚滑动。
（3）至少完成4次向右侧滑动。
（4）至少完成4次向左侧滑动。

（二）控制性运动分测验

1.动作名称：原地拍球

场地器材：小篮球或篮球、硬平地一块。

测验方法：受试者用单手连续拍球4次，拍完球后用双手把球接住。

评分标准：（1）用一只手拍球，高度不要超过腰部。
（2）用手指运球（不是手掌）。
（3）球落在脚前方或侧方。
（4）连续拍球4次，脚不移动。

2. 动作名称：踢球

场地器材：小皮球或足球、胶带、沙包、10米长的空地。

测验方法：把球放在沙包上距墙6米，距墙10米处为起跑线，受试者站在起跑线上，助跑后用力将球踢出。

评分标准：（1）迅速、连续助跑接近球。
（2）踢球前的最后一步的步幅要大。
（3）支撑腿在球侧方或稍后方。
（4）用脚背或脚内侧踢球。

3.动作名称：双手接球

场地器材：小皮球或排球、3米长空地、标志物和胶带。

测验方法：受试者和测试者相距3米，受试者用双手接住测试者传出的球。传球高度位于受试者胸部。只计算落于肩部和腰部之间的抛球数量。

评分标准：（1）准备动作时，双臂弯曲置于体前。

（2）双臂主动向前伸出接住来球。

（3）只用手接住球。

4. 动作名称：击固定球

场地器材：网球、塑料棒、固定支架。

测验方法：将球放在支架上，高度为受试者腰部。告诉测试者用力将球打出去。

评分标准：（1）优势手在上，非优势手在下握住球棒。

（2）两脚平行站立，非优势体侧面向击打方向。

（3）击球时肩部和臀部会跟随身体移动。

（4）重心过渡到前脚上。

（5）球棒击到球。

5. 动作名称：上手投球

场地器材：网球、胶带、长10米的平坦空地。

测验方法：距墙 5 米处为投掷线，受试者用力将球投向墙壁。

评分标准：（1）面向墙站立，手臂挥动时，先由下向后上做弧线运动。

（2）髋部和肩部转动至非优势体侧面对墙。

（3）重心移至前脚和投掷手之间。

（4）球投出后投掷臂自然摆过身体至非优势体侧。

6. 动作名称：地滚球

场地器材：网球或垒球、标志物、胶带、8米长的空地。

测验方法：两个标志物相距1米，距离标志物6米处划线，受试者用力将球滚向两个标志物之间。

评分标准：（1）投球的手后摆至体后。

（2）与投球手相对的脚向前迈出一大步。

（3）双腿弯曲以降低身体重心。

（4）投出的球贴近地面，不要让球弹起。

二、幼儿标准运动协调能力评估测试（M-ABC-2）

儿童动作协调能力评估（Movement Assessment Battery for Children，简称Movement ABC，或者M-ABC），是一个在全世界范围内针对幼儿最为广泛使用的标准化测验，被称为评估幼儿运动协调能力的“黄金标准测试”，是“运动协调能力的IQ测试”，由英国最大的教育心理测试开发及出版商Pearson出版，用以评估4～16岁幼儿的动作协调能力。

M-ABC-2配备了针对孩子不同测试结果的后续家庭以及学校教育计划，使家长和教师不仅对每个孩子各方面运动协调发展有一个细致的了解，更可以明确在日常的家庭和学校活动中，如何有针对性地开展体育体能训练活动，寓教于乐，使孩子的运动协调能力通过日常活动全面平衡发展。

M-ABC-2测试共分三个年龄层：3～6岁、7～10岁、11～16岁；依照年龄增加逐渐加深测验难度或者用不同的项目。每个年龄层测验均包含三个主要类别的基本能力：①手部精细操作；②手眼协调能力；③静态以及动态平衡能力。这三大能力作为幼儿成长发育过程中各项运动协调能力的基本组成因素，可以全面体现幼儿各方面运动协调能力。

每个年龄组都有 8个测试项目，每次完整测验大约需要30分钟。测试包含完整的实施手册，包括施测者的完整操作说明和评分标准。各项目所得之原始分数可依据标准转换为标准分数，再依据年龄换算成百分等级。

三、奥氏运动能力测试（BOT-2）

奥氏运动能力测试（Bruininks-Oseretesy Text of Motor Proficiency-2，BOT-2）适用年龄范围是4～21岁。国外对BOT-2进行了许多适用性研究，结论普遍认为BOT-2作为运动能力评价工具有较好的效度。此外，这一测试工具以其评估覆盖面广著称，评估维度包含精细动作、手指灵活度、平衡、协调、力量、速度与敏捷等方面都能涉及到（表5-11）。

从BOT-2评估维度表（表5-12）中我们可以清楚地看到，该评估量表各维度中详细地划分了一些分维度，互相关联而又不尽相同。同时，排列顺序又循序渐进，让幼儿在测试中逐渐适应各种评估，进而取得更好的评估效果。

表5-11 BOT-2评估维度

测试种类	维度	注意事项
精细动作准确性	1. 涂色（圆形） 2. 涂色（星形） 3. 画线（可歪扭） 4. 画线（弯曲） 5. 连点成线 6. 折纸 7. 剪圆	（1）评估时为幼儿准备的桌椅须符合身高特点（如，幼儿坐在椅子上时可以两脚着地，放松双脚） （2）需要的话撕下评估手册测试示范页给幼儿观看，以帮助理解 （3）在用铅笔记录之后请勿用橡皮擦除。在测试之前记得削尖铅笔，需要的话，在测试时也可以再次把铅笔削尖 （4）被试幼儿需用更加擅长的手（优势手）来做测试 （5）在做每个维度的评估时，使用语言或非语言方式尽可能地让幼儿理解，达到最佳测试效果
精细动作整合	1. 画圆 2. 画方形 3. 画重叠的圆形 4. 画波浪线 5. 画三角形 6. 画菱形 7. 画星形 8. 画重叠的铅笔	（1）评估时为幼儿准备的桌椅须符合身高特点（如，幼儿坐在椅子上时可以两脚着地，放松双脚） （2）需要的话撕下评估手册测试示范页给幼儿观看，以帮助理解 （3）在用铅笔记录之后请勿用橡皮擦除。在测试之前记得削尖铅笔，需要的话，在测试时也可以再次把铅笔削尖 （4）此栏目评价幼儿绘画图形，有多个评分准则，根据绘画结果、评分准则依次得分 （5）被试幼儿需用更加擅长的手（优势手）来做测试 （6）在做每个维度的评估时，使用语言或非语言方式，尽可能地让幼儿理解，达到最佳测试效果
手指灵活度	1. 圆中画点 2. 移动硬币 3. 插钉子 4. 卡片分类 5. 串木块	（1）评估时为幼儿准备的桌椅须符合身高特点（如，幼儿坐在椅子上时可以两脚着地，放松双脚） （2）需要的话撕下评估手册测试示范页给幼儿观看，以帮助理解 （3）在用铅笔记录之后请勿用橡皮擦除。在测试之前记得削尖铅笔，需要的话，在测试时也可以再次把铅笔削尖 （4）被试幼儿需用更加擅长的手（优势手）来做测试 （5）在测试时可以让幼儿先进行尝试，然后给予他们一些提醒（如，在做“卡片分类”测试时，可以先对幼儿说“请一次配对一张卡片”） （6）在做每个维度的评估时，使用语言或非语言方式尽可能地让幼儿理解，达到最佳测试效果

（续表）

测试种类	维度	注意事项
两侧平衡	1. 闭眼时用食指触摸鼻子 2. 双腿分开跳（杰克跳） 3. 同手同脚跳 4. 异侧手脚跳 5. 食指和拇指交叉环绕 6. 同侧食指和脚打拍子 7. 异侧食指和脚打拍子	（1）评估时为幼儿准备的桌椅须符合身高特点（如，幼儿坐在椅子上时可以两脚着地，放松双脚） （2）只有当被试幼儿第一次尝试没有拿到满分时，才能让他们试第二次 （3）在做每个维度的评估时，使用语言或非语言方式尽可能地让幼儿理解，达到最佳测试效果
平衡	1. 双脚分开站于线上（睁眼） 2. 沿直线向前走 3. 单脚站于线上（睁眼） 4. 双脚分开站于线上（闭眼） 5. 脚尖碰脚跟沿直线走 6. 单脚站于线上（闭眼） 7. 单脚站于平衡木上（睁眼） 8. 脚尖碰脚跟站于平衡木上 9. 单脚站于平衡木上（闭眼）	（1）根据被试者的身高，固定测试目标，并保持在被试者水平视线方位 （2）在需要使用平衡木的测试项目中，把平衡木放在跑道末端 （3）只有当被试幼儿第一次尝试没有拿到满分时，才能让他们试第二次 （4）在做每个维度的评估时，使用语言或非语言方式尽可能地让幼儿理解，达到最佳测试效果
速度与敏捷	1. 往返跑 2. 平衡木左右踏步 3. 原地单脚跳 4. 横线两边单脚跳 5. 横线两边双脚跳	（1）在“往返跑”评估项目的测试中，把障碍物放在跑道最末端 （2）在需要使用平衡木的测试项目中，把平衡木放在跑道末端 （3）在测试时可以让幼儿先进行尝试，然后给予他们一些提醒（如，在做“横线两边单脚跳”测试时，可以先对幼儿说“请从横线的一边跳到另一边”） （4）在做每个维度的评估时，使用语言或非语言方式尽可能地让幼儿理解，达到最佳测试效果
上肢协调	1. 双手抛接球 2. 双手接抛来的球 3. 单手抛接球 4. 单手接抛来的球 5. 单手拍球 6. 双手轮流拍球 7. 抛球击中目标	（1）根据被试者的身高，固定测试目标，并保持在被试者水平视线方位 （2）被试幼儿需用优势手来完成所有单手抛接项目 （3）在做每个维度的评估时，使用语言或非语言的方式尽可能地让幼儿理解，达到最佳测试效果

（续表）

测试种类	维度	注意事项
力量	1. 立定跳远 2a.膝盖俯卧撑 2b.完全俯卧撑 3. 仰卧起坐 4. 靠墙坐 5. 身体两头起	（1）第二项“俯卧撑”有两个可选项目，一个是“膝盖俯卧撑”，另一个是“完全俯卧撑”。注意每个被试幼儿需择其一，不可同时做，可以根据被试幼儿的身体状况与运动能力选择 （2）在测试时可以让幼儿先进行尝试，然后给予他们一些提醒（如，在做“仰卧起坐”测试时，可以先对幼儿说“把你的脚平放在地上”） （3）在做每个维度的评估时，使用语言或非语言的方式尽可能地让幼儿理解，达到最佳测试效果

表5-12　BOT-2评价量表（节选）

总维度	测试题	分维度	计分方式
手部精细动作	项目1&2涂色	精细动作准确性	使用计分比对图记录被试的分数
	项目3&4画线		使用标尺测量被试画出的线超出边界的长度
	项目5连线成点		使用透明塑料卡，按照被试者完成的直线超出塑料卡的虚线计分
	项目6折纸		使用透明塑料卡，按照被试者完成的折痕超出塑料卡的虚线计分
	项目7剪圆		使用透明塑料卡，按照被试者减好纸上每四分之一圆边界超出塑料卡的虚线计分
	项目1–8 仿画	精细动作整合性	依据计分准则计分
	项目1圆中画点	手部灵活度	计算15秒内有效点的个数
	项目2转移硬币		计算15秒内放入盒子的硬币数
	项目3插钉子		计算15秒内插在板上的跳棋数
	项目4卡片分类		计算15秒内两边的卡片数
	项目5串木块		计算15秒内绳子上的积木数

（续表）

总维度	测试题	分维度	计分方式
平衡与协调	项目1双脚分开站于线上（睁眼)	平衡	记录被试者站立的秒数
	项目2沿直线向前走		记录被试者正确的步数
	项目3单脚站于线上（睁眼）		记录被试者站立的秒数
	项目4双脚分开站于线上（闭眼)		记录被试者站立的秒数
	项目5脚尖碰脚跟沿直线走		记录被试者正确的步数
	项目6单脚站于线上（闭眼）		记录被试者站立的秒数
	项目7单脚站于平衡木上（睁眼)		记录被试者站立的秒数
	项目8脚尖碰脚跟站于平衡木		记录被试者站立的秒数
	项目9单脚站于平衡木上（闭眼）		记录被试者站立的秒数
	项目1双手向下抛接球	协调	记录被试者正确的抛接球
	项目2双手接抛来的球		记录被试者正确的接球数
	项目3单手向下抛接球		记录被试者正确的抛接球
	项目4单手接抛来的球		记录被试者正确的接球数
	项目5单手拍球		记录被试者正确的拍球数
	项目6双手轮流拍球		记录被试者正确的拍球数
	项目7抛球击中目标		记录被试者正确击中的次数

为了让测试结果更精准，BOT-2在每个维度的具体测试前，都配有相应的操作说明以及图示，让施测人员更好地理解评估中各方面的操作过程，不放过任何一个小细节。BOT-2几乎每一个项目都有着特定的计分规则与方式，采用点式计分法，依据表中的评分标准，对照各项目评分表将个体的原始得分转化为对应点分数，从而获得项目分数、各分测验得分和总分。

总体来看，BOT-2评估工具评估范围广、评估指标细、计分标准严。不过，虽然它具有较好的效度，但是在鉴别幼儿是否存在运动迟滞或者运动缺陷上却存在很多质疑。

四、PDMS-2运动发育量表

运动发育量表（Pealbody Development Motor Scales 2，PDMS-2）是由美国发育评估与干预治疗专家编写的一套婴幼儿运动发育评估量表，是目前国外康复界和幼儿早期干预领域中被广泛应用的一个全面运动功能评估量表。1983年在美国首次出版，2000年被引进我国，2006年翻译推广[14]。

PDMS-2的内容有两个相对独立的部分：粗大运动评估量表、精细运动评估量表，适用于评估0～72个月的所有幼儿。PDMS-2的基本原理为运动行为是孩子成熟与经验共同作用结果的体现。运动技能是基本运动的延伸、结合和改进。PDMS-2是专门的运动发育量表与为残疾儿设计的发育量表，特别是疑有运动发育迟滞的大婴儿与幼儿和已知存在轻度、中度运动障碍的婴儿与幼儿，综合使用了定性和定量标准以及配套的运动方案，另外，它还有美国的全国常模。

（一）粗大运动分测试

此项测试包括反射分测试、固定姿势分测试、移动分测试和物体控制分测试4个部分，共151项。

1. 反射分测试

评估幼儿对环境事件自动反应能力（由于反射通常在婴儿12个月大之前就被整合了，因此这个分测试只用于出生到11个月的婴儿），共8项。

2. 固定姿势分测试

评估幼儿维持身体在重心之内和保持平衡的能力，共30项。

3. 移动分测试

评估幼儿移动能力，包括爬、走、跑、单脚跳、向前跳等能力，共89项。

4. 物体控制分测试

评估幼儿控球能力，评估动作有接、抛、踢等（因为婴儿从出生到11个月之后才有这些技能，因此本分测试只适用于12个月以上的婴幼儿），共24项。

（二）精细运动评估量表

此项测试包括抓握分测试和视觉—运动整合分测试两个部分，共98项。

---

[14] Folio M R，Fewell R，R. Peabody. 运动发育量表（第二版·上册）[M]. 北京：北京大学医学出版社，2005.

1. 抓握分测试

评估幼儿用手能力，由用一手抓住物体发展至控制性使用双手手指的动作，共26项。

2. 视觉—运动整合分测试

评估幼儿应用视知觉技能执行复杂的手眼协调任务能力，如堆积木、摹仿绘画等，共72项。

（三）评分标准

2分：被测试幼儿能够全部完成特定的动作；1分：有明确的意愿去做，但未能完成动作；0分：根本就没有完成动作的意识，也没有迹象表明这个动作正在发展。

（四）测试结果解释

原始分：幼儿在一个分测验中所得分的总和。

相当年龄（运动年龄）：该患儿通过某项目的能力是相当年龄的幼儿一般可以通过的。

百分位：代表等于或者低于某个特定分数的人群所占的百分率。

标准分：由原始分转换而来，可用于不同分测验之间的比较。

粗大运动商（Gross Movement Quotient，GMQ）：由三个分测验标准分推导出来。小于等于11个月，由反射、姿势和运动三个分测验组成；大于等于12个月，由姿势、移动和物体控制三个分测验组成。

反映的是被测试幼儿运用大肌肉系统应对环境变化的能力，非移动状态下维持姿势稳定的能力，从一处到另一处的移动能力，以及接球、扔球和踢球的能力。

精细运动商（Fine Movement Quotient，FMQ）：由两个分测验标准分推导出来，即抓握和视觉—运动整合。反映的是被测试幼儿运用手指、手以及在一定程度运用上臂抓握物体、搭积木、画图和操作物体的能力。

总运动商（Total Movement Quotient，TMQ）：由粗大运动商和精细运动商两部分组成，是评价被测幼儿总体运动能力最好的指标。

量表在幼儿康复医学领域的应用：评估幼儿的运动功能状态、评价幼儿粗大运动和精细运动是否有差异、作为疗效评估标准、作为训练指导书与研究工具。

第六章　幼儿功能性动作教学方案设计

本章主要讲述了幼儿功能性动作教学方案的设计原则、动作练习负荷安排以及动作内容设计三部分内容，为一线的教学提供参考和借鉴。

第一节　幼儿功能性动作教学方案设计原则

一、幼儿功能性动作教学原则制订依据

（一）幼儿功能性动作教学原则是教学实践经验的总结

幼儿功能性动作教学原则是教师在长期幼儿教学实践中不断探索和总结出来的。教学原则反映了幼儿动作发展、认知发展、心理发展等各方面因素，不是单一因素的表达与总结。

各教学原则构成了一个完整的体系，每个原则又是相对独立的，若干原则可以形成一个原则群。比如发展性原则、全面性原则和有序性原则是针对全体幼儿提出的，各年龄阶段都应遵从，同时，具体到某一个年龄时又要具体按幼儿的特征进行。激励性原则、差异性原则和趣味性原则是操作性原则，是教师教学实践经验的总结与概括；直观性原则、多样性原则和适宜性原则是功能性训练实践的原则。这些教学原则反映了教学与训练实践的不同侧面，结合起来构成了一个完整的体系。教学原则是教学实践的总结，反过来又可以指导实践。

（二）幼儿功能性动作教学原则是幼儿身心发展规律与教学规律的反映

教学原则具有一定的主观性，但却是客观教学规律的反映，也是幼儿身心发展规律的具体展现。

教学原则是教学规律的反映，教学规律决定了教学原则。从操作层面讲，教学规律是内在的，不可操作；教学原则是外在的，具有可操作性。某一教学原则可能是多个规律的反映，一个教学规律可能体现为多个教学原则。在制定幼儿功能性动作教学原则时，除了依据教学规律和幼儿的身体发展规律外，还要遵循动作发展规律和训练学的一些规律，因此，教学原则相对比较复杂，但本书给出了最简洁的表达，以便于记忆和操作。

教学原则不是一成不变的、僵化的教条，我们应该用发展的眼光来看待它，并要结合实际加以运用。在幼儿功能性动作教学原则中，有些与已有的教学原则相一致，但有些可能不尽相同甚至看似矛盾，当遇到这种情况时，教师要结合实际灵活使用，不可死搬硬套。

需要强调的是，幼儿功能性动作教学原则是依据规律和原理设计的（表6-1），设计目的是实现教学过程和教学效果的最优化。教学原则之间是相互联系的，教学最优化的实现需要的是一个完整的教学原则体系，不能过度强调某一个或某几个原则。只有综合使用各教学原则，才能发挥教学原则的整体功能，最优化地实现幼儿功能性动作教学。

表6-1　教学规律与教学原则的关系

遵循原理、规律	教学原则
动作发展、生长发育	发展性原则、全面性原则、有序性原则
幼儿心理学	激励性原则、差异性原则、趣味性原则
生物力学、教学方法	直观性原则、多样性原则、适宜性原则

（三）幼儿功能性动作教学原则受教育目的和幼儿发展特点的制约

幼儿功能性动作教学原则是客观教学规律的反映，其本身没有阶级性和阶层性。但是，一方面，幼儿的教育是社会主义教育的一个组成部分，必须要服务于社会主义的教学要求；另一方面，幼儿教育是离不开现实社会的，家长在选择幼儿园的时候是有区分的，因此，由于家长的社会阶层、家庭收入、生活环境、受教育程度等诸多因素的不同，不可避免地将社会分层的因素带入到幼儿教育中，而这种由家长或家庭带给幼儿园的压力也会影响教师和孩子。

在幼儿功能性动作教学过程中，我们需要把幼儿的健康发展放在第一位。我国《幼儿园教育指导纲要》（教基［2001］20号）将幼儿学习活动划分为五个范畴，即健康、社会、科学、语言、艺术。其中，第一项健康领域的目标四表述为“喜欢参加体育活动”，教学要求明确提出“以多种有趣的体育活动，特别是户外和大自然中的活动来吸引幼儿，培养幼儿积极参加体育锻炼的积极性，并提高其对环境的适应能力。密切结合幼儿的生活和活动进行安全、保健等方面的教育，以提高幼儿的自我保护能力。在走、跑、跳、钻、爬、攀等各种体育活动中，发展幼儿动作的协调性、灵活性。”另外，还在指导要点中指出“体育活动要尊重幼儿身体发育的规律和年龄特征，注意不要进行不适合幼儿的专门体能训练”。这也充分体现了我国教育方针对幼儿教育规律的尊重与重视。

幼儿功能性动作教学正是遵循幼儿身体发育规律和年龄特征，按照幼儿动作发展规律与特征进行动作学习与训练。在教学过程中突出动作的学习与发展，把动作的习得及其过程作为教学的重点，而不是把训练的结果作为考核的依据，这也更加符合幼儿发育的客观规律。

二、幼儿功能性动作教学原则的特点

幼儿功能性动作教学原则以幼儿身体发展为线索，将大、中、小班学生的里程碑动作作为基本的判断和评价标准，同时，结合幼儿心理学、生物力学、训练学等学科的相关原则与方法，对幼儿动作体系进行了重新划分，并以体系化的思维来构建幼儿功能性动作教学体系，即将多个教学原则作为一个有机的组合。

幼儿功能性动作教学原则的特点为科学性、系统性、操作性。科学性体现在对规律和相关学科的应用上，在教学过程开始之前，首先对各相关学科的知识体系与架构进行梳理，筛选出基础性和根本性的要点为原则。系统性是指对各教学原则进行有序分类，把各教学原则作为一个体系。操作性是指以教学最优化的思维从实际运用的角度出发，既关注教学的结果与效果，也关注教学的过程与阶段。教学原则帮助教师动态地且从整体看待幼儿的动作发展，避免出现过分地强调结果而忽视了过程，或过分看重一时的结果而淡忘了幼儿是发展中的人，是不成熟的人，预防过早地给孩子“贴标签”或“做定论”。

三、幼儿功能性动作教学原则体系

（一）发展性教学原则

发展性教学原则有两层含义。一是幼儿是处于生长发育期中的人，是一个发展中的人，与成人相比，幼儿具有更强的可塑性。发展性原则是其他所有原则的基础。二是幼儿发展的可能性是无限的，并且应该是基于身体发展的全面发展或多元发展。除身体发展外，还应该包括智力的发展、道德情感的发展、意志的发展、心理的发展等。

发展是指“人们在一生中经历的各种变化”，并且是“一个与外界不断交互过程中发生的变化”。而这种变化也被美国国家运动与身体教育协会（NationalAssociationforSportandPhysicalEducation，NASPE）称为“发展性变化”，有六个特征，质变的（qualitative）、有序的（sequential）、累积的（cumulative）、方向性的（directional）、多因素的（multifactorial）和个性化的（individual）。对于幼儿来说，发展有两重含义，即生长与成熟。生长多是指身体的变化，是身体的物理变化，是结构性的，是一种量的变化；而成熟多指功能性的变化，不是结构性的，是一种质变而非量变。还可以说，“发展和年龄相关，但并不是由年龄所决定的”。不同年龄的孩子身体的发展会有差别，这是结构性的，可以称之为生长；但并不是说所有的孩子到了同一个年龄就一定会同样的成熟，这是从功能上讲的。发展性原则的基本要求有：

第一，基于幼儿整体发展水平，对幼儿功能性动作发展水平和阶段进行评估。在评估的基础上进行适合孩子能力和水平的功能性动作教学，同时要避免让年龄成为动作发展的障碍。发展与年龄有关，但不是由年龄决定的。我们常常会听到这样的话语，“这些太难了，孩子才3岁，等再长大点自然就会了”，或者“这太简单了，孩子都这么大了，不用学这些简单的了”。这都是对孩子进行发展水平的评估，想当然地将“年龄”作为唯一指标对孩子发展水平进行判断。其实，孩子的动作发展在完成自然发育后，是需要专门学习的，否则，就会停在某一发展阶段，动作技能并不会随着年龄的增长自然发展。因此，对幼儿功能性动作发展水平和阶段进行评估是教学的第一步。

对幼儿功能性动作发展水平和阶段评估的意义还在于，帮助我们找到幼儿的“最近发展区”，从而可以做到“跳一跳，可以摘到桃子”，进而实现发展的“连续性和可持续性”。

第二，坚持发展既是目的，也是手段的双重认识。幼儿的一切教育活动都是为了幼儿的发展，并且是全面发展。孩子已有的发展水平又为其进一步发展提供了基础，帮助幼儿发展首先要掌握发展的顺序与水平，从易到难、由浅入深、从具体到抽象、由感知到理解、由已知到未知、从模仿到创造，教师要按照动作发展的顺序和幼儿心理发展的顺序，循序渐进地安排教学内容，要求幼儿不断努力，从而促进幼儿不断地发展。

第三，幼儿园发展与家庭发展相统一。家庭和幼儿园是幼儿生活的两大主要场所，如果两个场所对影响幼儿动作发展的主导因素产生阻碍，就会造成孩子在幼儿园学会正确的动作模式无法在家中得到巩固，从而在家庭的固有生活方式中抵消。

幼儿早期各种功能性动作都是在家庭中出现的，受遗传、营养、日常生活方式以及家庭教育环境等诸多因素影响。初期出现的动作是自然发生、成长，但成熟程度却不尽相同。比如孩子的行走技能，孩子学会行走的时间或早或晚，在孩子学习行走的过程中有的家庭采用学步车，有的用手扶，还有的用玩具引导，这些都对幼儿日后行走的步态有影响，虽然孩子都学会了行走，但有相当一部分孩子的行走动作模式并不合理，是需要纠正的。不合理的步态模式还会影响孩子跑的能力。当幼儿在幼儿园学习的正确动作模式在家庭中没有得到强化，则很有可能会在家庭生活方式中消失。所以，努力使幼儿在学校中发展的成果在家庭得到延伸，实现幼儿园发展与家庭发展相统一。

（二）全面性教学原则

全面性教学原则是指在幼儿功能性动作教学过程中，根据幼儿身体发展的需要，让幼儿接受全面的锻炼，以促进身体基本动作、基本功能和身体机能的协调发展。幼儿功能性动作的发展是形成动作技能的基础，在技能形成过程中，也会对功能性动作形成反作用。在幼儿功能性动作教学中，不能只强调其中的某一方面而忽视另一方面。

在现实的教学实践中，我们经常看到，很多幼儿园为了形成自己的特色，采用某一固定的运动项目对孩子进行单一技能的训练，比如篮球运球。首先，我们肯定篮球运球作为一种动作技能对幼儿的动作发展是有益的，但这只是多种技能中的一种，过度发展某一技能很难实现幼儿动作技能的全面发展。技能的形成规律告诉我们，技能的形成是阶段性的。心理学认为，从初学到熟练掌握技能需要经过认知阶段（泛化）、分解阶段（分化）、联系定位阶段（巩固）和自动化阶段。作为幼儿，除上述四个阶段外，还受身体发展规律影响，即发育是从头到脚、由近及远的。

在幼儿学习动作技能的过程中，要进行全方位的训练，不能过早的“专项化”。技能的形成需要长期反复的练习，幼儿在练习中身体会产生适应，从而形成相应的身体形态、运动技能和身体机能。所以，很多人都提出“从娃娃抓起”，或强调练“童子功”。只有对幼儿的动作进行全面的训练，才能避免过早“专项化”带给孩子的“片面影响”，为幼儿奠定动作基础。教学中贯彻全面性原则的基本要求有：

第一，要将全面发展与长期发展相结合。发展幼儿优势的同时也要用全面和发展的眼光来看待问题，教学中既不能抓住问题不放，也不能过度发展。经常会有教师或家长看到孩子身上有某优点，比如舞蹈、音乐、绘图、语言等，就会过度强化“这一方面”的能力，而忽视了幼儿的全面发展，动作技能也是如此。

第二，坚持幼儿的全面发展是实现成人全面发展的基础。实现人的全面发展是现代教育的共同目标。许多研究发现，幼儿阶段形成的动作能力对成人后的动作能力有很大影响。幼儿动作技能的成熟程度可以反映出其神经肌肉的发育程度，同样，动作技能的练习也可以促进神经肌肉系统的发育。

第三，坚持全面发展既要注重“发展敏感期”，又要兼顾“发展不成熟”。“发展敏感期”也可以被称为幼儿发展过程中的“关键期”或“窗口期”。在敏感期内，幼儿的学习是一个自然调动神经细胞和内部结构的过程。而在敏感期外，则是一个需要有意地控制和应用学习策略的过程。但就每个个体而言，敏感期出现的时间、发展水平是有差异的。“发展不成熟”论是当代西方发展心理学新近提出的一种幼儿发展观。“发展不成熟”不是发展“不良”，“不成熟”在幼儿成长中有其独特的价值，这是幼儿更强适应性和可塑性的基础。我们应该积极对待幼儿的“不成熟”，而不能认为孩子“笨”或“不聪明”。

（三）有序性教学原则

有序性教学原则指教学工作要根据幼儿动作发展的顺序和幼儿身心发展的情况，有次序、有步骤地实施，以期教学能够适应幼儿身心发展的阶段，从而更好地为幼儿所接受。幼儿动作发展是按照一定顺序进行的，其基本规律有由头到尾、由近端到远端、先大肌肉群动作再发展到精细动作。教学中贯彻有序性原则的基本要求有：

第一，掌握好动作发展的序。一般来说，人体的动作分为两类：一类是反射性动作（非条件反射与条件反射），另一类是控制动作（反应性动作与意向性动作）。John Liu认为人的发育与发展在幼儿阶段是以基本动作和动作模式的发展为基础（图6-1）。

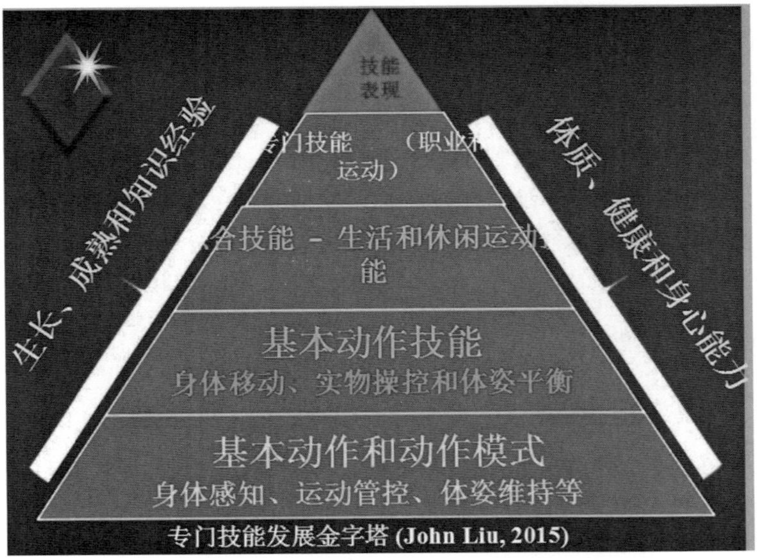

图6-1 动作技能发展金字塔（JohnLiu，2015）

动作发展的基础是大脑与身体的发育情况。大脑和身体的发育情况决定着动作发展水平，相反动作发展也会对大脑和身体的发育起促进作用。按照动作发展的序进行训练，不仅可以促进幼儿肢体与身体的发展，还可以促进幼儿大脑的发育，而且对幼儿心理发展也有积极的影响。

掌握动作的发展顺序，首先要掌握基本的动作内容与形式。一般认为，动作发展包括走、跑、跳、投、踢、拍、接等，这些动作发展都有序可循。以接球的动作为例（表6-2），3～4岁的幼儿接球时，不能正确判断来球的速度和力量，也不能采取正确的接球动作，肩膀和手臂的肌肉紧张，由于害怕被球碰到，在接球时会闭上眼睛，采用的接球方式是“搂、抱”，即使这样，还经常会漏接或让球打到胸部，在球偏向身体一侧时，还会出现无法接住的现象。而随着年龄的增加，幼儿会从一个“不熟练的接球手”成为一个“熟练的接球手”，这需要通过不同阶段的训练才能达到。

表6-2　接球动作的部分发展序列

身体部分	发展序列及特征
手臂动作	A1几乎无反应：手臂向前伸展，几乎没有根据来球情况进行调整动作，且需要借助胸部才能将球抱住 A2抱球：手臂先向两侧伸展，然后做一个弧线动作，借助胸部将球搂抱住 A3捞球：手臂伸展向前并移动至球的下方，借助胸部将球抱住 A4手臂缓冲：手臂伸展迎球，手、手臂及身体向后缓冲接球，用手抓住球
手的动作	H1掌心向上：手掌朝向上方 H2掌心相对：双手手掌相对 H3手掌调整：手掌可随着来球情况（球的大小、路线、速度、高度）调整大拇指及其他手指间距离
身体动作	B1无调整动作：对来球身体没有进行任何调整动作 B2迟拙的调整：手臂和身体随着来球的方向开始移动，头部僵直，接球动作笨拙，接球手不能保持平衡 H3适宜的调整：脚步、身体和手臂都能随着来球情况进行相应的调整

注：引自GregPayne，耿培新，等.

第二，把握好技能形成的序。动作技能是由头、手、臂、腰、腿、脚等不同身体部位的组合构成人体的基本动作技能，这些组合包括跑、快跑、单足跳、跨跳、水平跳、侧滑步、挥击、运球、接、踢、头上投和下手投等（图6-2）。这些动作技能不会天然形成，需要经过学习才能学会。所以，在幼儿时期，应该把基本动作和正确动作模式的学习作为一个重要内容。同动作发展一样，每一种动作技能的学习和掌握也都有一定的顺序，不同动作技能的学习也有一定的顺序性。这两个顺序是与大脑发育相联系的，表现为动作技能形成的敏感期。

图6-2　幼儿基本动作技能

“敏感期”是不同技能形成的关键期（图6-3），美国和加拿大等国家根据幼儿动作发育的敏感期制定了相应的开始学习及教学时长的相关标准。美国K12教育体系中有详细的动作发展内容，加拿大学者认为青少年动作技能的学习有13个窗口期，这些划分都说明动作发展是有“序”可循的。因此，在幼儿动作教学中，不仅需要遵循基本动作发展的序，还要遵循动作技能形成的序。

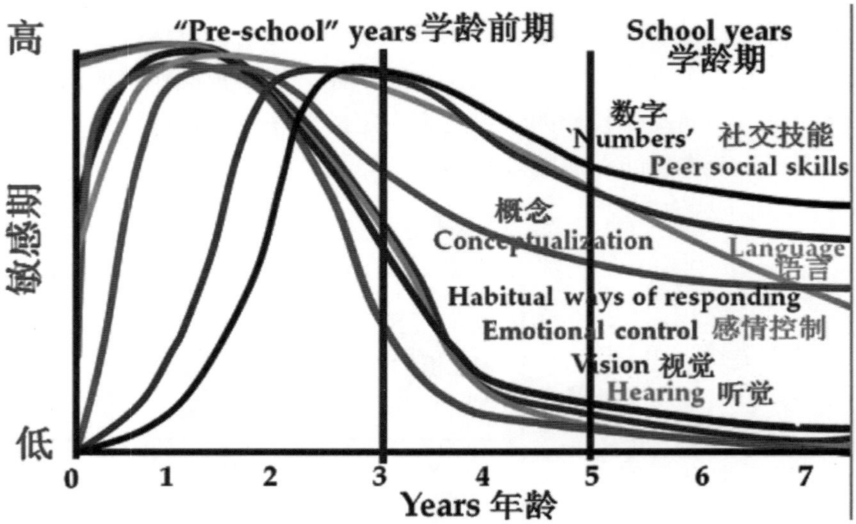

图6-3　幼儿大脑生长发育敏感期（Shonkoff&Phillips，2000）

遵循敏感期发展的序就是遵循生长发育的基本规律，这些规律可以称为动作技能发展里程碑。不同的年龄有不同的里程碑动作，不同的里程碑也有不同的练习方式（图6-4）。这种里程碑在不同的年龄阶段有不同的序，除此以外还有性别差异。

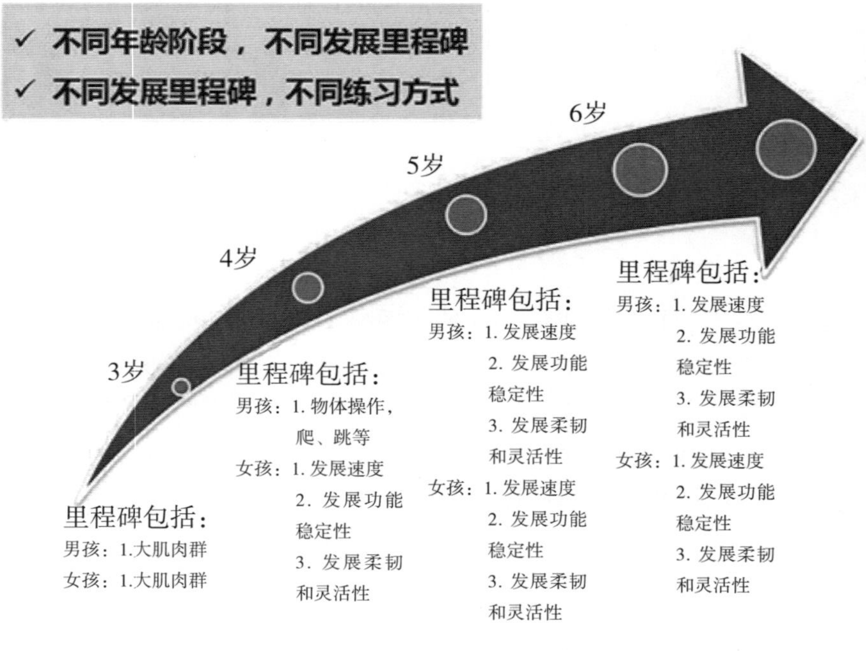

图6-4　幼儿少年动作技能发展基本规律

除了动作技能发展里程碑规律外，还有运动技能形成规律，包括“运动技能获得阶段——泛化过程、动作技能改进阶段——分化过程、动作技能稳定阶段——巩固过程、动作技能熟练阶段——动作自动化”。不同技能学习的进程会有所不同，有的练习进步先快后慢，有的则先慢后快；在幼儿教学过程中，初期要选择先快后慢的练习内容和方式，让幼儿可以在较短的时间内很快地得到积极的反馈，这也有利于孩子积极性的保持和学习兴趣的发展。

第三，组织好教学过程的序。教学过程是教师与学生在一定的教学环境中，实施教与学的全过程，应该包括认识与实践两个方面。对幼儿来说，认识活动是学生在教师指导下认识世界的过程，是以学习间接经验为主的过程。实践活动则是幼儿主动体验和认知的过程，是以学习直接经验为主的过程。

在幼儿教学的过程中，应该以实践活动为主，特别在动作教学过程中，实践体验几乎是贯穿全部教学过程的。首先，这是由幼儿的生理、心理发展阶段特点决定的，幼儿对社会的认知以自我体验为主。支配大肌肉的神经突触会因为大肌肉群的动作学习和练习得到更多的建立与增加。所以，尽管幼儿肌肉活动向以小肌肉为主的精细动作过渡，但教学过程还是要以练习大肌肉为先、为主。其次，小肌肉精细动作也应该作为教学内容充实进来。0～6岁是幼儿神经系统发育的突增期，也是人体神经系统发育的关键期，人的一生中只有这一次神经系统发育敏感期。所以，通过精细动作练习来提高孩子的神经系统是一个十分重要的环节。最后，还要考虑实践活动与认识活动的关系，在总结和运用之后，给出相关的知识性内容，会让幼儿在体验过之后，可以对知识性内容有更好的掌握和兴趣的激发。因此，教学过程的序是教师在对教学全面、深刻了解基础上组织教学内容的体现，是建立在对规律认识的基础上。当然，教无定法，不同的教学顺序会有不同的效果，教师还可以结合实际和个人能力进行创新。

（四）激励性教学原则

激励性教学原则就是在教学过程中对学生学习动机的激发与培养，对出现的积极信号进行鼓励和赞许，进而不断地对幼儿的学习形成持续的心理环境。激励性教学原则是教学过程中教师主导作用与学生主体地位双向互动规律的客观反映。激励幼儿与激励成人有很多不同，幼儿的心理相对单一，对很多事物有天生的好奇心与兴趣，但其注意力保持的时间比较短暂，受到激励的幼儿在许多方面有所提升，包括注意力、专注力等。教学中贯彻激励性原则的基本要求有：

第一，要坚持顺应幼儿发展的自然规律。捷克教育家夸美纽斯在《大教学论》中从唯物论的角度出发，提出了“自然积极性原则”，他认为人是自然的一部分，教育要适应幼儿的天性，激发他们学习的积极性和主动性，强调教学“要使方法能够激起求知的愿望”。教师的激励需要尊重学生的个性和自身潜力，不可过度激励和盲目激励，要着眼于幼儿全面发展的需要。

《论语·述而》中有“不愤不启，不悱不发，举一隅不以三隅反，则不复也”的论述，说的就是要根据学生的发展程度来进行教学。在幼儿动作教学过程中，这一规律更需要重视，一是孩子的能力未达到某一程度时，过度激发也很难收到良好的效果。比如我们常说的，很多事就是一层窗户纸，一捅就破。其实教师最关键的不是捅破窗户纸的能力，而是捅破的时机把握。如果一个孩子离窗户还很远，你捅破窗户纸，他还是什么也看不到，甚至，你把窗户砸了，他也只能看到很小的一点。所以说，当孩子走到了窗户前的时候，你给他捅破窗户纸，他才会有一种豁然开朗的感觉。

第二，要坚持采用正面激励作引导。幼儿的心理比较简单，对教师的表扬和夸奖会有很大的认同感，幼儿会因为教师的一句表扬高兴一天，甚至几天。教师在动作教学中要使用表扬性和肯定性的语言和语气。要多发现幼儿在完成动作时的优点，对幼儿出现的错误或不规范的动作，也尽量不用严厉的语言去批评或指正，而是表扬其努力和进步。

教师对于比赛和有比较的教学形式，如跑步、跳远、角力等，对于特殊情况的幼儿，教师更需要以正面的激励来引导。比如大家看到一个胖幼儿在与其他孩子一起跑步，他跑到一半时，其他的小朋友已到折返点，自己也马上折返回去，结果还是到了最后。这时教师不应采取批评的方式，而采用激励和表扬的方式进行。教师可以给大家讲，胖幼儿没有跑到折返点就折回是希望和我们大家一起“撞线”，下次再跑，老师就把他的折返点定成他这次折返的地方，这样我们就可以一起完成了。

第三，培养幼儿自我激励能力，帮助其挖掘自身潜能。苏霍姆林斯基曾说，“我十分坚信，能激发出自我教育的教育，才是真正的教育。”培养和激发幼儿自我激励和自我教育是教育的最终目的，要实现这一终极目标，需要从分解学生可以理解、可以做到的小目标开始。每节课中，都给幼儿定一个比较恰当的目标，通过目标来激励幼儿，久而久之，幼儿就慢慢学会自我定目标，从而学会自我激励，并且对自己的潜能有一定的认识。

（五）直观性教学原则

直观性教学原则是指在教学中要通过学生观察或教师语言引导学生形成对所学事物、过程的清晰表象，丰富他们的感性知识，从而使他们能够正确理解所学知识和发展认识能力。动作教学中，直观性有利于幼儿完整、快速学习，幼儿的逻辑思考能力尚未形成，思维以形象思维为主，学习事物要通过观察和模仿来进行。夸美纽斯在《大教学论》中指出，“应该尽可能地把事物本身或代替它的图像放在面前，让学生去看看、摸摸、听听、闻闻等等”在动作教学中，教师要用视频和示范来激发幼儿学习的积极性。教学中贯彻直观性原则的基本要求有：

第一，教师的示范或展示要精彩、漂亮，能吸引住幼儿。对于幼儿来讲，教师示范或展示的动作一定要精彩、漂亮，可以有适度夸张，甚至炫酷，以吸引幼儿的注意力和兴趣点。鉴于现代科学科技，幼儿接触到的可视化内容越来越多，教师展示的内容如果不能引起幼儿的兴趣，就很难在后继的教学中“抓住”幼儿的心。因此，教师展示或示范的内容、形式需要做精心设计。

第二，对不同年龄的幼儿，教师示范和展示的内容要有所区别。不同年龄段幼儿的模仿能力和动作学习能力有很大差别，年龄越小的幼儿越要从整体上进行展示，不应该过分强调细节，年龄大一点的孩子则可以加入更多的细节展示。这与幼儿的接受能力和肌肉的控制能力有很大关系，也与幼儿神经发育相一致。

幼儿各种动作技能的出现是以神经系统成熟为基础的。低龄期幼儿动作应该以左右侧、对侧、前后变化为主，在幼儿正在区分和形成有利手时期，脑干、中脑的发育较为充分，左右侧大脑皮层的发育和功能区分会因刺激的不同而出现分化。以移动技能为例，当幼儿形成有利手后，在向前移动时，会习惯性地先用自己有利手一侧，向左右移动时，区分就更为明显，这也称为功能性不对称现象。教师在示范和展示时需要考虑这些问题，帮助孩子均衡发展、协调发展。幼儿出现有利手之前和示范之初，教师可以帮助孩子强化有利手形成；当幼儿形成有利手之后，教师还应该对非有利手一侧进行教学设计，以平衡单侧过度发育。

第三，要坚持示范和展示的正确性与规范性。在教学的过程中，教师示范和展示时的角度与方向要考虑幼儿的接受能力，首先要保证自己动作准确与正确，不能有“比划”一下就可以的思想，即使幼儿不能像教师一样做到准确到位，但他们却可以从教师的动作中读懂认真与敷衍。其次，在做示范时，要将正面示范、侧面示范和背面示范相结合，但要以正面示范为主，孩子可以看到教师的面部是非常重要的。

正确的动作示范可以帮助幼儿解决和克服动作技能障碍。孩子在没有接受指导时，会有自发动作出现和形成，这种自发出现的动作技能带有不完整性，会对孩子后续动作技能的发展造成影响，阻碍新的动作技能和高级动作技能的学习与形成。因此，在教学过程中，教师要用正确的动作示范影响和改变幼儿自发形成的动作技能，为后续的学习做好准备。

（六）差异性教学原则

差异性教学原则是指教师要从学生的实际情况、个别差异出发，有的放矢地进行有差别的教学，使每个学生都能扬长避短，获得最佳的发展。这一原则与区别对待和因材施教的原则相似，不同的是，差异性突出了学生的特点，而区别对待和因材施教则是强调教师施教的原则。差异性是一种客观存在，强调差异性是提醒教师要多从孩子的视角去看问题，而非以自己的视角去解释。教学中贯彻差异性原则的基本要求有：

第一，教师要以幼儿为中心来思考问题。每个幼儿都不一样，这是个性，孩子也有共性的一面，但在实际中，教师会不自觉地在比较中把个性忘记。比如，大家都在睡觉，有一个幼儿没有睡，教师会说，“别人都睡了，你也要睡”。这其实表达的就是你应该与别的孩子一样，即没有考虑幼儿的差异性与个性。

第二，教师要设计不同的教学内容以满足幼儿差异性需求。教师通常会采用不同的教学方式来体现因材施教，而很少在教学内容上进行调整。提出差异性原则正是为了提醒教师换一种思维和表达来与幼儿沟通。动作教学中，我们不能只说“别人都能做到，你也能”，还要设计不同的练习给不同的幼儿。如果有的孩子无法完成某一动作，就应该“降阶”，对于可以很容易完成的幼儿，就应该“进阶”，教师不能为了自己组织方便或整齐而把个性“杀死”。

（七）多样性教学原则

多样性教学原则是指从幼儿动作教学设计开始就要考虑采用多样的练习手段与方法进行训练，在同一目标动作教学中也要用多种练习方法进行教学，以帮助幼儿得到多元的练习与刺激，从而全面提高幼儿的素质。身体功能的多样性也决定了教学形式、方法和手段的多样性。教学中贯彻多样性原则的基本要求有：

第一，促进幼儿多元发展。美国哈佛大学发展心理学家霍华德·加德纳提出人类的智能是多元化而非单一的，他认为每个人至少由语言智能、数学逻辑智能、空间智能、身体动觉智能、音乐智能、人际智能、自我认知智能、自然认知智能等八种不同智能组成，且每个人都有不同的智能优势组合。不同人的各项智能发展的顺序和组合是不同的，并且所有的智能都是在人生早期的智能导入中发展起来的。因此，在动作教学中，教师不仅要发展幼儿的身体动觉智能，还要通过它促进其他智能的发展。

此外，还要强调的是，并非身体动觉智能发育早幼儿到后期就一定有良好的运动技能；同样的，身体动觉智能发展晚也不意味着幼儿缺少运动“天赋”。教师要对所有的孩子进行身体动作训练和教育，以满足幼儿多元发展和成长的需求。

第二，教学过程和场景应全方位、多样。多样性应该是全方位的多样，既有教学方法、手段的多样，也需要教学形式、环境、器材的多样，还需要教学内容的多样。不同的教学方法对幼儿影响是不一样的，同样的教学内容，采用不同的教学方法、教学顺序组合，则会产生不同的教学效果。环境的大小、形状、颜色等与器材的规格也都会给孩子带来不同的学习体验。好的学习体验会激发孩子的学习兴趣。

第三，发展阶段的不确定性需要多样的教学。年龄是我们对孩子发展水平的一个总体的判断，但从多元智能的理念出发，不同的孩子的智能结构是不一样的。各智能之间不是孤立存在，而是相互协作。年龄相同但智能结构发展阶段不同才是我们应该着重关注的。教师提供多样的教学可以更好地满足幼儿不同智能类型和发展的需求。

（八）适宜性教学原则

适宜性教学原则是指教师对学生提出的一切要求与教育影响都适合学生。遵循学生的发展规律和认识规律体现了教育与人发展关系的规律。一切从幼儿的实际出发才能收到好的教学效果。教学中贯彻适宜性原则的基本要求有：

第一，教学内容的选择、教学过程和方法设计要适宜。教师可根据教材选择适宜幼儿的教学内容，设计教学过程、方法和形式。

第二，符合幼儿生理、心理发展阶段特点，追求教的进度与学的进程相一致。教学过程和教学设计要与幼儿的生理成熟度和最佳发展期保持一致。以幼儿为中心进行教学，做到适时施教、及时施教；适时反馈、及时反馈。在教学内容选择上，对幼儿学习能力的把握是前提。

第三，要根据幼儿特征进行教学。首先，在承认幼儿有共性特征的同时，还要看到幼儿的个性特点。有的幼儿学习速度很快，但保持的时间不长，有的幼儿学习速度较慢，但一学会就会有较长时间的保持。在统一教学的前提下进行个性化教学，分组教学和区别幼儿的不同学习特点进行教学会收到更好的学习效果。学习得快不一定学得好，学得慢不意味着学得差。其次，在学习不同内容时，幼儿对动作的掌握程度与已有的经验有关。对于有过相似学习经历的幼儿来说，再次学习时就会感觉比较容易，会表现得很好，而对于多数没有相似经历的幼儿来说就需要花更多的时间去学习，这与家庭环境、成长环境、是否报课外班有很大关系。在教学过程中，如何让不同特征的幼儿都能得到发展才是根本目标。

（九）趣味性教学原则

趣味性教学原则，简单地说就是教学方法和教材内容生动有趣，具体是指在教学过程中，教师通过幽默生动的语言、灵活的教学技巧、直观形象的表演以及富有感染力的情绪等最大限度地增加课堂活力、激发幼儿学习兴趣、增强教学效果的一种教学方式。在某种程度上讲，幼儿的行为是“随心所欲”的，他们只会关注自己感兴趣的事物，强迫他们对不感兴趣的事物付出努力，不仅不会收到预期的效果，经常会适得其反。教学中贯彻趣味性原则的基本要求有：

第一，通过精心设计教学内容使幼儿产生兴趣。教材中的一些内容本身对孩子就有吸引力，但有很多内容是没有什么吸引力的，对这样的教学内容进行教学时，就需要教师根据自己的教学经验通过设计教学环境、教学方法和教学器材来引起幼儿的学习兴趣，从而把没有趣的内容变得生动有趣。趣味性教学内容经常需要教师对教材进行加工，用某种故事或场景把教材内容融入其中。这一过程就如同导演或演员对文本的两次创作，内容好比文字剧本，但要呈现成电影作品还需要再次创作，最终才可以让观众更好地理解与接受。

第二，趣味性以游戏为主，但不是全部。游戏是幼儿一边探索世界，一边尝试自己在这个世界中的能力的过程，这个过程可以帮助孩子变得更自信，更成熟[1]。在幼儿教学中，游戏是主要教学形式，教师经常会把各种活动改编成游戏来进行，这是一种常见的、有效的方法。但对于动作技能来说，练习方式本身就带有很强的吸引力，对于这样的内容，教师可以直接进行教学，而不需要改编成游戏。

另外，游戏的规则性其实是很重要的一个兴趣点，在动作训练中，有很多练习就有规则的设定，而这种规则与游戏的规则相比，对幼儿来说是没有差异的。同时，这种不经过改编的动作技能训练可以更多地引发学生对动作技能学习的兴趣，从长远来看，可以更好、更久地保持。

第三，幼儿的兴趣与情绪的培养需要引导才能保持。对于幼儿来说，兴趣的产生很快，但消退也很快，很多时候与孩子的情绪有关。对幼儿情绪的激发与引导可以较好地帮助幼儿保持兴趣。

第二节　幼儿功能性动作练习负荷安排

在体育教学中，教师要安排适宜的运动量，过小过大都不行。过小，则达不到锻炼的目的；过大，又超出了幼儿身心所能承受的限度，对幼儿的身体健康十分不利。在教学中合理安排运动负荷有着至关重要的意义。

幼儿是一个特殊的群体，幼儿身体承受能力有限，一般情况下，需适量地减少运动量。对幼儿运动员负荷的安排要适当，从运动项目出发，有的运动项目可在早期专项训练，而有的则不宜过早专项化。从培养运动员的角度来看，可以将12岁以前幼儿的训练分3个阶段：0～6岁的积极动起来阶段；6～8岁学习如何训练的早期专项阶段和6～9岁的在好玩中打基础阶段。另外，意大利著名幼儿教育家蒙台梭利也把幼儿从出生到大学划分为3个时期：0～6岁、6～12岁、12～18岁，并认为第一个时期（0～6岁）是人一生中最重要的时期，是极富创造性的时期[2]。在幼儿的自由

[1] 劳伦斯·科恩（美）. 游戏力 [M]. 军事谊文出版社，北京：2011.5.

[2] 蒙台梭利. 有吸收力的心理 [M]. 任代文，译. 北京：人民教育出版社，2001：336，467—471.

与自发活动中，需要指导和帮助幼儿在身体上、精神上、智力上和个性方面自然发展[3]。因此，抓住0～6岁这个人生最关键的时期显得尤为重要。

幼儿园体育教学活动与中小学的体育课之间存在着较大的不同，幼儿的教学有着特殊的意义。

首先，发展阶段不同带来的需求差异。格拉胡的幼儿运动发展模式将幼儿园阶段的孩子定位在基础运动能力阶段，此阶段是为将来专门化运动能力奠定基础的阶段。而中小学阶段的孩子则开始进入运动的专门化时期，开始将运动技能结合协调成为复杂的运动形式。

其次，课程体系不同带来的目标差异。幼儿园课程主要以经验为主，对于幼儿来说，动作与运动能力的发展应指向全面化、生活化，而不是专门化、竞技化。简而言之，幼儿园体育教学活动中的动作技能应更多地指向幼儿生活和健康的动作技能，为幼儿的生活和健康积累更多动作经验与方法。

再次，课程安排不同带来的形式差异。中小学的孩子在校期间的学习更多的是以静态为主，体育课是保证学生身心健康发展的主要手段，而幼儿园则不是，游戏为幼儿园的基本活动形式，决定了幼儿在园的活动更多的是动态的形式，所有的游戏都包含了动作发展，动作进行的过程中，自然也就蕴含了身体素质的发展。

最后，幼儿园体育教学活动的价值不仅仅是从运动学的角度考虑，还需要从心理学、教育学等多元化的角度衡量和彰显；同时，还需要从当前热议的核心素养和核心经验等方面，深度审视幼儿园体育教学活动对幼儿的核心经验获取、核心素养养成的重要意义。

一、小班幼儿功能性动作练习负荷安排

（一）注意设计适量

一般来说，虽然小班幼儿关节灵活性较强，伸展性也较好，但小班幼儿教学也有一定的运动量要求。运动量过小，对身体刺激相应减弱，降低了增强体质的作用，达不到锻炼的目的。运动量过大，对身体刺激相应增强，超出了幼儿身体所能承受的限度，会对幼儿机体造成损害。应该采取以下方法来控制运动量。

第一，合理设计总的运动量与时间。在设计课程时首先要设计总的运动时间和运动量。总的运动量只要不超出幼儿的体力水平，就可以在整体上避免运动量过大的情况。一般情况下，幼儿的活动总时间一般为15～20分钟。

[3] 蒙台梭利. 蒙台梭利幼儿教育科学方法［M］. 任代文，译. 北京：人民教育出版社，2001：12.

第二，合理安排休息时间与密度。确定总运动量之后，调整训练密度，保证不超量。一般情况下，小班幼儿单次的练习时间为15～30秒，休息为30～60秒，每个练习可以做5～8组。

第三，注意观察，及时反馈。在体育活动中，一般活动的强度为平均每分钟心率130～160次。如有不达或过之现象，教师应灵活调节活动量。

（二）重视项目的搭配

小班幼儿的肌肉力量很小，动作相对缓慢，情绪波动较快，易受外部刺激影响，身体机能、运动能力都还很弱。教师要搭配不同性质、不同类型的内容，并在活动的各个环节合理搭配休息。休息并非指静止不动，而是根据每一个活动的具体情况采取不同方式安排较为轻松、安静的游戏，或者安排赋予情节的放松活动等，促使幼儿的体力尽快恢复，以便更快地适应下一个环节的运动内容。

（三）掌握过程的顺序

运动过程的顺序性是指体育活动的内容、方法、负荷量与强度都要遵循由易到难、由简到繁、由弱到强的原则。机体在运动过程中生理活动能力是不断变化的，并呈现出一定规律性：即上升→稳定→下降的规律，具体来说，即活动能力低→逐渐上升→最高水平→保持一定时间→出现疲劳→活动能力逐渐下降。因此，教师在安排运动时，运动量要遵循低→高→低的原则。

要重视运动前的准备和运动后的放松活动，准备活动要注意小班幼儿的生理与心理的动员，激发其对体育活动的积极性，一般来说，虽然小班幼儿关节灵活性较强，伸展性也较好，但还是需要做热身与准备活动，只是时间不用太久，夏天3～4分钟，冬天4～5分钟即可。教师可按照头、肩、手臂、手腕、腰、下蹲、抬腿、跳跃、踏步的顺序来编排热身活动，由慢到快，由集中到分散，让幼儿充分活动身体，以避免运动损伤。另外，教师还应结合体育活动内容，选择舒适松软的地面，避免在砖地等较硬的场地开展热身运动。热身活动应该结合音乐，这样有利于幼儿的记忆与活动。放松运动时应当注意缓解幼儿身心高度紧张和兴奋的状态，以达到放松肌肉、消除疲劳的目的。

（四）注意个体的差异性

由于每个幼儿体质和运动能力等方面的发展水平有所差异，因此，教师应注意体育活动的层次性，安排具有不同难易程度、不同运动负荷的体育活动内容，以适应不同体质、不同运动能力的幼儿。对运动量的估计可以以中等体质幼儿为标准，体弱幼儿减小运动密度及练习次数，在提高难度方面，不强求一律。

二、中班幼儿功能性动作练习负荷安排

中班的幼儿经过一年的园化学习，对规则和集体已经有了一定的认识，并越来越喜欢运动，这个时候孩子也可以承受更大的负荷。中班幼儿总的运动时间可以控制在30～40分钟。幼儿练习的平均心率在120～160次/分钟；其中小强度120次/分钟以下的时间为7～8分钟；心率120～150次/分钟的中等强度运动的时间为8～10分钟；心率达到150～180次/分钟或超过180次/分钟的大强度运动时间为5～7分钟。这个阶段的主要目标是让孩子动起来，通过运动帮助幼儿有能力（competent）、感到很舒服（comfortable）地参加到有趣、富有挑战、非竞争性的活动和游戏中。

三、大班幼儿功能性动作练习负荷安排

大班幼儿的总的运动时间可以控制在40～50分钟。幼儿练习的平均心率为130～160次/分钟；其中小强度120次/分钟以下的时间为8～10分钟；心率120～150次/分钟的中等强度运动时间为10～25分钟；心率150～180次/分钟或超过180次/分钟的大强度运动时间为10～15分钟。

表6-3　大班幼儿身体功能性动作练习课流程、负荷及内容

练习课板块	练习具体内容	练习时间	强度	举例
动作	热身	1～4分钟	小	慢跑:“数字跑”“字母跑”等；游戏:“松鼠搬家”“买菜计数”“抢车位”等
准备	核心激活	1～3分钟	小	“小臀桥”“手脚撑”“金鸡画画”等
	动力链激活	1～4分钟	中	“下劈砍柴”“左右旋转”“斜向锄地”等
	动态拉伸	1～3分钟	中大	“拥抱太阳”“小虫爬”“侧向马步”等
	神经激活	1～3分钟	中大	“原地快速踏跳”“原地快速小碎步”等
	休息	1～4分钟	—	配合腹式呼吸的原地冥想
主体	功能性动作练习	9～12分钟	中大	功能性动作模式练习:“推、弯、旋转、拉”功能性动作技能练习:“走、跳、钻、击”等
练习	功能性素质练习	7～10分钟	大	功能性平衡稳定模块、功能性速度模块、功能性灵敏模块、功能性核心脊柱模块等
整理与恢复	静态拉伸呼吸调整	1～3分钟	小	“小飞碟”“你好棒”“相扑拉伸”等

引自：周喆啸．3～6岁幼儿身体功能性动作体系的构建与实证研究．

在确定体育活动的量时，还要考虑气候、季节等客观条件的影响。一般秋冬季气温比较低，活动量可适当增大，夏季气温较高，活动量大会使幼儿产生疲劳，甚至发生中暑，因此，可以适当减少幼儿的运动量和强度。

第三节　幼儿功能性动作教学内容设计

幼儿功能性动作教学中，我们到底教什么？到底该怎么教？在确定教什么和怎么教之前，我们需要考虑以下几点：

第一，范畴问题。2012年，教育部颁布的《3～6岁幼儿学习与发展指南》明确指出，要珍视游戏和生活的独特价值，还谈到“用幼儿感兴趣的方式发展基本动作，提高动作的协调性、灵活性”。何谓基本动作？通常我们认为主要包含走、跑、跳、钻、爬、投等，只是随着孩子年龄的增长，身心发展变化，不同年龄段的基本动作技能会因为幼儿身体控制能力的增强越来越丰富。切忌把不应该让幼儿园孩子学习掌握的动作技能放到幼儿园的体育教学中进行教授。

第二，目标问题。动作练习的目的是为了促进动作的协调性与灵活性，进而提高基本运动能力。强调动作的标准化和规范化需要考虑两个问题，一是动作的标准和规范要求是否符合本年龄段幼儿的身心特点，二是如何尊重孩子个体差异的问题。

第三，方法问题。用孩子喜欢的方法发展基本动作，怎样的方法是孩子喜欢的方法，自然是游戏，教学并不是游戏，但教学可以游戏化，比如，以问题或任务情境导入，给予孩子有方向的自主、自由探究的空间，进而发现不同的动作方式。

最后需要明确的是，教是为了孩子更自主地玩。幼儿园课程以经验为体系，经验是在实践中获取的知识和技能，方法需要在实践中运用才能够形成经验。体育教学不仅仅是让孩子习得一种规范的、标准的动作方法，更要考虑如何去丰富孩子的运动经验，如何在生活和游戏中运用，如何在不同的环境中运用，如何用动作解决生活和游戏中碰到的问题等，这样的过程才是真正的学习，才是整体的发展过程，才能真正达到体育育人的目的。

从幼儿的基础动作能力分类来看，可以分为大肌肉（GrossMotor）技能和小肌肉（FineMotor）技能，包括稳定、移动、身体控制及非控制性四类。

大肌肉技能：稳定性，即伸展、卷屈、扭转、弯曲、滚翻、平衡、翻转、推拉等；移动性，即走、跑、跳、快跑、滑步、踏跳、弹跳、慢跑等；控制性：即投、接、击打、踢球、停球等。

小肌肉技能：控制性，即扣钮扣、书写、搭积木、剪纸等。

在整个幼儿期的体育活动中，控制性动作占的比重较大，其次是移动性动作，最后才是非控制性动作。其中控制性动作与移动性动作交叉的动作形式较多，而非控制性动作形式较为单一，并且3～4岁幼儿的练习形式少、花样单一，与脑神经快速发育所需要的多刺激极不匹配，涉及到的有呼啦圈、球、飞盘、纸制玩具、泡沫垫、瓶子、松紧带、彩球、沙包、竹竿、跳绳、棍子、套圈等项目，特定体育项目（如田径、体操、球类项目）较少[4]。

一、小班幼儿功能性动作教学内容设计

小班幼儿年龄为3～4岁，这个年龄幼儿动作技能中移动性动作包括12种，控制性动作包括16种，非控制性动作2种。在功能性动作教学中，具体动作有以下几类。

移动性动作：四散走、听信号指定方向跑、双脚向前跳、屈膝团身走、单脚跳、钻、走平衡木、转圈、手膝爬、躲闪、攀爬、滚动。

控制性动作：抛、接物体、蹲、捡物体、持物斜坡走、投掷、拖、踢、夹、滚、拍、举、夹球跳、推球走、抱球走、抱球下跳。

非控制性动作：站立、双脚交换站立。

在功能性动作教学中，3～4岁幼儿偏重动作模式的练习，因为动作模式是动作技能学习的基础，且练习难度低于动作技能，较适合此年龄段幼儿学习和掌握;功能性身体素质练习主要为功能性平衡稳定、功能性灵敏素质模块[5]。

（一）小班幼儿功能性动作模式练习方式

功能性推撑动作模式的练习方式：上肢向前推撑与下肢前后分腿推撑结合、上肢左右推撑与下肢左右推撑结合和上肢上下推撑与下肢向下推撑结合。

功能性提拉动作模式的练习方式：坐瑞士球上肢上下提拉、坐瑞士球上肢左右提拉和坐瑞士球上肢前后提拉。

功能性旋转动作模式的练习方式：右侧卧躯干左旋转、左侧卧躯干右旋转、手膝跪撑右侧躯干上下旋转和手膝跪撑左侧躯干上下旋转。

功能性翻滚动作模式的练习方式：向左侧滚翻、向右侧滚翻。

功能性弯身动作模式的练习方式：坐瑞士球前倾弯身、坐瑞士球左侧倾弯身和坐瑞士球右侧倾弯身。

功能性爬行动作模式的练习方式：功能性核心脊柱动作。

功能性下蹲动作模式的练习方式：双脚左斜向弓步屈髋屈膝下蹲、双脚右斜向弓

[4] 张莹. 动作发展视角下的幼儿体育活动内容实证研究.北京体育大学学报[J]. 2012，（35）3：133-140.

[5] 周喆啸. 3～6岁幼儿身体功能性动作体系的构建与实证研究[D]. 河北师范大学：2017.

步屈髋屈膝下蹲。

功能性摆动动作模式的练习方式：双脚前后弓步双臂依次前后摆动、双脚前后弓步双臂依次向上摆动和站姿双腿依次摆动。

（二）功能性基本动作技能内容

1. 功能性快速灵敏动作

（1）软梯练习方法：正向慢速一步一格小步跑、倒向慢速一步一格小步跑、正向慢速双脚跳和倒向慢速双脚跳。

（2）灵敏圈练习方法：正向慢速抬腿跨步、倒向慢速后撤伸腿、侧向跨越障碍和斜向跨步入圈。

2. 功能性速度动作

（1）多方向跑：慢速5米折返跑、慢速6米跑和慢速数字跑。

（2）多角球：矢状面内双手抓、矢状面内双手抛、水平面内双手抓、水平面内双手抛、冠状面内双手抓、冠状面内双手抛。

3. 功能性核心脊柱动作

（1）爬行练习方法：对侧虎爬、同侧大象爬。

（2）徒手练习方法：静态手脚平板支撑、静态双脚臀桥支撑。

4. 功能性平衡稳定动作

（1）软塌练习方法：双脚分开站立、双脚并拢站立、双腿站立双手画图和双脚分开闭一只眼站立。

（2）Bosu球练习方法：Bosu球上行走、Bosu球上爬行和Bosu球上双脚跳跃。

（3）榴莲球练习方法：双腿站立支撑、闭眼双腿站立、双腿站立双手画图、闭眼站立双手画图、前后弓步站立和左右弓步站立。

5. 功能性力量动作

药球练习方法：双脚站立抛药球、双脚站立接药球和双脚站立侧抛药球。

6. 功能性柔韧动作

（1）动态拉伸练习方法：斜向弓步走、摇篮抱腿、弓步转体、相扑蹲起。

（2）静态拉伸练习方法：坐姿前倾、抬肘侧屈、屈伸手腕、颈部四方位。

在实际的教学中，教师需要结合上述内容，把它们设计成各种游戏或训练内容，例如“蚂蚁爬爬爬”。

教学案例：蚂蚁爬爬爬

活动过程：

1. 热身活动（时间：2分钟运动量：较大）。

（教师扮蚂蚁妈妈，幼儿扮蚂蚁宝宝。）

师：今天天气真晴朗，宝宝们，让我们一起活动活动吧!

2. 练习各种不同方式的爬（6分钟）。

（1）自由爬（时间：2分钟　运动量：小）。

（2）有序爬（时间：2分钟　运动量：中）。

师：宝宝们，前面有一座小桥，让我们爬过去吧!（鼓励幼儿一个接着一个有序地爬过体操垫连接而成的小桥。）

（3）寻声爬（时间：2分钟　运动量：中）。

师：让我们来玩捉迷藏吧。请宝宝们拉下头饰蒙上双眼，仔细听声音去找妈妈。

3. 游戏：巧避大熊（时间：3分钟运动量：较大）。

（1）尝试倒退爬（“狮王进行曲”的音乐响起，声音忽大忽小）。

（引导幼儿练习向后倒退爬）师：听!声音没有了，让我们看看大熊走了没有?（引导幼儿再次向前爬。如此反复2～3次。）

（2）巩固倒退爬。

师：刚才你是怎么倒退爬的?让我们再试试吧。

4. 游戏：蚂蚁背豆（时间：4分钟　运动量：大）。

（1）找“粮食”。

师：宝宝们，冬天就要到了，让我们寻找粮食准备过冬吧!

（2）运“粮食”。

师：请将红、绿两色的小粮袋按颜色标记运回相应的粮仓（师幼共同检查游戏结果）。

（3）搬“大豆”。

①引导幼儿在场地的中央发现“大豆”。②鼓励幼儿一起合作把“大豆”“嗨哟、嗨哟”抬回家。

5. 放松练习，结束活动（时间：2分钟　运动量：小）。

小蚂蚁跟着妈妈随音乐做放松活动。

小班健康学科对幼儿的爬有明确的目标和要求，而机械的爬显得枯燥无味，难以引起幼儿的兴趣。小班幼儿特别喜欢爬，根据幼儿的年龄特点，运用了拟人化的方式，将爬行的练习在情境游戏中进行展现。

“蚂蚁爬爬爬”是一个比较典型的爬行练习。一个蚂蚁妈妈带小蚂蚁散步、游戏、找粮，让幼儿置身于游戏情境之中，在一系列游戏场景的变换中练习手膝着地自然协调地向前爬、倒退爬，以此来满足孩子爬的欲望，并提高他们爬的能力。

活动中有“过小桥”“寻声爬”“巧避大熊”等，自然轻松而富有亲情的游戏氛围不仅让孩子们练习了爬的动作，更让幼儿感受到集体活动的无穷乐趣。爬行动作练习由浅入深、由缓慢至急速符合幼儿的生理机能变化规律，另外，锻炼的场景变化，爬行难度逐步加大，运动密度、强度的提升有节奏，安排科学合理。爬行动作练习在5个环节中占1/2，动作练习密度合理。此外，在动作的组合方面，依据循序渐进的原则，自由爬→一个接着一个爬→尝试倒退爬→背着物体爬等一系列动作组合流程中，既注意了以爬行为重点，又考虑到以各种游戏情境的自然过渡作为爬行活动的调节，这样的动作练习针对性强、内容丰富而有变化，生理、心理负荷变化合理，而且上肢、下肢、肺脏等方面都得到了有效的锻炼。

总之，在集体教学和户外锻炼中，运动量的大小与动作类型、练习方式及动作的组合方法有密切关系，需要教师进行周密的计划和安排。

二、中班幼儿功能性动作教学内容设计

中班幼儿年龄为4～5岁，此年龄段幼儿动作技能包括移动性动作21种、控制性动作21种、非控制性动作1种。在功能性动作教学中，具体动作有以下几类。

移动性动作：踮脚走、半蹲走、侧身走、越过障碍物行走、攀爬、手脚着地爬、躲闪跑、摸物、钻、四散跑、绕障、碍物快速跑、小碎步、垫步、立定跳远、单脚跨跳、助跑跨跳、兔跳、追逐跑、双脚向前跳、纵跳、前滚翻。

控制性动作：踩气球、夹物跳、高跷、绳辫、皮球、绳、呼啦圈、棍棒、抛接、平衡、纸碟操、传接物、投掷、踢球追球、踢球击物、踢球进门、扇气球、打棒球、滑板、捕虫网、放风筝。

非控制性动作：手臂波浪。

在功能性动作教学中，4～5岁幼儿应多均衡动作模式和基础动作技能的学习，此年龄段孩子是由小班幼儿以动作模式学习为主转变为大班幼儿以动作技能学习为主的中间阶段，所以此阶段幼儿在熟练掌握动作模式的同时，能够较好掌握一定数量的动作技能，为进一步学习动作技能打下基础。功能性身体素质练习主要有功能

性平衡稳定、功能性脊柱强化、功能性灵敏和功能性速度模块[6]。

（一）中班幼儿功能性动作模式练习方式

功能性推撑动作模式的练习方式：上肢向前推撑与下肢向下推撑结合、上肢左右推撑与下肢前后分腿推撑结合、上肢向上推撑与下肢左右推撑结合、弹力带水平干扰上肢向前推撑与下肢前后推撑结合、弹力带斜向干扰上肢向上推撑与肢向下推撑结合和弹力带左右干扰上肢左右推撑与下肢左右推撑结合。

功能性提拉动作模式的练习方式：水平开立脚踩平衡板上肢上下提拉、水平开立脚踩平衡板上肢左右提拉和水平开立脚踩平衡板上肢前后提拉。

功能性旋转动作模式的练习方式：坐瑞士球右侧躯干前后旋转、坐瑞士球左侧躯干前后旋转、左右分腿站立右侧躯干前后旋转、前后分腿站立左侧躯干前后旋转、左右分腿站立左侧躯干前后旋转和前后分腿站立右侧躯干前后旋转。

功能性翻滚动作模式的练习方式：向前滚翻、斜坡向下左侧滚翻和斜坡向下右侧滚翻。

功能性弯身动作模式的练习方式：双脚前后开立前倾弯身、双脚前后开立左侧倾弯身、双脚前后开立右侧倾弯身、双脚左右开立前倾弯身、双脚左右开立左侧倾弯身和双脚左右开立右侧倾弯身。

功能性爬行动作模式的练习方式：功能性核心脊柱动作。

功能性下蹲动作模式的练习方式：双脚平行开立踩平衡板屈髋屈膝下蹲、双脚左右弓步踩平衡板屈髋屈膝下蹲、双脚前后弓步踩平衡板屈髋屈膝下蹲。

功能性摆动动作模式的练习方式：坐瑞士球双臂同时前后摆动、坐瑞士球双臂前后依次摆动、坐瑞士球双臂依次向上摆动、坐瑞士球双臂依次向上摆动、双臂撑墙双腿依次前后摆动。

（二）功能性基本动作技能内容

1. 功能性快速灵敏练习方法

（1）软梯练习方法：正向快速两步一个格跑、正向快速进进出出、正向快速扭动骸部跑、正向格子内外脚步滑动、正向开合跳和正向Z字型跳。

（2）灵敏圈练习方法：正向快速连续滑步、倒向快速连续撤步、侧向快速连续滑步、斜向跨跳入圈、正向跨跳入圈和单脚连续跳圈。

[6] 周喆啸. 3～6岁幼儿身体功能性动作体系的构建与实证研究［D］. 河北师范大学：2017.

2. 功能性速度动作

（1）多方向跑练习方法：中速迷你T型跑、中速字母跑、中速障碍跑和中速数字跑。

（2）多角球练习方法：矢状面内单手抓抛、原地踏步矢状面内双手抓抛、水平面内单手抓抛、原地踏步水平面内双手抓抛、冠状面内单手抓抛、原地踏步冠状面内双手抓抛。

3. 功能性核心脊柱动作

（1）爬行练习方法：对侧猫爬、同侧虎爬、蜘蛛爬和鳄鱼爬。

（2）徒手练习方法：双臂支撑双脚动态开开合合、动态臀桥升降、静态跪姿手腿伸展、静态侧向手脚撑。

4. 功能性平衡稳定动作

（1）软塌练习方法：双脚并拢闭眼站立、单腿站立、闭一只眼单腿站立、原地旋转和单腿站立双手画图。

（2）Bosu球练习方法：闭眼Bosu球上行走、闭眼Bosu球上爬行、闭眼Bosu球上跳跃和闭眼Bosu球上行走与爬行切换。

（3）榴莲球练习方法：双腿站立接球、双腿站立抛球、双腿前后弓箭步行进、双腿左右弓步行进、双腿前后弓箭步倒退和双腿左右弓步倒退。

5. 功能性力量动作

药球练习方法：前后分腿抛药球，前后分腿接药球、站姿上步踢球、坐姿站起抛药球和坐姿站起接药球。

6. 功能性柔韧动作

（1）动态拉伸练习方法：抱膝前进、侧弓步、弓步回头望月、提踵走。

（2）静态拉伸练习方法：体前旋转、分腿侧倒、小飞碟、直臂后伸。

教师在进行教学时，可以依据小班的一些游戏，结合中班幼儿需要掌握的动作技能进行教学设计。例如“火车钻山洞”“压路机”“火车变变变”。

教学案例：火车钻山洞

一、活动目标

1. 丰富钻爬动作并拓展游戏经验，提高幼儿身体控制与平衡能力。

2. 让幼儿体验与同伴游戏的乐趣，初步建立合作游戏的意识。

二、活动准备：

海绵垫若干（视幼儿人数定）。

三、活动过程

1. 幼儿跟随教师进入场地，热身游戏：钻山洞。

游戏玩法：教师用身体做山洞，幼儿在海绵垫上依次进行钻山洞练习，教师根据幼儿活动情况改变山洞高度，增加幼儿钻爬的动作方式与游戏难度。

交流：山洞有什么不同？你是用什么方法钻过去的？

2. 幼儿尝试用身体做山洞，并根据口令变换身体支撑方式，尝试将山洞变高或变矮，并保持身体平衡。

（1）四肢着地做山洞。

（2）逐渐减少着地支撑点，幼儿尝试用身体做不同的山洞，如：两只脚一只手、两只手一只脚、一只手一只脚等。

3. 幼儿自主结伴（两人或四人一组）进行钻山洞游戏，幼儿根据要求自主商定游戏顺序，教师观察并指导个别组活动。

（1）一人做山洞，其他人钻，轮流进行。

（2）一组做山洞，另一组钻，轮流进行。

（3）师幼互动游戏：全体幼儿做山洞，教师进行钻山洞。

4. 放松活动：幼儿一字排开坐在海绵垫上，拍打放松，教师带领幼儿收拾场地，结束游戏。

教学案例：压路机

一、活动目标

1. 体验侧滚翻动作练习，发展幼儿身体控制与动作协调能力。

2. 让幼儿大胆尝试，比较不同的动作方式和身体感受，积累运动经验。

二、活动准备

海绵垫若干（视幼儿人数定）。

三、活动过程

1. 热身活动：跟随教师围绕垫子进行跑、跳等练习。

2. 操节游戏：圆圈操。

3. 游戏：压路机。

（1）幼儿尝试用身体做压路机，依次从垫子上通过1～2次，教师观察幼儿动作练习。

（2）任务探索：如何保持压路机走直线？

（3）幼儿自主尝试2～3次，教师观察并寻找动作资源。

（4）邀请个别幼儿展示不同的动作方式，提醒幼儿注意观察。

（5）交流：你觉得哪种方式能够保持走直线？

（6）幼儿依次进行练习，感受不同并通过比较确定自己喜欢的动作方式。

（7）大型压路机：幼儿自主分组，两人合作游戏。

方法一：一人做车厢，一人做车轮，轮流进行前进后退游戏。

方法二：两人抱在一起进行滚翻动作练习。教师观察并做好帮助与保护工作，游戏中适时做好交流。

（8）挑战游戏：多人合作压路机。

4. 放松活动：幼儿躺在垫子上，集体拍打。

教学案例：火车变变变

一、活动目标

1. 丰富拖拉物品的动作经验，发展上下肢与腰腹力量素质。

2. 感受同伴合作游戏的乐趣，愿意倾听别人的想法和建议。

二、活动准备

长短横幅若干条，数量视幼儿人数定（短横幅两人一条，长横幅3条）。

三、活动过程

1. 准备部分：师幼共同利用小横幅进行热身游戏，集体练习。

2. 基本部分：火车变变变。

（1）探索活动：小火车。游戏玩法：幼儿两人一组玩一条横幅，尝试分角色合作开小火车的游戏。

（2）适时集中幼儿，邀请个别组幼儿展示游戏玩法，交流方法与问题。

（3）再次尝试练习，体验不同的动作方法。

（4）游戏：火车比赛。幼儿分组，进行开小火车竞速活动。

（5）增加难度，激发挑战。出示两条长横幅，幼儿分四组游戏，两组坐火车，两组拉火车；或出示一条长横幅，全体幼儿分两组，一组坐火车，一组拉火车。

3. 结束部分：放松游戏“卧铺火车”。教师与幼儿在横幅上进行放松游戏。

三、大班幼儿功能性动作教学内容设计

大班幼儿的年龄为5～6岁，此年龄段幼儿动作技能包括移动性动作23种，控制性动作25种，非控制性动作3种。在功能性动作教学中，具体动作有以下几类。

移动性动作：多种走、双脚跳跃、平衡、立定跳远、跨跳、助跑跨跳、慢跑、快跑、滚爬、侧爬、肩上投掷、正面钻、侧面钻、跳下、跑、小碎步、垫步、躲闪跑、绕障碍物快速跑、攀爬、追逐跑、纵跳、前滚翻。

控制性动作：藤圈操、滚轮胎、抬物、踢球、踩气球、夹物跳、高跷、绳辫、皮球、绳、呼啦圈、棍棒、抛接、平衡、纸碟操、传接物、投掷、踢球追球、踢球击物、踢球进门、扇气球、打棒球、滑板、捕虫网、放风筝。

非控制性动作：手臂波浪、站立、双脚交换站立。

大班的幼儿可以完成较多复杂的练习和游戏。大多数大班幼儿已经能够很好地做出各种姿势的跳的动作，在活动中，通过给予一定的目标或任务，让幼儿在跳的过程中有意识地关注自身的跳跃动作与结果，既能提高幼儿的动作技能，又可以让幼儿了解自己的身体运动能力。

功能性动作技能教学中，5～6岁幼儿处于学龄前期到学龄期的过渡阶段（幼小衔接阶段），也是由基础动作技能学习转变为运动技能学习的关键阶段，基础动作技能是构成运动技能的基础，所以本年龄段幼儿动作学习的重点是基础动作技能，并均衡发展和练习各个身体功能素质模块[7]。

（一）大班幼儿功能性动作模式练习方式

功能性推撑动作模式的练习方式：弹力带水平干扰上肢向前推撑与下肢向下推撑结合、弹力带水平干扰上肢向上推撑与下肢左右推撑结合、弹力带水平干扰上肢向前推撑与下肢前后推撑结合、弹力带斜向干扰上肢向前推撑与下肢向下推撑结合、弹力带斜向干扰上肢左右推撑与下肢前后分腿推撑结合、弹力带斜向干扰上肢向上推撑与下肢左右推撑结合、弹力带左右干扰上肢向前推撑与下肢向下推撑结合、弹力带左右干扰上肢左右推撑与下肢前后分腿推撑结合和弹力带左右干扰上肢向上推撑与下肢左右推撑结合。

功能性提拉动作模式的练习方式：前后弓步脚踩平衡板上肢上下提拉、前后弓步脚踩平衡板上肢左右提拉、前后弓步脚踩平衡板上肢前后提拉、左右弓步脚踩平衡板上肢上下提拉、左右弓步脚踩平衡板上肢左右提拉、左右弓步脚踩平衡板上肢前后提拉。

功能性旋转动作模式的练习方式：坐姿直臂右斜下旋转、坐姿直臂左斜下旋转、坐姿直臂左斜上旋转、坐姿直臂右斜上旋转、左右分腿站立直臂右斜下旋转、左右分腿站立直臂左斜下旋转、左右分腿站立直臂左斜上旋转、左右分腿站立直臂右斜上旋转。

功能性翻滚动作模式的练习方式：斜坡向下前滚翻、向后滚翻、海绵包上向左侧滚翻和海绵包上向右侧滚翻。

功能性弯身动作模式的练习方式：双脚踩平衡板前后开立前倾弯身、双脚踩平衡

[7] 周喆啸. 3-6岁幼儿身体功能性动作体系的构建与实证研究［D］. 河北师范大学：2017.

板前后开立左侧倾弯身、双脚踩平衡板前后开立右侧倾弯身、双脚踩平衡板左右开立前倾弯身、双脚踩平衡板左右开立左侧倾弯身和双脚踩平衡板左右开立右侧倾弯身。

功能性爬行动作模式的练习方式：功能性核心脊柱动作。

功能性下蹲动作模式的练习方式：弹力带干扰双脚平行开立屈髋屈膝下蹲、弹力带干扰双脚左右弓步屈膝下蹲、弹力带干扰双脚前后弓步屈髋屈膝下蹲，弹力带干扰双脚左斜向弓步屈髋屈膝下蹲和弹力带干扰双脚右斜向弓步屈髋屈膝下蹲。

功能性摆动动作模式的练习方式：弹力带干扰双脚前后弓步双臂依次前后摆动、弹力带干扰双脚前后弓步双腿依次前后摆动、弹力带干扰双脚前后弓步双臂依次向上摆动和抓肋木悬空双腿前后依次摆动。

（二）功能性基本动作技能内容

1. 功能性快速灵敏动作

（1）软梯练习方法：侧向快速进进出出、正向快速格子内外连续跑、进一退二跑、正向前后分腿跳、侧向快速剪刀步和侧向Z字形跳。

（2）灵敏圈练习方法：正向快速双脚连续跳接跨步、倒向快速双脚连续跳接弓步、正向快速前滑步接侧滑、左右斜向跨跳切换、连续后撤步接上步跨跳、左右斜向连续滑步。

2. 功能性速度动作

（1）多方向练习方法：快速加速跑、快速S型跑、快速L型跑和快速10米折返跑。

（2）多角球练习方法：向前上步双手抓接、后撤步后移挥抛、侧向横移抓接、原地踏步与上步切换行进间接球、左右滑步抓接反弹球、斜向跨跳定点抛投。

3. 功能性核心脊柱动作

（1）爬行动作练习方法：海狮爬、螃蟹爬、同侧猫爬、对侧蚂蚱爬和对侧蜥蜴爬。

（2）徒手练习方法：静态三点手脚平板支撑、静态单脚臀桥支撑、肘脚支撑动态髋部左右点地、动态超人、动态单脚支撑挺髋和静态侧向肘脚支撑。

4. 功能性平衡稳定动作

（1）软塌练习方法：闭眼单腿站立、一腿站立一腿画圈、闭眼双腿站立双手画图、一腿支撑一腿四方位触地、单腿站立双手画不同图形和闭眼单腿站立单腿画图。

（2）Bosu球练习方法：闭眼Bosu球上爬行与跳跃切换、闭眼Bosu球上行走与跳跃切换、Bosu球上单脚跳、Bosu球上虎爬、Bosu球上螃蟹爬和Bosu球上双脚跳跃。

（3）榴莲球练习方法：双腿前后、左右弓步切换、双脚平行下蹲、双脚前后弓步下蹲、双脚左右弓步下蹲、双脚平行下蹲接抛球、双脚前后弓步下蹲接抛球和双脚左右弓步下蹲接抛球。

5. 功能性力量动作

药球练习方法：斜向分腿抛药球、斜向分腿接药球、连续助跑踢球、俯卧站姿切换抛药球和俯卧站姿切换接药球。

6. 功能性柔韧动作

（1）动态拉伸练习方法：燕式平衡、小虫爬、弓步左右侧倒、后撤步下蹲。

（2）静态拉伸练习方法：仰卧抱腿、跪姿抓踩、抱头伸肩、今天你好棒。

在活动中，幼儿运动的密度与强度可以较大，主要通过教师示范、同伴分享等手段调节活动节奏，实现动静交替，同时也有助于提高幼儿在学习中认真倾听与观察的习惯与品质。

教学案例：小小伞兵

一、活动目标

1. 丰富高跳下的动作经验，幼儿提高身体移动能力。

2. 使幼儿有意识地关注自己的运动能力，增强自信和自我保护意识。

二、活动准备

小椅子人手一张、呼啦圈若干、空场地一片。

三、活动过程

（一）开始部分

1. 师幼合作，场地准备。

指导语：小朋友们，今天我们要用椅子做游戏，我们带好自己的椅子，像我这样放在场地上。

幼儿根据教师的安排将椅子间隔一定距离（前后左右间隔1米）有序排列，椅背统一朝向侧面。

2. 导入情境，预热身心。

指导语：小朋友们，今天我们要来做“小伞兵”，先来练习一下“小伞兵”的本领。

（1）S绕障碍跑：幼儿一路纵队，跟随教师在场地中绕椅子慢跑1～2圈。

（2）热身游戏：飞机飞。

游戏玩法：幼儿成横排集体站在椅子上，面向教师站立，模拟飞机飞行。

动作一：头颈运动，双手叉腰，头颈旋转运动（左右各8拍）；

动作二：肩关节绕环，双手上举，模仿螺旋桨转动（前后各8拍）；

动作三：腰腹部运动，双手侧平举模拟飞机飞行，弯腰向前后左右倾斜，保持身体平衡不掉落（2个8拍）；

动作四：下肢运动，双手侧平举，模拟上下飞行（先脚后跟向上提起，再向下屈膝下蹲，2个8拍）；

动作五：跳跃运动，幼儿模拟飞机起飞动作，从椅子上跳下落地并保持平衡（4次左右，练习前，教师先示范前脚掌着地、屈膝缓冲的落地动作，给予幼儿轻轻落地保持平稳的动作目标）。

观察与指导要点：本环节组织中，教师主要通过观察幼儿的情绪表现与动作行为判断幼儿对活动的兴趣及热身动作练习的效果，提醒幼儿控制好身体平衡，可根据实际适当增加练习次数等。动作五练习时教师可利用情境性语言“飞机落地要轻轻的、稳稳的”等引导幼儿有意识地进行落地保护动作。

分析：本环节通过共同创设场地、导入情境、集体练习等环节，激发幼儿对活动的兴趣和参与的积极性，诱发幼儿的肢体练习、身心预热，为下一步的动作练习与挑战奠定身心基础。

（二）基本部分

1.自主尝试高跳下动作练习。

指导语：我们现在先来组装一下我们的飞机。从飞机往下跳，你知道你能跳多远吗？

幼儿分组（具体根据参与活动的人数确定，每组6～8人）将椅子拼成大飞机（椅背统一朝向，椅子侧面靠拢成长条状），幼儿依次从飞机上走过，从飞机尾部进行跳跃练习。

观察与指导要点：①幼儿依次进行跳跃时，教师须关注并提醒后一名幼儿在前一名幼儿落地并离开后再进行跳跃，避免碰撞。②通过观察幼儿落地的身体姿态提醒个别幼儿做好落地保护动作。③语言激发，如“你还能跳得更远一些吗”，观察并捕捉幼儿不同的高跳下方式作为下面分享交流环节的动作资源，如采用双脚跳、跨跳、助跑跨跳的幼儿。

2.交流分享，丰富不同的动作方法。

幼儿分散站在“飞机”的外围，教师邀请2～3名幼儿展示不同的动作方法，提醒幼儿注意观察示范同伴分别采用怎样的高跳下动作。

指导语：在刚才的练习中，有几位小伞兵非常勇敢，跳得很远，我们一起来看看他们都是怎样跳下来的。

观察与指导要点：①本环节通过2～3名幼儿进行不同动作方式的展示和观摩，丰富高跳下的动作方法，达到“兵教兵”的目标。教师在幼儿示范后，可进行语言提炼与动作示范，以利于幼儿巩固动作经验。②本环节也是调节活动节奏的手段，幼儿示范观摩的过程，既能够保持思维的延续，又能够让身体进行休息。教师除关注示范幼儿外，更需要关注其他幼儿的状态，是否能够做到认真倾听和观察等。

3. 集体练习，体验不同的动作方法。

指导语：这些小伞兵的本领你们都会吗？你觉得用哪种方法可以跳得更远，一起来试一试。

幼儿在教师的组织下，自主选择“飞机”，从同一方向行进，依次进行不同的动作方法练习。

观察与指导要点：本环节重点在于幼儿有意识地关注自己采用不同的高跳下动作的结果，因此动作练习由教师集体组织，先集体练习双脚跳，再进行跨跳（助跑跨跳等），并提醒幼儿关注落地后的距离等。

4. 挑战游戏：定点降落。

在飞机尾部前后摆放两个圈作为高跳下落地目标，幼儿自主确定目标并进行尝试跳跃练习。

指导语：我们已经学会了不同的跳伞本领，这一次我们要降落到指定的地点，你来试一试，怎样跳才能稳稳地降落到你想要去的地方？

幼儿自主选择飞机和降落目标，依次尝试练习。

观察与指导要点：①圈的摆放要能够兼顾个体差异，可根据分组情况，在每组椅子前摆放距离远近不同，并组织幼儿集体查看，便于幼儿根据自身能力自主选择。②幼儿练习时，教师站在幼儿的起跳位置，便于关注每个幼儿的活动状态，如个别幼儿出现跳到圈外或不敢跳的情况，教师可及时给予提醒、鼓励或帮助。

分析：本环节通过三个层次的递进，从激发幼儿已有经验到让幼儿逐渐有意识地关注自己的跳跃动作、跳跃结果，最后进行有目标的高跳下练习，教师通过改变情境与环境来调节活动难度与练习节奏，给予幼儿自主选择的空间，幼儿在不断的挑战中，既提高了运动能力，又增进对自身的了解，实现学习运动和运动学习的双重目的。

（三）结束部分

1. 放松游戏：飞机返航。

指导语：今天我们的训练就要结束了，我们要一起乘坐大飞机返回。

活动方式：幼儿将椅子调整方向（椅背在后，前后靠拢）排成两列纵队，幼儿坐在椅子上，双脚分开放于两侧，跟随教师的口令进行放松活动：①双手放在大腿部位进行拍打、抖动；②抖动脚踝关节进行放松活动。

观察与指导要点：教师降低音量，引导幼儿通过调整呼吸、用轻缓的拍打动作进行放松活动。

2. 师幼共同收拾整理场地器械，结束活动返回。

分析：本活动以下肢活动为主，放松环节的重点在于下肢肌肉及脚踝关节的放松，并通过情境递进，使幼儿从亢奋的情绪中逐渐平静下来。

（原文发表于《幼儿教育》2017.5期）

教学案例：我爱游泳圈

一、设计意图

大班幼儿在熟练进行无器械身体移动练习的基础上，通过握持一定重量的器械进行身体移动练习，可以进一步增强身体控制、平衡、协调以及力量与耐力等身体素质。本活动选择幼儿园常用的旧轿车轮胎作为活动器械，该器械重量适中，适合大班幼儿进行滚动、搬运等各种动作练习。活动中，根据大班幼儿的年龄特点和已有的生活经验，教师将轮胎赋予“游泳圈”的情境角色，幼儿根据游戏任务的变化和递进，通过“试一试搬起来的方法”“体验比较不同的搬运方法”等活动练习，尝试用不同的动作方式将“游泳圈”搬起来并平稳地进行身体移动练习。

本活动对幼儿的上肢力量和耐力具有一定的挑战，活动中，教师可密切注意幼儿的运动强度，通过语言调动、展示分享、分组练习等形式，使幼儿始终保持浓厚的兴趣，以达到增强上肢力量和耐力素质的目的。

二、活动目标

1. 能负重行进一定的距离，增强上肢力量与耐力素质。

2. 坚持进行游戏，勇于挑战自我，培养坚强的意志品质。

三、活动准备

轮胎人手一只、空旷的室外场地一片。

四、活动过程

（一）开始部分

1. 准备场地：

师：今天我们要用轮胎做游戏，请每人选择一个轮胎摆放到场地上。

幼儿自主选择轮胎，根据教师的提示，滚动轮胎到教师面前并错落摆放成两路横队（前后左右距离在0.5米左右），分腿站立在轮胎上。

2. 热身；

师：今天我们要去游泳，先来做一下游泳前的热身准备。

（1）幼儿成一路纵队，跟随教师在场地上绕轮胎慢跑一周。

（2）模仿操：

动作一：十指交叉翻腕，分别向上下左右做推压的动作（4个8拍）。

动作二：模仿自由泳动作，上肢向前、后方向绕环（4个8拍）。

动作三：模仿蛙泳动作，双手合十经体前向两侧打开至腹部合拢，然后做蹲起下肢练习（4个8拍）、

动作四：模仿跳水动作，站在轮胎边缘进行开合跳练习（4个8拍）。

观察与指导要点：在幼儿摆放轮胎时，注意间距是否满足热身活动的需求，避免因距离太近产生冲撞等问题。做模仿操时，可根据幼儿活动情况，通过改变口令的节奏增强趣味性，吸引幼儿积极参与。

分析：通过语言导入与情境创设，激发幼儿对活动的兴趣。通过慢跑及做操热身，为下面的环节做好身心准备。

二、基本部分

1. 明确任务。

师：这是个大大的“游泳圈”，你能带着它游起来吗?

2. 幼儿自主尝试。

观察与指导要点：巡回观察，注意幼儿是否明确游戏任务并已开始自主尝试；寻找2～3个幼儿的不同动作作为下面交流分享环节的动作资源；对个别幼儿进行帮助与指导，如幼儿无法将轮胎拿起，指导其调整双手的位置等。

3. 尝试带着“游泳圈”在场地上进行“游泳”。

师：大家都能用不同的方式把“游泳圈”拿起来，那接下来一起在这个大大的游泳池里游一游吧。

幼儿自主往返练习，教师在场地一侧陪同幼儿往返，注意观察幼儿负重移动的情况，并及时提醒幼儿保持平稳，注意移动的速度，避免碰撞。

4. 展示交流：幼儿成两横排自由分散坐在游泳圈上，教师邀请2～3名幼儿展示不同的动作，提醒其他幼儿注意观察这些幼儿搬轮胎动作的关键点，即手的不同抓握位置和方法。

师：刚才有几位小朋友“游泳”的时候，又快又稳，我们来看看他们是怎么做到的？注意看他们的手放在什么位置？（如：双手放在轮胎外侧，手心向内，从底部抱起轮胎；双手放在轮胎内侧，手心向外，握住轮胎内侧边缘，提起轮胎）

5. 对比体验：幼儿集体练习不同的负重行进动作，通过亲身体验，确定自己最喜欢的、能做到“又快又稳”的行进动作。

师：你觉得哪一种方法你也能做到“又快又稳”呢？我们一起来试一试，比较一下。

教师组织幼儿自场地一端开始，集体进行不同动作的体验练习，每个动作往返练习一次，共2次。此环节活动强度较大，教师应注意关注幼儿的动作，提醒幼儿每种方法都体验一次，行进时注意控制速度，避免冲撞。

6. 游泳比赛：幼儿采用自己最喜欢的动作方式在场地上进行“游泳”竞赛，比一比谁能又快又稳地进行。

师：我们都有了自己最喜欢的方法，那谁是我们中游得最快的人呢?

幼儿分两组，一组比赛，另一组作为评委，轮流进行。比赛时，幼儿在场地一端横排站立，听信号后快速将轮胎搬起，快速移动到场地另一端后返回起点，两组轮流进行。

观察与指导要点：在自主探索阶段，重点观察幼儿手部握持轮胎的不同方法，进而确定2～3名幼儿做示范；在展示交流阶段，通过语言提示等手段引导幼儿重点关注做示范幼儿的手部摆放部位和握持的方法，并通过语言总结与动作展示，使全体幼儿了解不同的动作方法，进而在集体练习环节体验不同的动作。

分析：在本部分，教师循序渐进地呈现不同的游戏任务，以有效激发幼儿的学习兴趣。幼儿自主进行动作的探究与尝试，在展示交流过程中感知不同的搬运方式，通过对比体验来获取不同的经验。整个游戏推进的过程，教师不仅要注重幼儿的动作练习与经验积累，更要注重幼儿观察、比较、判断能力的发展。

三、结束部分

1.师幼坐在游泳圈上，通过拍打、抖动等动作练习进行放松活动。

师：今天我们用这么大的游泳圈进行游泳活动，现在我们来一起坐在上面放松一下。

幼儿跟随教师的口令，坐在轮胎上进行放松活动，依次拍打双手、上肢、身体、腿部及抖动肩部等。接着两人一组，做握手抖动、拥抱拍打等放松动作。

2.师幼共同收拾整理场地，将轮胎放回原处。

观察与指导要点：本活动对幼儿的手腕和上肢力量有一定的挑战，因此放松环节要重点组织幼儿把手腕及上肢的放松动作做到位。

分析：在结束部分，教师引导幼儿在轻松的氛围中通过轻轻拍打、意念放松等形式，达到放松身心的目的。

（原文发表于《幼儿教育》2017.4期）

第七章　幼儿功能性动作教学方法

幼儿阶段是人类各种基础动作技能形成的敏感期，是发展基础动作、培养动作习惯的关键期，这个时期基本动作的正确形成，将会给幼儿未来运动能力、生活能力和劳动能力的发展打下良好的基础。因此，幼儿功能性动作教学方法的设计应遵循幼儿教学活动设计理念与原则，确定幼儿功能性动作教学的组织形式、语言表达和肢体展示等方法。

第一节　幼儿功能性动作教学法和练习法分类

幼儿教学活动组织指执行一个具体的活动方案以实现活动目标或教育目标，也包含在执行过程中根据实际情况对活动方案进行调整。在调整过程中，既要遵循幼儿教学活动常规操作的规律，符合幼儿园教育活动组织的一般要求，又能发挥教师的教育机智，体现教师的教学特色。一般来说，教学活动组织和开展包括导入、展开、高潮、结束、延伸等环节。在教学活动组织过程中，各个环节在实践操作中的难易程度及其对目标实现的价值水平是不同的，在具体实施过程中，也因教学内容、教学对象等因素的不同需要采取不同的组织策略。

一、幼儿动作教学法分类

根据教育学相关理论，幼儿教师在教学活动中要依据幼儿身心特点，选择教学内容和方法，常用教法方法包括游戏教学法、语言教学法、直观教学法、练习教学法、情境教学法等。

（一）游戏教学法

游戏教学法是多数幼儿教师活动课中采用的最基本的一种方法，无论是单独使用还是结合其他的教学方法使用，游戏教学法总能达到一种较好的效果。幼儿在 3 ~ 6 岁这个阶段对事物的认识能力有限，幼儿教师将适宜的体育技能和知识揉合在一定的游戏中，幼儿接受起来会更加容易。

（二）语言教学法

语言教学法也是一种较为基本的教学方法，幼儿学习的知识主要是通过教师进行讲解。这时，教师的角色就尤为重要，要尽量选取一些适合幼儿的知识完成知识传授。

（三）直观教学法

直观教学法包括对事物的直面印象观察、影像图片、语言描述。在幼儿园具体的动作教学中，为了尽可能地激发幼儿的注意力，幼儿教师通过展示影像图片资料的方法更加直观地把知识呈现在幼儿的课堂上。

（四）练习教学法

幼儿体育教学的一个最重要目的就是帮助幼儿发展运动能力，练习教学法便是实现这一目标的基本方法。首先幼儿教师先完成动作的示范并进行一定的讲解，之后幼儿根据教师讲解练习，在练习过程中，一遍遍加深记忆，达到熟练掌握的地步。这种教学方法将幼儿作为整个教学活动的主体，有利于激发幼儿的学习兴趣，增强其内心成就感。

（五）情境教学法

在情境教学法中，教师根据动作练习内容，将幼儿置身于一种具体的情境之中从而完成教学。幼儿接受新事物的能力与水平是有限的，设置特定的情境更容易让学生置身其中，更好地接受相应的知识。

二、幼儿动作练习方法的分类

对练习方法进行分类可以帮助人们更好地认识动作练习方法，了解动作练习方法的特点。根据幼儿期动作发展的特征和构成要素，从以下四个维度对练习方法进行分类。

（一）根据练习动作类型分类

分为走的练习方法、跑的练习方法、跳的练习方法、攀爬的练习方法、钻的练习方法、平衡的练习方法等。

（二）根据运动负荷大小分类

分为小负荷练习法、中等负荷练习法、大负荷练习法等。

（三）根据动作练习内容分类

分为力量练习法、速度练习法、耐力练习法、平衡练习法、柔韧练习法以及灵敏协调练习法等。

（四）根据具体操作手段分类

分为重复练习法、间歇练习法、变换练习法、循环练习法、完整练习法、比赛练习法、持续练习法、分解练习法等。

第二节　幼儿功能性动作教学的语言表达

幼儿功能性动作教学中，语言表达成为影响幼儿较好地学习动作方法的一个重要因素。幼儿功能性动作教学的语言表达主要分为以下几类。

一、以语言为主的幼儿功能性动作教学

以语言为主的幼儿功能性动作教学方法主要是讲解法。讲解法是指教师以口头语言对教育内容进行准确和生动的解释，使幼儿正确地理解所学动作。在运用讲解法时

应注意以下几点。

（一）讲解的内容要准确形象，符合幼儿接受能力

讲解的内容必须正确可靠，这是保证讲解质量的首要条件；其次需要教师将抽象的动作讲得浅显易懂，语言要生动形象、有感染力和鼓动性，讲话时可借助表情或姿势，语音的高低强弱、语速和间隔都应与幼儿的心理节奏相适应。例如，教师运用幼儿可理解的语言，把抽象的动作要领变为幼儿能感受到的直接的动作，使其获得一种肌肉感觉。“兔子起跳时很有力，落地是轻轻的”，这样就把跳跃时落地的动作要领用幼儿能理解的语言进行了形象的描述。

（二）讲解要简明扼要、重点突出

由于幼儿注意力集中时间短，在练习过程中，教师需用最简洁的语言达到最好的讲解效果，这就要求教师把握动作学习的难点、重点，确定讲什么，并把它概括成精练的语言，使句句讲在点子上，而不能讲得过多、过细。语言有将幼儿已有经验与新知衔接、贯通，并帮助幼儿认识升华、动作经验提升的作用，使幼儿更深刻地理解事物。例如，教师用语言描述与幼儿生活经验相似情景、角色的动作时，能激起幼儿已有的运动经验，把没有体验过的“动作”变为幼儿体验过、感知过的动作。

（三）讲解要注意时机和效果

当幼儿在做练习时，特别是在情绪高涨时进行游戏或注意力分散、东张西望时，教师只做简短的提示，一般不做讲解；在幼儿注意力集中、情绪稳定或有疑惑时进行讲解，才能收到较好的效果。

二、伴有语言的幼儿功能性动作教学

根据学前幼儿的年龄特点，单凭语言讲解很难保持他们长久的学习兴趣和注意力，学习效果也难以保证。大多数情况下，教师要通过实际的操作促进幼儿学习，在操作过程中又要伴随语言的讲解。教师根据教学要求和实际需要，本着让幼儿学会操作、主动操作，并能在操作中获得认知、表达学习效果、实现操作性转移的思想，设置操作模式，以适应幼儿不同的操作方式，并与幼儿积极互动。

（一）示范性操作

示范性操作指幼儿动手操作前，教师为使其掌握操作的基本程序而进行的示范操作。由于幼儿语言的认知和理解水平较低，很难按照教师语言信息进行操作，此时就要求教师进行操作示范，使幼儿清晰地观察操作的全过程，操作示范作时须注意位置和方向，并与讲解相结合。

（二）引导性操作

引导性操作指教师以游戏等形式引导幼儿进行操作，并说出结果的操作方法。由于幼儿认知水平低、思维反应速度慢，其操作的水平和结果往往不佳。这种操作法要求幼儿在教师的启发引导下，仔细倾听要求，迅速作出判断，手脑并用。这种方式能有效地训练幼儿思维的灵敏度，提高他们分析、判断的能力。如在探究学习之初，幼儿对于将要获得的动作形式无法预知，而且没有具体图示，教师可通过模仿学习的方式，让幼儿通过视觉或听觉感受到一系列的图像，模仿图像学习。具体来讲，可以先通过同伴玩跳绳、攀爬、悬吊、翻转等动作吸引幼儿的注意力，激发其参与兴趣，进而促使他模仿同伴动作。

（三）探索性操作

探索性操作是指教师创设问题情境或疑点，让幼儿进行思考、操作、尝试，从而达到自我发现、自我肯定的一种操作方法。好奇是幼儿的天性，教师要利用这一特点创设宽松的氛围，让幼儿自行操作玩具，自主探究问题，从而构建知识经验。教师则仔细观察幼儿的探究情况，予以适时的点拨和鼓励，使幼儿的探究不至于偏离目标或遇到困难而停滞不前。

动作学习初期，教师不直接示范新动作，通过环境和问题引发幼儿的自主探索。幼儿对于将要出现的动作没有具体的概念与表象。比如“炸弹专家”活动，教师设置战争场景激发幼儿的好奇心。活动中教师没有教任何投掷动作，仅根据幼儿不同水平设计了 3 条高低不同的封锁线，提出炸弹专家就是把炸弹（沙包）扔过封锁线，击中敌人的坦克目标，引发幼儿主动、自主地探索。在25分钟内幼儿经历了投掷失败（最高封锁线）—积累一定的投掷认知与动作经验（最低封锁线）—意识到投掷需要一定高度，出现双脚向上跳投掷动作（中间封锁线）—意识到投掷需要一定的力量，出现投掷手臂后引伸展的投掷动作（重新挑战最高封锁线）等过程。活动中，幼儿的行为没有受到教师或其他人的控制与主导，能以自己的想法、意愿和能力自主选择、支配和调节学习活动。幼儿之间的差异得到尊重，心理上较为自由与安全。虽然花时较长，但是幼儿对动作的认知却是其他学习方式带不来的。针对教师的问题和对材料的好奇，幼儿在充足的时间里不断地思考、操作、再思考、再操作，如此循环往复，最后获得动作。

（四）合作性操作

合作性操作是指幼儿动手操作过程中，互相启发、互相促进、互相合作，以获得知识技能的方法。

（五）拓展性操作

拓展性操作指利用幼儿已掌握的知识经验，通过多种方式再现出来，达到巩固、迁移、转换知识经验的目的。

三、肢体语言的幼儿功能性动作教学

幼儿教师的肢体语言策略是不以语言为载体传达信息的策略，主要包括体态语言策略和表情言语策略两类，两种策略经常交织在一起使用。体态语言具有表情具体、意义鲜明、形象感强、动作幅度大的特点，恰当地运用体态语，会使讲话更具有吸引力与美感。幼儿园教育活动中非语言指导可以弥补语言指导的不足，强化幼儿对动作的记忆和认知，促进教学目标的实现。

（一）肢体语言指导的策略

1. 亲情式策略

此策略的基本特征是教师面带微笑，伴有与幼儿拥抱、抚摸、拉拉手、摸摸头、拍拍背、整理一下衣服等动作。这种策略会给幼儿强大的亲情感，在这个过程中，幼儿如同和父母在一起，有安全感，心理安宁。因此，在这个由教师与幼儿营建的亲密区内，师幼尽情互动，教师更进一步了解幼儿，幼儿也更大胆地进行探索，获得发展。

2. 平等式策略

此策略的基本特征是教师与幼儿交流时弯腰、低头、下蹲、上身前倾，眼睛注视幼儿并微笑。教师与幼儿之间的交往互动俨然成了同伴与同伴之间的交往，这能使幼儿在师幼交往的过程中更敞开心扉、自然不拘谨，而且比亲情式策略营造的交往更自立。

3. 回应式策略

此策略的基本特征是一般由幼儿主动发起非语言互动，教师再做出适当的体态或表情等非语言回应，如眼神、点头、微笑等，此策略简单、便捷、量多且有效，使教师与幼儿在交流的刹那达到心灵的会意与沟通。

4. 示意式策略

此策略的基本特征是教师在与幼儿达成默契的情况下，使用师幼间无需解释、习惯使用的肢体语言手段，如手势示意做蹲下、站起、抬高、降低等肢体动作，从而达到信息交流的目的。

5. 鼓励式策略

此策略的基本特征是当幼儿取得某方面进步时，教师及时地对幼儿做翘大拇指、点头、拍手等。这种策略能使幼儿产生成就感，提高自信心。

（二）肢体语言指导的具体方法

1. 手势语

手势语是指教师根据教学内容需要，用手或胳膊的动作传情达意的体态语言，是幼儿园教学中运用最普遍、最典型的体态语。教师的手势语可以使动作更形象，富有表现力。一般来说，幼儿园教学手势语在突出教学重点或难点、表达关键意图时使用，基本要求为自然得体、恰当准确、目的明确、手势幅度适中。在实际教学中，按照手势语的作用，手势语一般分为以下几种。

（1）指示手语。指示手语指教学中用于组织、指导幼儿学习的手语，一般用于维持教学纪律，引起幼儿注意。指示手语在幼儿教学中十分必要，幼儿年龄小，控制力差，对许多行为规范尚不了解，如果只凭教师的语言描述，是很难在短时间内让幼儿记住的。这就需要教师使用一些恰当的、固定的指示手语作为辅助。手势语可以给幼儿视觉刺激，调节听觉的疲劳，幼儿会感觉新奇、兴奋。如手心向上轻轻抬起表示站起、手心向下表示坐下、双手掌心同时向前摆动表示向前移动、双手掌心同时向后摆动表示向后退步等。使用指示手语要干净利落、节奏明快，与一般指示手语交叉使用效果更好。

（2）情感手语。情感手语是指在教学过程中，教师根据教学情境和氛围的需要，用以表达情感的手势语言。情感手语能强化教师表达的思想情感，进一步加强师幼交流，营造积极、愉快、和谐的课堂氛围。如双手握拳、单手握拳姿势表示坚定信心；手张开左右摆动表示不同意或无信心；翘起大拇指表示称赞、表扬。不同的手语表示教师内心不同的情感。情感手语是根据教学的实际需要而运用的，事前没有设计。因此，情感手语具有及时、适度的特点。

（3）形象手语。形象手语指教师根据教学目的、内容的需要而运用的直观形象的手势语言。形象手语一般在讲解重点或突破难点时为实现教学目标服务。使用符合幼儿年龄特征的形象手语是幼儿教学的有效手段。如在做爬行动作训练时，为了提高幼儿的练习兴趣，可以通过形象手语模仿出各种动物爬行的姿势，从而达到有效练习的目的。

2. 目光语言

目光语言指通过眼神的变化传递教学信息的教学体态语言。幼儿年龄虽小，但会根据教师的眼神来判断教师对自己的喜欢程度。因此，在教学中运用目光语言可以沟通师生感情、维持良好课堂氛围，教师赞赏、鼓励、信任的目光给幼儿以信心；批评、否定的目光给幼儿以警告、提示；同时，幼儿的眼神也会给教师教学反馈。

（1） 环视。环视指教师目光覆盖全班幼儿，表明教师对全班幼儿的关心和尊重，同时又是控制课堂秩序、提醒幼儿认真练习的一种艺术。

（2） 注视。注视指教师根据教学需要把目光投注到个别幼儿身上。运用注视能细致地观察个别幼儿的心理变化，及时了解幼儿对所练动作的掌握程度，能制止个别幼儿的烦躁。注视还能因材施教，如给胆小的幼儿以鼓励的目光，让他大胆练习；给予做错的幼儿以提示的目光。

3. 面部表情语言

面部表情语言指教师通过脸部和嘴部肌肉的运动传达或辅助传达教学内容及相关信息的体态语言。面部表情语言可以表达丰富的情感，即使微小的变化都富有深深的寓意，如嘴唇全闭表示宁静端庄，半开表示惊讶疑问，全开表示惊愕等。在教学过程中，要做到面部表情丰富、适度、自然，变化不宜过快，切记无表情。避免让幼儿产生拒绝感、疏远感，从而不利于教学。

4. 距离语言

距离语言指教师与幼儿相互交往中，教师借助所处的角度和空间位置及其变化与幼儿传递信息、交流感情的一种无声语言，是体态语言的重要组成部分。教师在教学过程中，科学合理地运用距离语言能有效地提高教学秩序和教学质量，因此，教师在备课时，要按照教学需要设计幼儿和教师的空间位置。如可以根据动作练习要求，设计两个或多个横队或纵队，便于幼儿进行各种基本动作的训练。

第三节　幼儿功能性动作教学与练习方法

幼儿功能性动作的教学与练习方法设计应以幼儿动作模式为基础，遵循人类动作发展规律。

一、幼儿功能性动作模式内容

幼儿功能性动作模式内容主要强调的是幼儿不同结构所具备的功能[1]。人体不同关节对应不同的功能，根据关节运动轴参与的数量，可分为“三轴关节”：肩关节与髋关节（具备外展与内收、内旋与外旋、屈曲与伸展功能）；“双轴关节”：腕关节、踝关节等（具备屈曲与伸展、内旋与外旋功能）；“单轴关节”：膝关节和肘关节等（只具备围绕单个运动轴的功能）。

二、幼儿需掌握的动作模式

根据人类动作发展理论，幼儿需要掌握如下八类动作模式（详细内容见第四章第二节）：

“推撑”指的是上肢或下肢在矢状面、冠状面、水平面内完成“推”或“撑”动作，使四肢末端远离身体近端的动作。

“提拉”指的是上肢在矢状面、水平面、冠状面内完成“提”或“拉”动作，使

[1] 周喆啸. 3~6 岁幼儿身体功能性动作体系的构建与实证研究［D］. 石家庄：河北师范大学，2017，6：68.

上肢靠近身体近端的动作。

"旋转"指躯干围绕矢状轴或垂直轴的转动动作。

"翻滚"指身体呈蜷缩或蚌式姿态，在三个平面完成的翻滚动作模式。

"弯身"指躯干上部围绕冠状轴或矢状轴，上体靠近大腿前侧或外侧的动作模式。

"爬行"指四肢撑地状态下以对侧肢体或同侧肢体同时行进的动作模式。

"下蹲"指下肢通过屈曲髋部与膝部，使身体中心靠近下肢远端的动作模式。

"摆动"指上肢或下肢围绕冠状轴的前后摆动。

三、幼儿功能性动作教学组织设计与实例

针对幼儿功能性动作教学活动，应当按照教学、引导、强化、再教学、再观察的顺序进行教学方法的设置，以幼儿基本运动能力的发展为教学内容与目标，将基础放在幼儿对动作认知与身体运动能力的提升上，适当地以幼儿的身心特点为依据增强练习的娱乐性、渐进性、安全性、有效性、多样性。在具体的实施过程中还需要对教师与幼儿的参与比例进行一定的思考，按照小组划分的形式对幼儿实施教学，使学习与练习得到有效的保障。此外，还需要对场地器材设施等的数量与大小进行思考，分组进行体验，以此提升器材的使用率。

（一）引导部分，对幼儿的主动体验进行诱导

教师需要依据教学内容对游戏的编排及规则进行讲解与示范，激发幼儿参与游戏的兴趣。在进行游戏时，教师仅仅需要考虑活动范围及游戏规则的强调，不需要对教学的内容进行充分讲解，以使幼儿能在主动进行游戏的过程中体验教学的内容。

（二）主导部分，对幼儿进行直接教学

教师应当对讲解和示范的内容以及教师参与的程度进行思考。首先针对动作模式认知、身体基本结构和功能，如不同关节的解剖功能，教师在要求幼儿进行反复练习的同时，需辅以口头上的评估，如肩关节与髋关节的外展与内收、内旋与外旋、屈曲与伸展等。

（三）强化部分，对教学内容加以明确

在这个部分，教师应当对教学内容进行重新讲解，确定用怎样的形式实施教学。

教师应当对幼儿提出较高的要求，还需要重视标准与细节内容，因为此过程之前幼儿已经进行了主动的体验，并且基本对教学内容有了认识，逐渐对明确的内容与标准产生了内化反应。如利用多种活动发展身体平衡和协调能力，在走平衡木或沿着地面直线行走练习时，不仅要强调走的正确动作模式，还要提醒幼儿注意体验直线走过程中平衡和协调能力的重要性。

（四）观察部分，教师对个别幼儿进行指导

在幼儿进行已知游戏时，幼儿已经有了一定的体验，对规则也较为熟悉，较少出现违规现象。由于教师对游戏内容及规则的再次强调，幼儿可以在游戏的过程中达到教师的要求，能够实现设定的目标。因此，教师应把主要的精力放在需要重点关注的幼儿身上，如新加入幼儿、活跃幼儿等。

（五）教师同幼儿进行角色定位

教师需要拉近自己同幼儿之间的距离，可以采用蹲位方式讲课，或者变换称呼。教师应当在体验过程中用引导者的方式对其实施指导，并以一个旁观者的姿态观察幼儿的体验，观察个别幼儿的特点，同时进行记录。

（六）案例

案例1：蓝马鸡运蛋[2]

适龄目标：小班。

设计思想：以宁夏的吉祥物之一“蓝马鸡”做引子，结合小班幼儿非常喜欢游戏的特点，设计了具有民族特色的体育锻炼活动。

活动目标：

1. 练习双脚并拢、两腿间夹物向前跳的能力。

2. 懂得遵守游戏规则，感受游戏乐趣。

活动准备：沙包、蓝马鸡头饰每人一份。

活动过程：

1. 准备活动（以韵律操引入活动）。教师让幼儿围成一个圆圈，教师扮演蓝马鸡妈妈，幼儿扮演蓝马鸡宝宝。教师头戴蓝马鸡妈妈的头饰，幼儿头戴蓝马鸡宝宝的头饰，每个幼儿脚底下放一个沙包。

[2] 马娥，闫悦. 幼儿园教育活动设计与实践［M］. 西安：陕西师范大学出版总社有限公司，2012，8：92-94.

教师导语：我的鸡宝宝们一天天长大了，妈妈想让我的小鸡们帮妈妈干些活，你们愿不愿意呀？帮妈妈干的这些活有些辛苦，要走很长一段路，在帮妈妈干活之前先和妈妈一起锻炼一下身体，让我们的身体变得更强壮，好吗？

2. 游戏（蓝马鸡运蛋）：

（1）教师导语：今天鸡宝宝们帮妈妈干的活是运蛋。刚才妈妈和小鸡们一起锻炼了身体，现在要和妈妈一起学习本领，每个幼儿用大腿内侧夹住一个沙包，在场地中站好。

（2）教师示范，鼓励幼儿参加练习。教师与幼儿一起夹沙包一步一步向前行进跳，练习2～3分钟。

（3）引导幼儿掌握动作要领：宝宝们的本领已经练好了，现在我们要出发了。在路上可能会遇到一些危险，遇到危险时宝宝们别怕，有妈妈在，我们一定会战胜困难的。（当教师发出“狐狸来了”的叫喊声时，鸡宝宝们要立刻蹲下，并用双手捂住蛋，不能发出任何响声，否则就会被狐狸抓走。幼儿要对此动作要领重点练习。）

（4）游戏开始。集体朗诵儿歌：“蓝马鸡，真能干，要把宝宝往家搬，一二三四向前跳，蛋宝宝回家蓝马鸡笑。”幼儿夹着沙包向前跳，当教师发出“狐狸来了”的叫喊声时（一名教师扮演狐狸），鸡宝宝们要立刻蹲下，并用双手捂住蛋，不能发出任何响声。狐狸四处寻找蓝马鸡，没有捂住蛋的幼儿就算输了，暂时退出游戏。当狐狸走了时，蓝马鸡继续将蛋运回家。整个游戏过程中狐狸可以随机出现2～3次。

（5）游戏规则：儿歌朗诵完后才开始跳，在运蛋的过程中，如果幼儿蛋掉了就要退出游戏，退出游戏的蓝马鸡要到第二轮游戏开始时才能重新加入游戏。

3. 结束活动。

案例2：火眼金睛[3]

适龄目标：中班。

设计思想：让幼儿通过准确投掷练习，体验自主游戏的快乐。

活动目标：看得清，投得准。

活动准备：软沙包若干、妖怪画像若干、各种废纸筐若干、长绳若干。

活动过程：

1. 自由投掷（练习投掷的方法）：

（1）让幼儿自由玩沙包，比比谁的沙包投得远。

[3] 俞春晓. 幼儿园集体教学活动设计方法与实例［M］. 北京：中国轻工业出版社，2012，2：126.

（2）让幼儿交流投沙包的经验和心得。

（3）鼓励幼儿再次尝试，体验用正确的动作让沙包投得更远。

2. 投准（练习投准固定目标）：

（1）让幼儿扮演孙悟空打妖怪（把沙包投向各墙面上的妖怪），要求幼儿打得准。

（2）在距离妖怪2米处拉上绳子，表示妖怪喷火了，不能靠近，要求幼儿远距离投准。

3. 投移动靶（尝试投准移动目标）：

（1）将妖怪装入废纸篓背在各个小朋友身后，然后互相追逐投准。

（2）反复游戏若干次。

4. 活动结束：

（1）放音乐，让幼儿做放松动作。

（2）要求幼儿收拾好用过的物品。

案例3：花样玩梯子[4]

适龄目标：大班。

设计思想：让幼儿通过玩梯子，大胆地探索梯子的各种玩法，从而使幼儿体验自主游戏的快乐。

活动目标：

1. 大胆探索梯子的玩法，激发幼儿的创新精神，促进他们基本动作（走、跳、钻、爬等）的掌握和动作协调性的发展。

2. 能根据自己的动作发展和能力进行自我调节，体验自主游戏的快乐；提高合作能力，培养竞争意识和勇敢精神。

活动准备：录音机、背景音乐、梯子、轮胎、垫子、拱形门、砖块、凳子等。

活动过程：

1. 准备活动：

幼儿在老师的带领下，抬着梯子走步进场，并站成六路纵队。

队列队形练习：六路纵队—大圆—六路开花—大圆—六个小圆—大圆—六路纵队。

做韵律操：头部运动、肩部运动、膝关节和髋关节运动和踝关节运动。

分小组自由玩梯子：将幼儿分成两个小组，鼓励他们探索梯子的玩法。

教师观察谁玩梯子的方法最多，谁最会玩。

[4] 马娥，闫悦. 幼儿园教育活动设计与实践［M］. 西安：陕西师范大学出版总社有限公司，2012，8：94-96.

2. 集中练习：

将幼儿分成两个小组，教师引导：老师变了个小魔术，把梯子变成了小桥（山坡、大桥、高山），试试看，你有什么好办法过桥（爬坡、上山）？

第一种——过小桥：将梯子平放在地上，两头分别用一个轮胎抬高，鼓励幼儿用各种方法通过，如走、跳、爬、倒退走等。

第二种——爬山坡：将梯子的一头用两个轮胎垫高，鼓励幼儿用各种方法通过。

第三种——过大桥：将梯子的两头分别用两个轮胎抬高，幼儿可以在梯子上完成动作，也可以在梯子下面完成动作，如匍匐钻爬、仰面蠕动等。

第四种——上高山：将梯子的一头用4～5个轮胎抬高，鼓励幼儿想办法完成练习，并能从轮胎上跳下，屈膝缓冲，轻轻落地。

3. 指导重点：

（1）第一种和第二种为基本练习，要求幼儿独立完成。鼓励幼儿通过正确的走、跳、爬等方法，掌握梯子的各种玩法，为后面游戏做铺垫。第三种和第四种练习难度较大，可以先给幼儿做示范，并讲解游戏的玩法和注意事项。在游戏过程中，教师可用“你需要老师的帮助吗”等语言进行提示和帮助。

（2）幼儿根据自己的能力选择练习的难度。

（3）可用挑战性语言引导，培养幼儿的自信心和勇敢精神，如“你愿意试试上更高的山吗？”“你一定能行！”

4. 竞赛游戏：防汛演练。

（1）教师引导：有个地方发大水了，需要小朋友帮忙送防汛砖块。

（2）教师示范：第一名幼儿钻过“山洞”，翻过“高山”，爬过“草地”，取“防汛砖块”，放入指定的位置，依此类推。

（3）游戏规则：① 幼儿分成两组比赛，以组内最后一名幼儿先回到出发地为胜。② 要按规定的路线走，方法可以自由选择，如过“草地”时可以爬，可以滚。③ 第一名幼儿翻过高山时，第二名幼儿才能出发。

（4）游戏指导：

通过游戏让幼儿提高合作能力，培养竞争意识和勇敢精神。在游戏过程中，引导幼儿真正地进入角色，按规定的路线，有意识地设置高低错落的“山洞”“高山”“草地”。对能力特别强的幼儿，在爬“高山”时，可以在梯子的一端增加轮胎高度，设置新障碍，增加活动难度；对能力较弱的幼儿，教师要及时给予鼓励和帮助，并采取保护措施，让幼儿积极地参与活动，从而让幼儿的能力通过锻炼得到提高。

5. 结束部分：

（1）整理放松运动。

（2）幼儿整理器材。

案例4：我是小小运输员[5]

适龄目标：大班。

设计思想：通过设计幼儿参加救灾活动，让幼儿在体育游戏中发展智力、增强技能，初步懂得“团结力量大”的道理。

活动目标：

1. 发展幼儿的平衡能力和手眼协调能力。

2. 激发幼儿的爱心，培养幼儿乐于助人的良好行为习惯。

3. 培养幼儿团结合作意识。

活动准备：

1. 道具准备：自制汽车方向盘3～6个、平衡木、物资（生活用品）若干，物质筐（纸箱）2个、大水桶6个、水勺3个、小水桶若干（每名幼儿2个）。

2. 活动场地设计：示例1组。

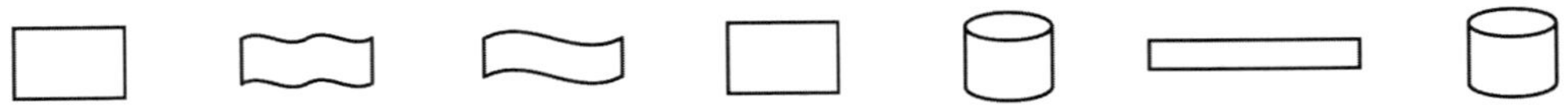

3. 道具按要求分三组摆放。

活动过程：

1. 律动：学做军人。

2. 技能联系：

（1）导入活动，教师：“你们想不想当司机？”和幼儿一起在弯曲小路上自由开车，并注意观察幼儿的开车动作以及幼儿在开车过程中的注意力、反应情况等。

（2）讨论：① 你是怎样开车过小路的？（系好安全带、眼睛要看前方等）② 你觉得谁的方法好？为什么？（★★的方法好，因为他的方向盘掌握得好、开得慢等）③ 开车时最需要注意哪些地方？在弯曲的小路上开车应注意什么？（要慢点开，车和车之间不能碰撞、不能挤，防止路面有坑等）

（3）与幼儿总结怎样开车既快又稳。使孩子明白车在行驶中，司机和乘客的眼睛要始终看着前方，尤其在拐弯处要注意身体和手保持平衡，车和车之间要保持距离。

（4）幼儿再次探索开车要领，教师巡回指导。

3. 激发感情：

教师：这几天，我听新闻报道有些地区发生了自然灾害，好多人没有吃的、穿的，太可怜了！我们能帮他们做些什么事情呢？（引导幼儿说出干旱、地震地区急需生活用品，我们可以为灾区捐赠生活物资，大家一起帮他们克服困难。）

[5] 马娥，闫悦. 幼儿园教育活动设计与实践［M］. 西安：陕西师范大学出版总社有限公司，2012，8：92-94.

教师：小朋友都很有爱心，我们幼儿园小朋友已为灾区捐赠了这么多生活物品，我们怎样才能将这些物品送到灾区人们手中呢？（幼儿自由发表意见，坐飞机送、开车运输等。）

教师：好，今天我们就当一回小小运输员，把这些物资运到灾区，看谁运得又快又好。（将全班幼儿分成三队，请幼儿观察场地，思考本次运输的主要任务是什么？怎样运输？）

4. 游戏规则：

每队推选一名队长（负责组织），每队三辆车组成运输队，游戏时先通过一段弯曲的小路，停好车，走过由砖头铺好的小河，将物资运送到对面物资筐里，再从水库把水盛到小水桶里（每组选一名盛水员）走过独木桥（平衡木），将水运到灾区水库。最快的运送者为胜利队。

5. 角色分配：

（1）讨论谁当司机，谁当运输员，每名运输员拿哪些物质，怎样排队。

（2）讨论怎样才能最快、最安全地将物资运送到目的地。

6. 组织游戏。

7. 讨论运输情况，总结获胜方成功经验，再次组织游戏。

（1）讨论：运输游戏中，第一名获胜的法宝是什么？（队长组织得好，分工好，大家共同努力，不推、不挤，有秩序等。）

（2）总结注意事项：运输前，队长要做好分工，队员要明白自己的任务；运输中要有秩序，遇到问题大家商量解决，齐心协力完成任务。

（3）再次组织游戏。

8. 结束游戏。

第八章　幼儿功能性动作教学案例

本章以经典教学案例为切入点，将之前几个章节介绍的幼儿身体发育特点、动作规律等与身体功能性动作融合，为不同年龄段幼儿设计教学计划。

第一节　小班幼儿功能性动作教学案例

一、小班幼儿功能性动作教案示例

（一）动作准备环节

1．“开火车游戏”

内容：说明游戏的规则，幼儿按照教师的指令进行：“火车火车快快开，火车火车慢慢开，火车火车停，火车火车蹲，火车火车蹦蹦跳跳过山路”。

组织与教法：三队孩子搭肩变一队进行游戏。老师面向幼儿领跑，发出指令。

时间：5分钟。

注：当小班幼儿通过几次课对此游戏已经熟悉时，教师可以变化“增加一个火车变两个，变三个，变一个，火车火车独轮跳，火车火车向左开，向右开，向后开”。

2. 动态拉伸

内容：“相扑式拉伸”。

组织与教法：教师选择合适的站位进行示范，并讲清楚完成动作的环节；幼儿在教师指挥下，排列成两列纵队；两队各出一名幼儿，同时行进并完成动作；待前面一名幼儿前进2米后，后面小朋友开始练习。

时间：2分钟。

3. 神经激活

内容：“开合跳”。

组织与教法：幼儿站成前后两排，前后左右一臂距离；教师先示范“开合跳”动作。然后安排幼儿跟着教师口令进行练习。2个八拍×2组。

时间：2分钟。

注：上面练习完，休息1～2分钟（进行有节奏的呼气和吸气，以缓解幼儿过快的心率，为主体练习做准备）。

（二）主体练习环节

1. 功能性动作模式练习

内容：上肢练习，肩关节外展与内收、屈曲与伸展、旋内与旋外练习。下肢练习，膝关节屈曲与内收练习，踝关节屈伸与旋转练习。

组织与教法：所有小朋友手拉手围成一个圆圈，教师为圆心；幼儿跟着教师动作一起进行练习，为保证完成动作的质量可以降低练习速度。

时间：3分钟。

2. 功能性平衡稳定模块练习

内容：“金鸡独立”动作。

“金鸡独立”进阶动作（闭双眼单脚站立）：教师讲解并示范动作要求，“单脚站立、双手侧平举”；每个动作坚持10秒，左右各2次。

时间：5分钟。

3. 循环练习游戏

内容：通过指定器械，依次完成“双脚蹦跳”和“穿越障碍变向跑”。

组织与教法：所有幼儿分成两队，每队的第一个小朋友分别站在两块器材区前面。听到教师口令，两个小朋友出发，依次完成双脚跳跃灵敏圈、行进间穿越标志碟，然后回到起点与下一位小朋友击掌后，下一位小朋友出发。首先全部完成的那一队胜利（图8–1）。

时间：7分钟。

器材：灵敏圈10个，标志桶4个，标志碟8个。

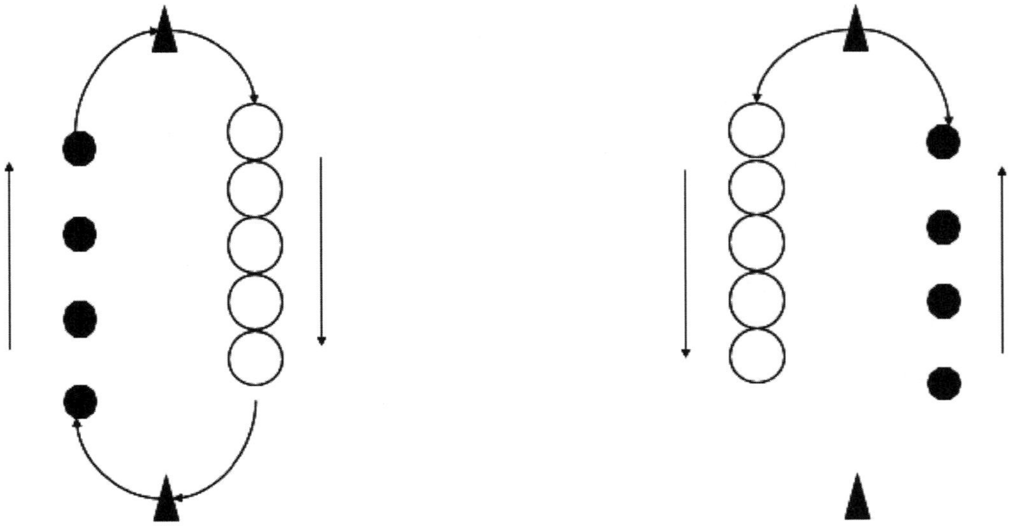

图8–1　循环练习的完成流程

（三）再生与恢复环节

内容：静态拉伸（夹肘拉伸、颈后叠臂拉肘、俯卧叠踝拉伸）。

组织与教法：教师讲解动作要领，并示范动作；幼儿模仿教师动作，跟着教师的拍子一起完成动作，每次坚持10～15秒，左右各一次；幼儿分成前后两排站立。

时间：5分钟。

（四）课后总结

教师通过语言引导，带着孩子一起回顾本次身体功能性动作练习课的主要板块和相应内容，并布置课下作业，回家和父母一起练习本次上课的内容。

二、小班幼儿功能性动作练习教案示例说明

（一）教学目标

熟悉功能性动作练习课的内容与环节，促进运动习惯的养成；学习功能性动作练习第一层次内容“基本动作”中肩关节、膝关节和踝关节的练习；尽量掌握两种平衡稳定能力练习的方法。

（二）课型与课时

本次是幼儿功能性动作练习课的第二次课，是对第一次课内容的复习和巩固。

（三）教学过程

由“动作准备”“主体练习”和“再生恢复”三个板块构成，每个板块下又由不同子内容构成。教师在组织教学时，应按照教案中的内容依次进行。

（四）教学重点与难点

教学重点：使小班幼儿了解肩关节、膝关节和踝关节对应的功能，并能够独立完成练习。

教学难点：由于小班幼儿年龄较小、认知能力较差，教师进行教学时需要对语言的组织进行变换。

（五）教学方法

小班幼儿性格内向、羞涩，理解能力较大班幼儿差，所以教师应采用热情、温暖的语言，鼓励孩子配合教师完成教学。同时，采用比喻的手法，将动作名称进行替换，使孩子通过想象牢记课堂所教授的练习名称。

（六）教学反思

在练习课的尾声，教师引导孩子将这堂课学习的内容以口头陈述的方式复习一遍，从而减慢遗忘的速度。

第二节　中班幼儿功能性动作教学案例

一、中班幼儿功能性动作教案示例

（一）动作准备环节

1. “抢车位”游戏

组织与教法：所有小朋友手拉手围成一个大圈，手放下。有一个小朋友在圈外作为第一辆车，每个小朋友在圆圈的位置代表一个车位，圆圈外的小朋友在绕圆圈跑过程中任意拍一个小朋友，被拍到的小朋友及两边的小朋友与第一个小朋友一起沿圈外跑至少一圈，即四个人抢三个车位，没有抢到车位的小朋友继续跑。

时间：5分钟。

2. 动态拉伸

内容：“小虫爬”。

组织与教法：教师示范动作，强调正确的动作模式，提示幼儿手部先移动、脚步后跟上；以两列纵队的形式依次前进。

时间：3分钟。

3. 神经激活

内容：手足跳。

组织与教法：教师明确完成动作的准备姿势和结束姿势，提示幼儿跟着教师的口令一起完成。口令分为1和2，1为预备姿势，2为起跳落地。幼儿前后两排站立，前后左右一臂距离。

时间：2分钟

注：上面练习完，休息1～2分钟（进行有节奏的呼气和吸气，以缓解幼儿过快的心率，为主体练习做准备）。

（二）主体练习环节

1. 动作模式学习

内容：“下肢左右推撑”动作模式。

组织与教法：①教师讲解并示范动作要领。“双手放腰间，两脚分开略比肩宽，身体重心先向右侧倾斜，右腿随之弯曲，臀部向后走，当右侧大腿平行地面时，右脚向地面施加压力，推撑起身体使重心回到中立位，然后再向左侧倾斜完成左侧推撑动作模式。②幼儿分前后两队，教师用八拍控制幼儿完成动作的节奏。1个八拍2组加2个八拍1组。

时间：5分钟。

2. 功能性核心脊柱模块练习

内容：“小臀桥”练习。

组织与教法：①讲解动作要领“双手放在体侧，两腿屈膝，两脚脚跟着地，脚尖内收，小屁股顶起来”。当孩子按照教师要求臀部顶到最高点后，坚持10秒（3组）。②幼儿成两队或一队（可以利用垫子），共同完成，可让孩子数时间。

时间：5分钟。

器材：若干个海绵垫。

3. 循环练习

内容：通过指定器械，依次完成“Z型跑”“蛤蟆神功”“大侠起飞”和“少林滑步”动作。

组织与教法：如图8-2所示，所有幼儿分成两队，每队的第一个小朋友分别站在两块器材区前面。听教师口令，两个小朋友出发，依次完成图上指示的动作，然后回到起点与下一位小朋友击掌后，下一位小朋友出发。首先全部完成的队为胜。

时间：10分钟。

器材：标志桶4个，标志碟18个（14红、4黄）。

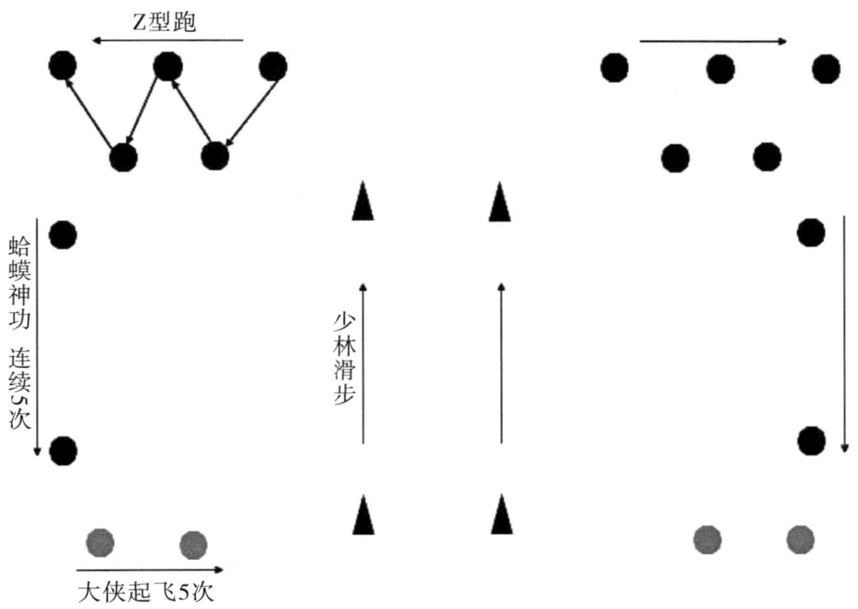

图8-2　循环练习的完成流程

（三）再生与恢复环节

内容：静态拉伸（小超人、坐姿侧倒）。

组织与教法：讲解动作要领，并示范动作。然后，幼儿模仿教师动作，跟着教师的拍子一起完成动作，每次坚持10～15秒，左右各一次。幼儿分前后两排站立。

时间：3分钟。

注：要求小朋友主动收拾器材；课的整个执行过程中，要不断给孩子建立情景，使孩子的注意力始终围绕身体功能性动作练习的内容。

（四）课后总结

教师通过语言引导，带着孩子一起回顾本次身体功能性动作练习课的主要板块和相应内容，并布置课下作业，回家和父母一起练习本次上课的内容。

二、中班幼儿功能性动作练习教案示例说明

（一）教学目标

学习功能性动作练习第二层次内容“功能性动作”中“下肢左右推撑动作模式”的练习；掌握核心脊柱练习板块中“小臀桥”的练习要领。

（二）课型与课时

本次是幼儿功能性动作练习课的第十五次课，中班孩子通过前几节课的学习已经掌握一定的动作练习数量，具备一定的练习基础。

（三）教学过程

由“动作准备”“主体练习”和“再生恢复”三个板块构成，由于中班幼儿经具备一定的能力和基础，所以每个板块安排的子内容较多，动作设计的复杂度、数量要高于课程前期。教师组织教学内容时，还是按照内容有条不紊地进行。

（四）教学重点与难点

教学重点：使中班幼儿能够较为正确地完成下肢左右分腿的推撑练习，并能够独立完成练习。

教学难点：队形的组织和变化是教师需要着重考虑的点。教师在指导孩子完成动作模式、功能性核心脊柱模块练习及循环练习中，要时刻把握住队形，既要利于教学同时还要有序。

（五）教学方法

中班孩子在理解认知、性格方面要好于小班，教师可建立一个大的教学情景，引导孩子在情境下进行教学活动，逐步完成教学内容。

（六）教学反思

以提问、启发的方式让孩子主动回答练习课中出现的动作名称。以布置作业的方式要求孩子在课下也进行练习和巩固。

第三节　大班幼儿功能性动作的教学案例

一、大班幼儿功能性动作教案示例

（一）动作准备环节

1.“买菜”游戏

组织与教法：幼儿围成一个圆圈，教师站在中心。教师发令，小朋友顺时针（或逆时针）跑动，教师说去市场买菜（白菜、萝卜等），教师问“今天买菜”，孩子回“买的什么菜”，教师问“买的××菜”，孩子回“多少钱一斤”，教师说“××元”。孩子根据教师喊的数字抱成一团。

时间：5分钟。

2. 核心激活练习

内容：“俯卧登山”。

组织与教法：俯卧撑姿势，一条腿屈膝向前移动，当膝盖顶到胸部时收回（另一条腿保持支撑状态），换另外一条腿开始，两条腿交替反复进行；幼儿分成前后两排，两排同时进行，每次做两个八拍，共做3组；前两组练习时，教师与孩子同做，强调幼儿臀部始终平行地面，第三组幼儿独立完成，教师指导纠正。

时间：2分钟。

3. 动态拉伸

内容：“使用头和臀部比划数字或字母”。

组织与教法：教师拿出印有字母或数字的纸张，让孩子们分别用头和臀比划，每个拼音或数字连续写两遍；队形仍然为前后两排。

时间：2分钟。

4. 神经激活

内容：“小碎步”。

组织与教法：幼儿两脚开立与肩同宽，呈半蹲式站立，听到教师口令后，双脚前脚掌依次快速上下踏地，10秒为一组，完成2～3组；幼儿前后两排，间距3米，左右一臂距离。

时间：1分钟。

注：上面练习完，休息1～2分钟（进行有节奏的呼气和吸气，以缓解幼儿过快的心率，为主体练习做准备）。

（二）主体练习环节

1. 功能性动作技能练习

内容：“下肢提拉”动作练习。

组织与教法：①预备姿势，两脚开立略宽于肩，脚尖朝前，背部挺直，腹部收紧；然后快速下蹲，屈髋屈膝，膝盖不超过脚尖，胸部和背部保持平直，当大腿接近平行于地面时制动；然后还原成预备姿势。②口令分为1和2，1为预备姿势，2为开始。

时间：8分钟。

2. 功能性灵敏素质模块练习

内容：“软梯练习”一步一格：向前、两侧、后退，每个方向连续做两次；开合跳：向前、后退，每个方向连续做两次。

组织与教法：将幼儿分成两队，并分别站在软梯前面；在软梯中间的两侧分别放置两个标志盘，当前一个小朋友到达标志盘时，下一个小朋友再开始，做完后的小朋友回到队尾。

时间：10分钟。

3. 基本动作技能练习

内容：“跑动作技能中下肢蹬摆练习”。

组织与教法：①小朋友双脚并拢站立，双手伸直扶墙，距离墙体约一米，身体整体前倾，双臂顶住墙；②提起脚跟，一条腿支撑，另一条腿折叠前摆，膝关节尽量上提靠近腹部，保持躯干正直，连续完成10次；听到换腿的信号后，换另外一条腿开始练习，同时保持躯干正直。

时间：5分钟。

注：在整个蹬摆腿练习过程中保持躯干正直；撑腿蹬直，避免出现支撑腿弯曲以及“屈髋”；摆动腿大腿平行于地面。

4. 循环练习

内容：通过指定器械，依次完成“跳香蕉篮架”“T型跑”“金鸡跳跃”和“高抬腿跑”动作。

组织与教法：如图8-3所示，所有幼儿分成两队，每队的第一个小朋友分别站在两块器材区前面。听到教师口令，两个小朋友出发，依次完成图上的动作，然后回到起点与下一位小朋友击掌后，下一位小朋友出发。首先全部完成的一队为胜。

时间：12分钟。

器材：标志桶8个，标志盘14个（10红、4黄），香蕉篮架8个。

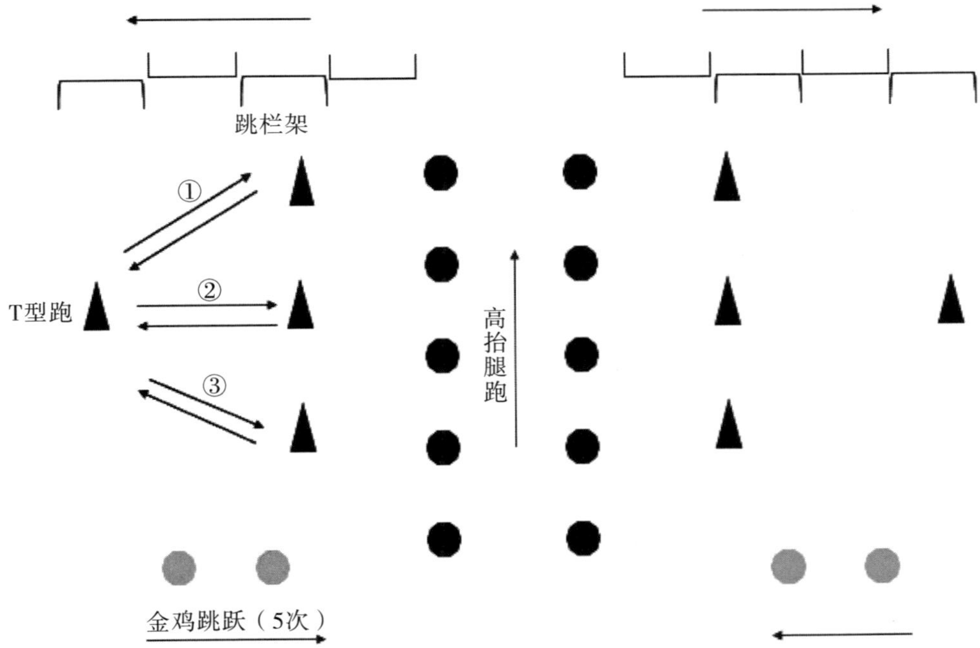

图8-3 循环练习的流程

（三）再生与恢复环节

内容：静态拉伸（仰卧抱腿、今天你好棒、屈伸手腕）。

组织与教法：①教师讲解动作要领，并示范动作。幼儿模仿教师动作，跟着教师的拍子一起完成动作，每次坚持10～15秒，左右各一次；②幼儿分成前后两排站立。

时间：3分钟。

注：要求小朋友主动收拾器材；课的整个执行过程中，要不断给孩子建立情景，使孩子的注意力始终围绕身体功能性动作练习的内容。

（四）课后总结

教师通过语言引导，带着孩子一起回顾本次身体功能性动作练习课的主要板块和相应内容，并布置课下作业，回家和父母一起练习本次课上的内容。

二、大班幼儿功能性动作练习教案示例说明

（一）教学目标

学习功能性动作练习第三层次内容“基本动作技能”中“下肢提拉”的动作练习；掌握功能性灵敏素质模块中“软梯”的一步一格、开合跳练习要领。

（二）课型与课时

本课为复习课，是幼儿功能性动作练习课的第二十次课，孩子在中班已经掌握了“基本动作”“功能性动作”中的内容，具备了一定的练习基础。

（三）教学过程

由“动作准备”“主体练习”和“再生恢复”三个板块构成，大班孩子在身体发育、动作掌握数量及认知等方面都要优于小班和中班孩子，所以安排的练习内容

多、动作较复杂，教师在组织教学过程中，按照内容依次进行。但由于内容较多，练习密度较大，教师应该控制好强度，不要超过孩子身心承受范围。

（四）教学重点与难点

教学重点：使大班幼儿能够较为正确地完成下肢提拉的练习、跑动作技能中下肢蹬摆练习，掌握软梯练习的方法。

教学难点：下肢蹬摆动作是练习的一个难点，教师要先进行分解教学，再逐步过渡到完整教学；绳梯练习时，队形的安排是另外一个难点。因为孩子是在行进、位移的状态下完成绳梯上的练习，若队形组织混乱，会影响教学内容执行或出现损伤事故。所以教师应针对场地的情况合理设计练习队形，保持井然有序的状态。

（五）教学方法

大班孩子性格非常活泼，能够快速理解教师的语言，所以教师在组织执行方面无压力。但是由于个别孩子过于活泼，导致有序的上课氛围被打乱，此时教师要采用区别对待的方法，将个别活泼的孩子与其他孩子分开，进行区别教学。

（六）教学反思

课的末尾，教师不仅要提问孩子上课练习了哪些练习内容，同时，以布置作业的方式要求孩子回到家中组织家长进行教学，实现亲子互动，提高孩子的表达和交流能力，同时也是对课上练习内容的巩固。

第九章　幼儿体姿异常的运动干预

人体结构决定人体功能，功能也可反作用于人体结构。婴儿出生后至成年的生长过程中，人类在生活中接受的每一次外界刺激、生活中的每一个动作都会对人体结构产生影响。由于幼儿骨骼柔软易变型、肌肉弹性大、力量小，不良生活刺激对他们身体结构产生的影响更大，如果不能及时制止、纠正这些不良动作，等幼儿生长为成年人，骨骼完全钙化、变硬，则很难发生可逆性的改变。身体姿势的异常一方面会影响人体的美观，更为严重的是会影响人们的正常生活，这种异常起初会影响身体的某一部位，随着时间的累积，身体其他部位会代偿功能异常部位的功能，使其余部位依次发生结构与功能的异化改变。

第一节　脊柱形态异常的运动干预

脊柱是人体骨骼的中轴，具有承上启下的作用。在人体运动中，脊柱被称为“核心柱”，是将人体全身运动整合在一起的重要纽带。从人体结构上看，上肢通过肩胛骨挂在胸段脊椎上，下肢通过骨盆挂在腰骶段脊椎上，从而构成人体的基本结构。从双肩至双髋较长的一段距离，仅仅依靠脊椎骨支撑人体的重量，而脊椎骨前后左右的平衡与稳定全都依靠周围的肌肉与韧带维持。脊椎骨连同周围的肌肉被称为人体运动的“核心区”，它起到能量传导、维持姿势、环节发力的作用。

一、婴儿期脊柱发育及影响

脊柱复杂的运动功能是从幼儿时期的行为动作中逐渐建立起来的。婴儿出生时，脊柱一般为直的。在以后的生长发育过程中，逐渐出现三个生理弯曲：3个月左右随着婴儿会抬头，出现第一个生理弯曲——颈部脊柱前凸；6个月左右会坐时，出现第二个生理弯曲——胸部脊柱后凸；1岁以后能站立时，出现第三个生理弯曲——腰部脊柱前凸（图9-1）。由此看来，脊柱的发育规律与我们常说的“三翻六坐八爬”与0～1岁的动作发育机制密切相关。

翻身动作在婴儿3～6个月出现，临床调查，婴儿期捆绑、翻身缺失可能导致颈项无力、头大肩窄。坐位动作是6个月以后出现，坐位强化了头直立状态下的颈椎支撑能力和肩臂手支撑能力，促进腰腹、臀髋部的肌肉筋膜牵张控制能力和腰骶椎支撑能力，为爬行动作打好基础。临床调查，臀筋膜挛缩可能与坐位缺失、深蹲缺失有关，会出现无法深蹲、外八字脚。爬行是8个月以后出现的动作。爬行方式分为匍匐（腹部支撑）爬行、手膝爬行、手足爬行三个阶段。临床调查，颈项、胸背、腰腹肌无力，上下肢不协调，可能与爬行缺失有关，会出现耸肩、驼背、脊柱侧弯等现象。通过以上分析我们知道，“三翻六坐八爬”是动作发育的自然规律，是人体脊柱正常发育的生理基础，更是人离开母体后身心自我完善的开始和必经阶段。

●人类脊椎形状的变化过程

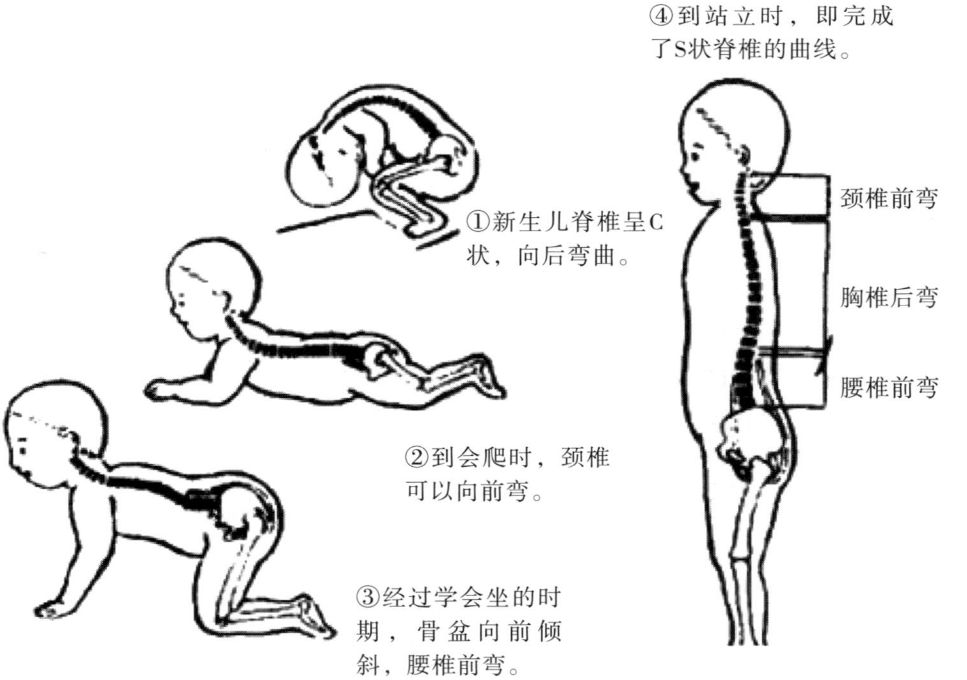

图9-1　人类脊柱进化过程

二、幼儿脊柱功能不良与功能动作异常

（一）与幼儿脊柱损伤相关的病征

脊柱是人躯体筋骨、内脏器官的支柱，是肢体运动的力量核心，承载着大脑、脊髓和神经，担负着支配和调节躯体及内脏器官功能等多重作用。依据不同的功能节段，脊柱分为：枕颈段，支撑和连接头颅、五官、气道、食道、甲状腺，影响着视、听、言语、吞咽、呼吸、新陈代谢等功能；颈胸段，支撑和连接胸廓、肩胛、心肺、胸腺脏器，颈胸段屈、伸、扭转及肩臂负重、活动，影响着上肢、心肺和免疫功能；胸腰段，支撑和连接肝、胆、脾、胃、小肠、横结肠、胰、肾脏器，屈、伸、扭转和膈肌运动，影响着呼吸、消化、泌尿功能，以及胰腺、肾上腺内分泌功能；腰骶段，支撑和连接骨盆、股骨及输尿管、膀胱、卵巢、子宫、前列腺、阑尾、结肠、直肠、肛门等脏器，影响着下肢和泌尿、生殖、排泄功能。强化脊柱形态结构的功能动作分为枕—颈段屈、伸、扭转，以及头面五官的对称、协调动作；颈—胸的屈、伸、扭转，肩臂的对称、协调动作；胸—腰段的屈、伸、旋转，以及胸腹腔的联合呼吸动作；腰—骶段屈、伸、扭转动作，以及腰胯、盆股屈伸交叉扭转动作。选择脊柱功能性动作作为体育游戏的基本元素，能有效促进幼儿的身心发育。

颈椎具有支撑和联接头颅、保证头颅运动的功能，还有保护脊髓、脑干、椎动脉血管的功能。颈椎结构不稳是幼儿颈椎功能不良的病理基础和特点。诱发和加重颈椎结构不稳的常见原因是颈椎韧带损伤和颈项肌无力。幼儿颈椎功能不良将导致上交感神经功能异常、颈部结构稳定性下降、寰枢椎损伤、枕颈肌无力、注意力困难等问题。

枕颈韧带损伤会导致枕颈结构不稳定性的增加，头颈部的运动功能和支撑功能障碍影响听、视觉注意力。外在表现有颜面肌、颈项肌、躯干肢体肌肉抽动，如：挤眼、耸鼻、咧嘴、摇头、点头、清嗓子、耸肩、甩臂、张手、挺髋、下蹲、眼运动多且有一个或几个方位活动受限。寰枢椎损伤后关节位置异常可能是抽动症产生的病理基础，表现为摇头、耸肩、挤眼、努嘴、嗅鼻、清嗓子等。

枕颈肌无力主要表现为头颈自我调适，如扭头、低头、仰头；颈—肩—胸肌无力主要表现为肢体补偿调适，如溜肩、拱肩、斜肩、抱肩、背手、抱头、手支撑；颈胸肌无力主要表现为体位转换调适，如二郎腿、靠沙发、躺下、趴下、半卧位。

临床对80例相关患儿研究发现，12岁以下有59例表现为抽动、多动，经过4～8周颈椎功能康复治疗，抽动症状改善较快，多动改善较慢，这可能与骨骼肌发育不良有关。12岁以上的21例患儿以抽动症状为主。

听、视觉注意力低下与颈椎的支撑、保护功能低下密切相关。临床对128例患儿研究发现（眼球运动分水平左右、垂直上下检查），眼向一侧水平运动受限103例，上下一个方位运动受限87例，重叠存在74例；对其中36例10岁以上患儿调查显示，32例患儿有弱视、斜视、写字姿势不良、手眼协调能力差现象，提示视觉注意力差；21例语言理解能力低下；19例同时存在视、听觉注意力低下。

（二）良好的脊柱功能对幼儿的意义

3～6岁是一个特殊的时期，是幼儿身心发育整合期，是生命存在和健康发展的重要阶段。利用这个特殊时期，培养幼儿的运动能力和运动习惯，对改变我国青少年的健康危机，提高青少年的健康体质有积极意义。幼儿期，生活空间从家庭扩展到幼儿园；人物角色从家庭到集体；生活方式从家庭保护到园丁呵护；情感从亲情到友情、师生、同学情等。时间和空间的转换蕴含了丰富的有利于幼儿身心发育的内容和形式，家长着重关注的是疾病安全、心智评判。过度保护限制了幼儿对动作的探求和表达，带来的问题是心智发育内容的不断增加，而利于体格发育的运动则不足。幼儿更多地选择了手工、画画、拼图、看书等智力游戏，养成了低头、弯腰、驼背的坏习惯，增加了脊柱的负担，影响了幼儿身心的正常发育。为了避免这些伤害，体育游戏是最好的选择。良好的脊柱功能对幼儿的生活和完成不同类型的游戏都有积极作用。

运动性游戏中，平衡、协调、本体调节等运动能力的建立离不开脊柱功能。面部五官的动作核心是枕颈段，如老虎口、吹气球、唱歌；头颈部的动作核心是颈椎，如头顶墙、顶球、手抱头；肩臂部的动作核心是颈胸段，如小鸟飞、打气球；胸背、腰腹的运动核心是胸腰段脊柱，如仰卧起坐、爬行；下肢的运动核心是腰骶段，如小兔跳跳、蹦蹦床。

脊柱呼吸联动协调是言语性游戏的基础。讲故事、情景剧、朗诵、唱歌等言语性游戏可促进幼儿视、听、言语、想象、思考、推理等心智的发育，这些功能的实现离不开颜面、口咽和胸腹呼吸肌肉的运动。咬文嚼字强化颜面、口咽肌肉，凸显枕颈段脊柱功能；朗诵、唱歌等呼吸肌肉的运动凸显颈、胸、腰、骶椎的结构稳定和脊柱呼吸联动协调。

脊柱功能在手工性游戏中发挥着不可替代的作用。搭积木、做泥塑等手工游戏可以发展幼儿的感知能力、精细操作能力、想象力和创造力，而视、听能力依靠枕颈段脊柱的功能，动手能力与颈胸段和枕颈段脊柱的功能高度相关，这些均受到腰腹核心能力的影响。

三、脊柱姿态问题及纠正

（一）斜颈

1. 斜颈发生的原因及危害

“斜颈”是症状描述，颈部的转动受限、头部偏向一侧是此病的最主要症状。斜颈分很多种类，如肌性、眼性、骨性、神经性、习惯性等，其中又以肌性斜颈最为常见。肌性斜颈可引起面部继发性畸形，面部不对称情况随着时间推移而加重，往往合并颈椎侧弯、颈椎畸形等颈椎结构发育异常，有的甚至可伴随脊柱侧弯、斜视。斜颈的发生是由于一侧颈部胸锁乳突肌缩短或纤维性挛缩，可能与胎儿在宫内位置不正或受到不正常的子宫壁压力有关，胸锁乳突肌内局部血液运输循环障碍致使该肌发生缺血性纤维变性引起斜颈，也有学者认为是胸锁乳突肌营养血管栓塞，导致肌纤维变性所致。斜颈的损害除了颈项部不对称以外，还会有头颅偏、大小脸、大小眼、口角高低不一、下颌不正等表现。

斜颈的症状一般可由家长自行发现，也可由儿保医师在体检中发现。发现斜颈症状后，家长可触摸幼儿颈部看是否可触及一坚硬包块，以及面部是否有不对称，比如大小脸、大小眼等。发现或怀疑有斜颈则应及时就诊，有时轻度的肌性斜颈只表现为一侧胸锁乳突肌增厚，可以通过B超确诊，及时就诊有助于治疗。一般1岁内的婴儿可推拿治疗，治愈时间为3个月至12个月不等。

斜颈患儿除了需要及时得到治疗外，也应注意生活中异常姿势的纠正，家长日常给患儿哺乳、视物、怀抱以及睡眠时应有意使患儿头向健侧转动以帮助矫正。

2. 斜颈的运动干预

纠正肌肉平衡是通过运动纠正斜颈的主要思路。

（1）按摩。

斜颈按摩包括局部热敷、按摩、手法扳正和固定头部，目的是防治颈部肌肉的挛缩，越早发现、越早治疗效果越好。患儿取坐位或仰卧位，对患侧的胸锁乳突肌施用推揉法，可用拇指螺纹面或食指、中指、无名指螺纹面揉5～6分钟。

（2）拉伸。

①胸锁乳突肌。坐姿，一个手放在同侧臀部下；头向对侧旋转并侧倾，感觉到轻微拉伸；用另一只手从头上穿过握住对侧的耳朵，轻微向相反的方向拉动；轻微下沉对侧的肩部，感觉到中等程度拉伸；持续30秒，重复6次（图9-2）。

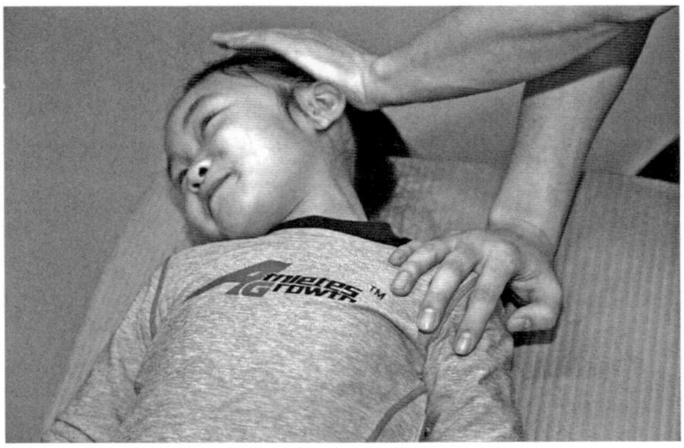

图9-2

②上斜方肌。坐姿，一个手放在同侧臀部下；头向对侧侧倾，感觉到轻微拉伸；用另一只手从头上穿过握住对侧的耳朵，轻微向相反的方向拉动；轻微下沉对侧的肩部，感觉到中等程度拉伸；持续30秒，重复6次（图9-3）。

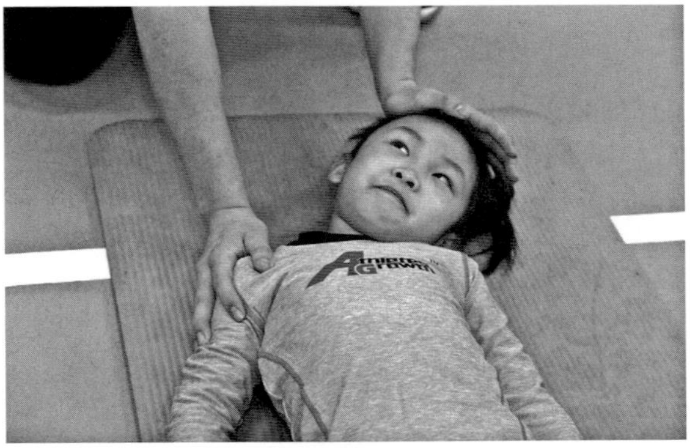

图9-3

（二）驼背

脊柱后凸是由于肌肉韧带松弛、骨质软化，因久站久坐，在重力作用下所致的骨骼畸形。脊柱后凸是常见的脊柱畸形。正常人胸椎生理性后凸小于50°，后凸顶点在T6～T8处，与腰前凸形成平衡的生理弧度，此时矢状面重力垂线经过C1T1T12和S1，维持最佳生理曲线和身体平衡，保证人体能正常前视。先天性脊柱畸形、脊柱创伤、结核等多种疾病可以导致脊柱后凸角度增大。当后凸畸形大于60°时，畸形会继续加重并导致背部疼痛发生，甚至发生截瘫，需要进行矫正治疗。

1. 成因

（1）不良锻炼姿势。“只练胸不练背，当心含胸又驼背”，习惯训练的人群常常喜欢练自己身体前侧的肌肉，而忽略身体后侧的肌肉。长此以往，造成前侧胸大肌、胸小肌的过度张力增加，后侧斜方肌、竖脊肌群无力，久而久之，就会形成胸椎后凸。

（2）长期不良坐姿。长期的不良坐姿会使身体本体感觉下降，自我纠正的能力降低，加上前侧长期肌肉缩短，后侧被拉长，胸椎间关节会变得僵硬，造成难以自我纠正的胸椎后凸。

（3）青年性驼背。又名“少年驼背症”及休门氏症。病变主要累及中、下段胸椎椎体。病变发生在椎体的第2骨化中心，即椎体上、下面的骺板。脊柱胸段向后弯曲使椎体前方承受的压力大于后方，前方骨骺的坏死影响了前半椎体高度的发育。

（4）维生素D缺乏病。体内维生素D不足而引起的全身性钙、磷代谢失常和骨骼改变，突出的表现是小儿的佝偻病和成人的骨软化症及骨质疏松症，同时影响神经、肌肉、造血、免疫等组织器官的功能，严重影响幼儿的生长发育。

（5）强直性脊柱炎。长期的背部的姿势不良会引发整个脊柱自下而上的强直。先是腰椎前凸曲线消失，进而胸椎后凸而呈驼背畸形；随着颈椎受累及活动受限，最终导致脊柱各方向活动均受限。

2. 不良影响

（1）脊柱后凸直接影响的就是胸腔内部呼吸系统的功能。

（2）胸椎与肋骨锁骨相连，对相应关节的活动也会产生较大影响。

（3）胸椎的神经部分包含了大量交感神经，胸椎曲度的异常也会造成相关脏器的功能障碍。

（4）胸椎的受限最终影响动作功能，例如：由于胸椎后凸已产生关节受限的人可能很难完成“过顶深蹲”这个动作。

（5）脊柱具有高度的整体性和相关性，胸椎受限往往伴随着腰部和肩颈问题。

3. 运动干预及预防方法

（1）背部泡沫轴滚动（图9-4）。幼儿仰卧在垫子上，使上背部压在泡沫轴上，并与胸椎垂直，腿屈膝，双脚踩在地面上，在腿部的支撑下将腰臀部顶起，使身体的重量压在泡沫轴上。从颈部至腰部进行上下滚动，做10个来回，重复3组，每周练习3～4次。

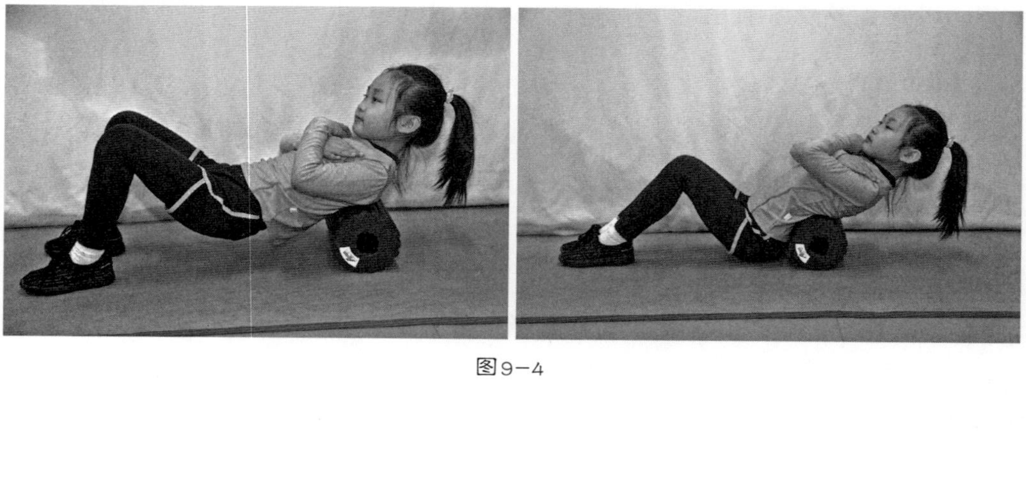

图9-4

（2）跪姿胸椎伸展（图9-5）。幼儿呈俯卧姿势，双手撑地，与肩同宽，两脚脚尖撑地。收腹吸气的同时收缩臀部使骨盆呈前倾位，将腰背部尽可能向上顶起。呼气过程中放松腹部，腰部恢复到正常的生理弯曲。保持2秒后恢复到起始位置，做10次，重复3组，每周做3次。

图9-5

（3）上背伸肌群的力量训练。幼儿采取俯卧位锻炼，背部放置一定重量的背包（背包重量为幼儿尽全力恰好能够完成12～15次），受试者尽力抬起躯干，抬起背包。重复3组，每周进行3次。随着患儿背部伸肌力量的逐渐增加，背包的重量逐渐增加，重量维持在使患儿始终尽全力恰好能够完成12～15次的水平。

（4）有氧练习。起初幼儿按自己的步速行走，之后要鼓励他们逐渐加快行走速度，以增加对氧气的需求。通过正确呼吸方法以增强呼吸肌。要求他们随着需氧量的增加逐渐增加呼吸的深度而不是呼吸频率，持续时间为20分钟，每周练习3～4次。

（5）腹式呼吸训练。幼儿把一个1千克的背包放到腹部，吸气抬起背包，教师询问抬起背包的困难程度，背包的重量根据个人情况进行调整，应始终维持在幼儿尽全力恰好能完成12～15次的重量，重复三组，每周做3～4次。

（三）脊柱侧弯

脊柱侧弯又称脊柱侧凸，是危害青少年和幼儿的常见疾病。我国女性中有10%～15%的人患有脊柱侧弯症，男性患病比例为3%～5%。幼儿时期不良的体姿体态会导致少年期侧弯问题的出现。正常人的脊柱从后面看应该是一条直线，并且躯干两侧对称。如果从正面看有双肩不等高或后面看有后背左右不平，就应怀疑“脊柱侧凸”。

1. 脊柱侧弯对人体的影响

（1）高位脊柱侧弯影响头、颈及上肢功能。颈胸段以上的脊柱侧弯会使头颈肩的位置不正而影响美观，因而高位脊柱侧弯早期容易发现；还会影响头颈部，可以出现头痛、颈部痛、胸廓变形、锁骨压迫臂丛神经引起上肢肌萎缩、麻木和功能障碍。

（3）中位脊柱侧弯影响心肺功能。表现为心率快、肺活量小。对肺功能影响的程度与侧弯的严重程度有关。

（4）下位脊柱侧弯影响下背及躯干功能。胸腰段、腰椎和腰骶椎侧弯早期不明显，成年后因劳累而腰痛，容易看出躯干倾斜。

2. 脊柱侧弯的运动干预

运动干预是脊柱侧弯常用的有效治疗方法之一，合理的运动处方可以帮助改善侧向畸形和脊椎的旋转。运动干预方法很多，包括三维运动疗法、轴向脊柱减重训练、侧移运动、悬挂运动、定量躯干旋转力量训练、躯干稳定性训练、个体功能训练等。运动疗法可增强躯干肌肉力量和脊椎的稳定性，减少肌肉筋膜对脊柱三个平面活动的限制，改善呼吸肌控制能力，增加肺容量，加强协调性、脊柱的本体感受和运动控制，在功能位上建立新的、正确的姿势模式，从而达到改善脊柱畸形、纠正侧弯的目的。

（1）姿势对称性训练。幼儿通过意识控制，保持坐立位躯干姿势挺拔和对称；可在直立位做上肢外展、高举前屈、腰背部前屈、后伸、双足依次上抬，进一步在俯卧位锻炼腰背肌，在仰卧位锻炼腹肌及下肢肌肉。

矫正侧凸可有意识地加强凸侧肌肉，减轻凹侧肌肉所产生的拮抗肌收缩反应。训练时可以让幼儿取仰卧位，对胸段侧凸来说，让幼儿凸侧的手提1～2千克的重物，在身体的一侧做上举动作。对腰段侧凸来说，让幼儿凸侧的下肢在踝部负重1～2千克的沙袋，做直腿上抬动作。仰卧位运动可以消除脊柱的纵向重力负荷，放松脊柱各关节，增加脊柱活动度。练习时，动作要平稳缓慢、充分用力、准确到位，并保持5秒，每次练习20～30分钟，每日坚持训练2～3组。凸侧脊椎旁肌肉会较凹侧椎肌肉更强壮有力，从而使两侧椎旁肌肉达到新的平衡。

（2）功能矫正操干预。通过功能矫正操，增加背部、腰部、腹部及臀部肌肉力量，调整脊柱两侧肌肉力量的平衡，增强脊柱支撑能力，对COBB角25° 以内幼儿有益无害。COBB角30° 以内的侧凸，功能矫正操可以作为主要康复的手段。若脊柱侧凸度数较大，可以配合支具同时矫正。以下为一套功能矫正操（共九节）：

①前后爬行：肘膝跪位，用肘膝向前向后爬行。

②左右偏坐：跪位，双手上举，先臀部向右偏坐，然后再向左偏坐，反复交替练习。

③头顶触壁：俯卧位、鼻朝地，双肩外展，双肘屈曲，双手向前，使头尽力前伸，用头顶触墙壁，然后缩回，在以头顶触壁，反复练习。

④双臂平伸：俯卧位，双手枕于额前，双臂慢慢抬起离开地面，向前伸直，然后

双手在额前，如此反复练习。

⑤仰卧起坐：仰卧位，双臂伸平放垫上，然后仰卧起坐，躯干屈曲，上臂前伸，双手触及脚趾尖，然后慢慢双臂上举回仰卧位。

⑥下肢后伸：俯卧位，双肩外展，双肘半屈曲，双手掌平放于垫上，双下肢后伸，从垫子上抬起，左右腿上下交叉呈剪刀式运动。

⑦双腿上举：仰卧位，双手枕于头下，双下肢半屈曲，双足平放垫子上，然后双下肢上举，两腿前后交替做剪刀式运动。

⑧深吸慢呼：仰卧位，双上肢平放身体两侧，手掌向上，双下肢半屈曲，双足掌平放垫子上，用鼻孔深吸气，使胸廓扩展然后轻轻呼气，将气慢慢由口吐出。

⑨挺身站立：站立位，双足平行靠墙，使双肩及髋部紧贴墙壁，使头颈及脊柱尽力向上挺立。

（3）力量训练干预。力量训练对脊柱侧弯有很好的作用，以下为一套力量训练的方法：

①转体动作：两脚开立，扭转躯干，做向脊柱凸侧同方向的转体动作。完成一次转体运动后，两臂轻置体侧，再重复上述动作（不要做另一个方向的转体动作），在动作过程中双腿伸直，不要移动双脚，以免降低效果。

②手扶肋木体侧屈：身体侧面面对肋木站立，用胸椎侧凸面方向的手扶肋木下档，另一侧的手攀握在头顶上的肋木侧，然后向反肋木方向不停地做体侧屈运动，必须抬头、挺胸、收腹，上体不能前倾。

③悬垂体侧摆：正面双手握单杠或肋木，两腿合拢，向左右侧摆，以使S型的脊柱逐渐伸直。

④单杠单臂悬垂运动：凹侧臂手握单杠悬垂20～30秒。

⑤单臂拉引橡皮筋：身体直立，两足与肩同宽，手握橡皮筋一端（另一端挂在固定物上），凹侧臂侧平举，使劲向身体另一侧拉引。

⑥单臂上举哑铃运动：身体直立，两足与肩同宽，凹侧手持哑铃（3～7千克），向上举时伸直臂，放下时屈肘，哑铃位于肩侧为1次，自然呼吸，反复10～15次。

⑦普拉提训练及一些瑜伽动作。用于加强弱侧肌肉的肌肉强度，增加紧缩结构的伸展度，促进腹肌肌力与弱侧胸、腰以及髋部伸肌群的发展。幼儿进行姿势训练、力量训练的时间、频率由实际情况决定。

（4）改善呼吸运动。胸椎侧凸达50°以上且合并椎体旋转时，常常有呼吸困难的现象。呼吸练习应贯穿在所有的练习中。可按照下列步骤指导幼儿进行腹式呼吸：

①仰卧位，屈髋屈膝。

②引导幼儿有意识地限制胸廓活动。

③吸气时腹部应该隆起，可以用视觉或者徒手检查，而且在腹部加上一个小沙袋，以强化腹部的隆起。

④呼气时腹部尽量回缩。

⑤逐渐结合胸腹式呼吸，缓慢的腹式吸气后，胸廓完全扩张。随着呼气过程，腹部回缩，胸廓回复。

⑥进行慢吸气和慢呼气锻炼。呼气时间为吸气时间的两倍。

⑦胸腹式呼吸锻炼先在俯仰卧位进行，然后坐位，最后立位。

（五）高低肩

高低肩是由于长期不正确的身体姿势或者长期对两肩不平衡的使用造成的。高低肩患者一般会出现头晕、肩颈酸痛、肩颈麻木、肩关节活动受限等症状，如果长期不治疗则会造成脊柱侧弯[1]。

另外，运动不当也是导致高低肩的原因。每一种运动都和人体的生理结构有紧密联系，适当的运动能够增强体质、促进身体健康发育，运动不当则会对身体造成损伤，使身体肌肉失去平衡、身体机能遭到破坏。医学专家认为，高低肩时间过长，会引发脊柱侧凸，主要发病人群是处于发育期的青少年，如果不及时治疗，不仅严重影响发育，还会导致呼吸障碍，甚至影响婚育[2]。父母们一旦发现孩子双肩不平或脊柱不直，应及时带孩子到医院检查，早期治疗只需进行器械矫正，脊柱侧凸角度大于50° 时，则需手术治疗。

1. 高低肩的类型及成因

（1）左、右两侧肩胛骨位置的不对称。这种类型的“高低肩”通常是左侧肩高、右侧肩低，但脊柱（曲度）、骨盆的位置或姿势并无明显的变化。形成的原因可能是工作或生活中的习惯性姿势、呼吸功能不良、胸廓或肋骨的位置不佳等。在上肢负重或徒手肩关节屈曲、外展时，这种类型的“高低肩”会被明显“放大”，也更容易观察到两侧的差异。

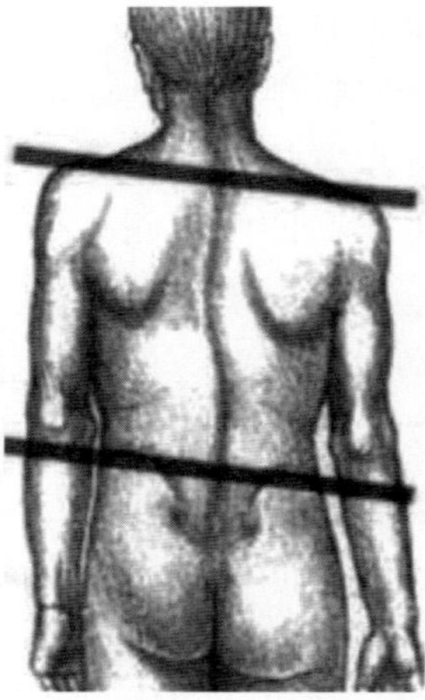

图9–6　脊柱“S形”弯曲示意图

（2）脊柱“S形”侧弯引起的“高低肩”（图9–6）。这里的脊柱“S形”侧弯并不是结构性的脊柱侧弯，而是由下肢长度不对称（右下肢较短）引起，通常表现为两侧髂脊不等高、脊柱

[1] 贾固华. 武功整复之肩关节调整技术对大学生高低肩调整效果的研究 [D]. 上海体育学院，2014.

[2] 胡伟宏，杨源忠. 肩扛法治疗难治性肩关节前脱位21 例 [J]. 中医正骨 2000；12（11）：42

成“S形”，左侧肩高、右侧肩低。如果将右脚垫高，这种类型的“高低肩”则会消失，身体回到正常位置。而如果把左脚垫高，则会加剧脊柱“S形”侧弯引起的“高低肩”现象。

（3）脊柱“C形”侧弯引起的“高低肩”（图9-7）。这里的脊柱“C形”侧弯同样不是结构性的脊柱侧弯，也是由下肢长度不对称（右下肢较短）引起，表现为左侧肩低、右侧肩高。如果将右脚垫高，这种类型的“高低肩”则会消失，身体回到正常位置。而如果把左脚垫高，则会加剧脊柱“C形”侧弯引起的“高低肩”现象。

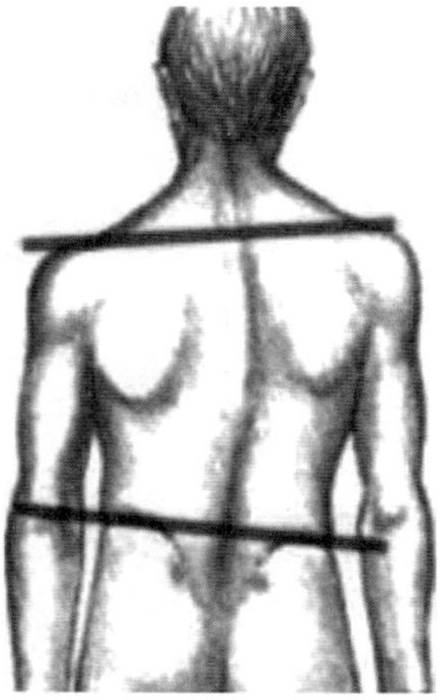

图9-7 脊柱“C形”弯曲示意图

（4）骨盆旋转、肩胛骨位置不对称引起的“高低肩”。这种类型的“高低肩”通常表现为骨盆向一侧旋转，同时存在肩胛骨位置的不对称，但脊柱曲度并无明显的变化。在做上肢或下肢动作时，这种类型的“高低肩”可以更容易地被观察到，身体两侧会存在明显的差异。

2. 运动干预

（1）左、右两侧肩胛骨位置不对称。由于这种类型的高低肩不涉及脊柱问题，因此纠正起来较为简单，主要是纠正左右侧肩颈肌肉肌力平衡。放松高侧肩部的上斜方肌、胸锁乳突肌，增强低侧肩相同肌肉的力量。这两块肌肉增强与放松的详细方法在本章斜颈部分可见。

（2）脊柱问题导致的高低肩。此类型高低肩主要是因为脊柱的侧凸导致两侧肩胛骨的高度不一致，因此，这种高低肩主要通过纠正脊柱两侧肌群肌力平衡以恢复脊柱的中立位。具体方法可以参照本节脊柱侧弯的纠正方法。

（3）骨盆旋移、肩胛骨位置不对称引起的“高低肩”。骨盆与肩胛骨问题共同引起的高低肩，应从远心端开始解决，即先解决骨盆旋移，再解决肩胛骨问题。因为骨盆是支撑脊柱的“基座”，而脊柱是承载肩胛骨的“顶梁柱”，基座位置不正，顶梁柱就会歪，肩胛骨也必然会受到影响。肩胛骨问题的详细纠正方法可参见本章斜颈部分。

在人体直立时，脊柱是人体骨骼支撑最为关键、也是最为薄弱的部位。特别是对于幼儿而言，其骨骼较软、易发生形变，可塑性大，因此更要注意对于该部位的保护，一旦发生脊柱形态问题，其正常的功能必然受到影响，对于正在发育期的幼儿来讲，某些功能在发育的关键期一旦错过，之后便无法弥补，从而造成终身的遗憾。导致幼儿产生脊柱问题的主要原因为生活中不良的动作模式以及意外损伤，因此，作为幼儿的监护人，父母不仅要时刻注意他们的人身安全，更要培养他们正确的动作习惯，能够及早发现孩子存在的动作问题，做到早发现、早干预，否则，一旦到达成年，人体的骨骼无机物增多、硬度增强，幼儿时期的不良体姿与骨骼形态便很难通过运动干预产生可逆性改变。

第二节　下肢姿态异常的运动干预

一、膝外翻与膝内翻的运动干预

（一）膝外翻与膝内翻的概念

膝内翻又称“O型腿”，俗称“罗圈腿”，膝内翻是指双脚踝并拢并伸直膝关节的情况下，两个膝关节不能靠拢。两侧膝关节之间的距离反应膝内翻的严重程度。膝外翻俗称“外八字”，双脚外翻又称为“X型腿”。膝外翻是指双膝在并拢并伸直的情况下，两侧脚踝的内侧不能靠拢。脚踝之间的距离能够反应膝外翻的严重程度。

（二）膝外翻与膝内翻的发病原因

1. 生理性因素

幼儿出生后主要表现为“O 型腿”，直到 1 岁半左右幼儿下肢会逐渐变直，3 ~ 4 岁的幼儿通常表现为“X 型腿”，在 6 ~ 7 岁接近于成年人，存在 5° 左右的膝外翻。在以上年龄段出现的膝内翻、膝外翻绝大多数是生理性的，并不需要过度关注。

2. 病理性因素

膝内翻与膝外翻的病理性因素较多，主要包括以下几个方面：①佝偻病或者骨软化病（主要原因是缺乏维生素D）所引起的膝部畸形；②脊髓前角灰质炎（即小儿麻痹症）导致骨骼的异常发育；③骨髓炎导致骨骼异常发育；④其他疾病（如骨折、外伤、骨瘤等引起的后遗症）导致骨骼发育异常。

3. 行为因素

婴儿过早开始走路或站立太久可能造成膝内翻或膝外翻。婴儿学坐、爬、站、走都必须在骨骼和肌肉发育到相应水平后才能进行，学会各项运动的具体月龄有很大的个体差异，家长切不可抱有攀比、着急的心理，而应遵循人体生理发育的规律。另外，在童年和少年时期，长时间穿鞋底太硬或太软的鞋，或长期采取不佳的站姿，都有可能导致O型腿或X型腿。除此之外，走路外八字脚、经常以稍息姿势站立、长期穿高跟鞋、盘坐、跪坐、蹲马步等也会导致膝内翻。

（三）膝内翻与膝外翻的运动干预

运动干预适宜于发现时间早、患病年龄小、病情不严重、因为行为而引起膝关节内外翻的患儿，运动干预是一种较为有效的途径。引起疾病的行为因素大多为不良的生活习惯与动作模式，如果这些问题得不到解决，即使通过其他手段将不正常的体姿进行矫正，被一次性治愈的疾病还有可能复发。运动干预几乎不会影响幼儿的生活，也不会给幼儿带来任何痛苦，在纠正姿势的同时还能培养良好的动作模式，养成体育锻炼的好习惯。

根据人体解剖学与运动生物力学原理，膝内外翻的问题主要来自于髋关节内收外展肌群的不平衡（图9-8）。在幼儿时期，由于先天的骨骼角度或者后天不良的动作习惯（如爬行缺失、站立过早）而导致髋关节内外两侧肌肉的激活程度不同，长时间后，两侧肌肉力量开始出现差异，股骨的位置发生改变，进而继续扩大这种不平衡。此时，早期纠正就显得格外重要，尤其是幼儿及青少年骨骼柔软、可塑性强，是纠正的黄金时期，一旦步入成年，骨骼完全硬化，运动干预的意义就微乎其微了。

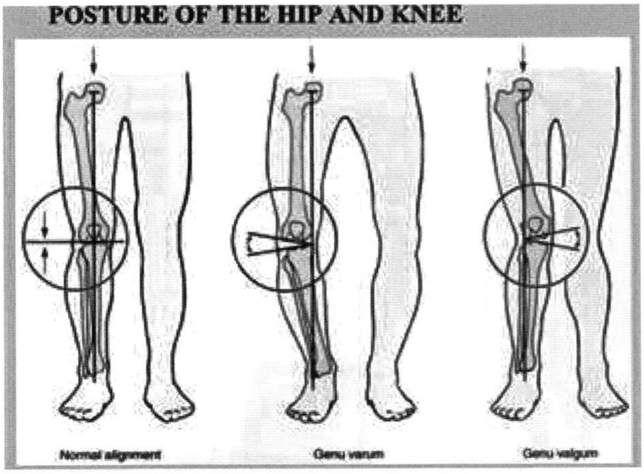

图9-8　膝内翻、膝外翻示意图

1. 膝内翻（O型腿）的运动干预

O型腿的致病原因为髋关节外展肌群（阔筋膜张肌、髂胫束、臀中肌）过度激活，常表现为过度紧张、僵硬，而髋内收肌群激活不足。通常采取髋外展肌群放松技术、内收肌群激活技术以及矫正性下蹲三步进行干预。

（1）髋外展肌群的放松。

①阔筋膜张肌与髂胫束放松：

泡沫轴按摩：幼儿侧卧于垫子上，身体呈一条直线，上肢撑地，下肢主要依靠泡沫轴支撑幼儿大腿外侧，将重心集中在下肢，上下移动身体，使泡沫轴在髋关节与膝关节之间来回滚动，每组持续1分钟，重复3组（图9–9）。

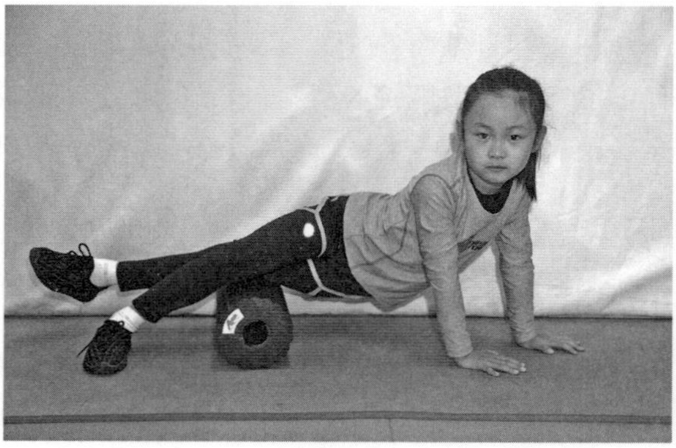

图9–9

拉伸：幼儿呈坐姿，右腿伸直，将左脚置于右侧膝外侧，将右肘抵于左膝的外侧，左手置于臀部正后方30～40厘米处并用力向地面上推，右肘发力推动左膝向右移动，直至大腿外侧有中等程度的牵拉感，持续30秒，交换对侧，两侧各重复3组。

②臀大肌的放松。臀大肌在近固定收缩时使大腿在髋关节处伸和外旋，在远固定时，一侧收缩，使骨盆向对侧转动，两侧同时收缩使骨盆后倾。臀大肌过度紧张引起的骨盆后倾与股骨的外旋有关，是O型腿的诱因之一。

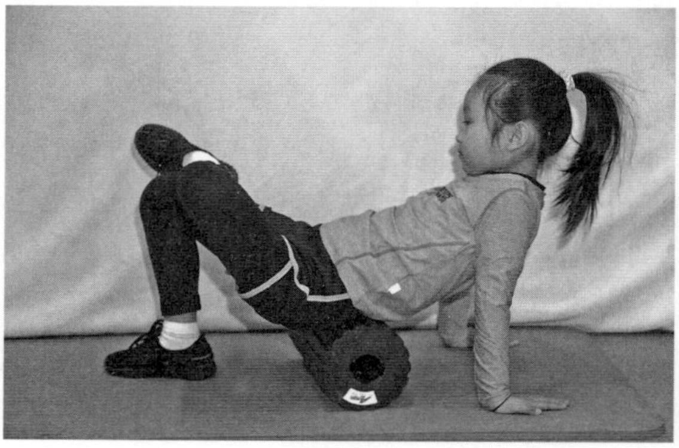

图9–10

泡沫轴按摩：幼儿呈坐姿，左侧臀压在泡沫轴上，同时左侧腿盘在右侧腿上，右侧腿伸直。双手在背后支撑在垫子上，上下移动身体，使泡沫轴在腰以下大腿以上来回滚动，然后变换至对侧，每组持续1分钟，重复3组（图9–10）。

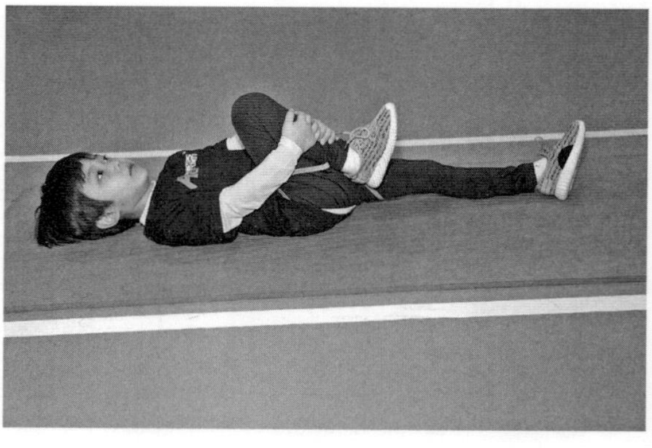

图9–11

拉伸：呈仰卧姿势，右腿伸直，左腿屈膝屈髋，保持头部及身体紧贴地面，双手抱住大腿并将其拉向胸部，直至左侧臀大肌有中等程度的牵拉感，持续30秒，交换对侧，重复3组（图9–11）。

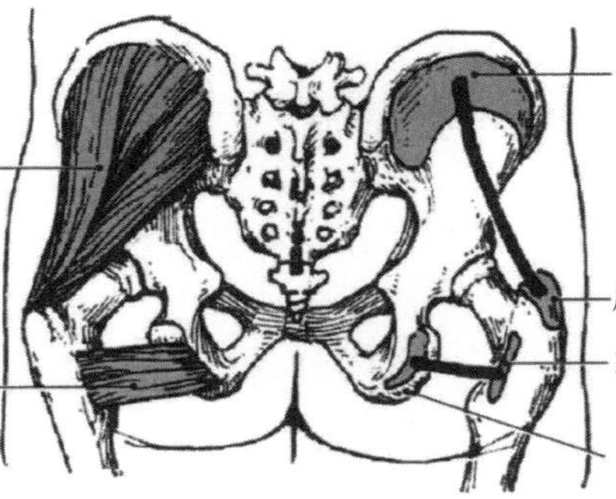

图9-12　臀中肌、股方肌解剖图

③臀中肌的放松。臀中肌后部位于臀大肌深层（图9-12），是我们生活中走路站立保持良好姿势的重要肌肉。臀中肌主要的功能是在近固定时使大腿外展，前部使大腿屈和内旋，后部使大腿伸和外旋。

泡沫轴按摩：基本姿势与臀大肌按摩相似，但滚动方向应有所差异，臀大肌的滚动方向为纵向，而臀中肌应为从腰骶椎与骨盆交界处至股骨头方向，以及从臀部上中间位置至下外侧来回滚动。

拉伸：呈仰卧姿势，双腿并拢伸直，双手放在身体两侧与躯干呈30° 夹角，以起到防止躯干转动的目的。保持躯干与左腿固定不动，右腿屈膝大于90° 的情况下缓慢内收，尽量使右脚触碰到左手，如牵拉感不足，可以将左手放置于更远的距离。一侧做6次，交换对侧，重复3组。

（2）内收肌的力量训练。内收肌位于大腿内侧上部浅层（图9-13），具有使髋关节内收以及骨盆前倾的功能。由于O型腿幼儿多为股骨外旋外展、骨盆后倾，因此强化内收肌的力量是纠正O型腿的重要方法之一。

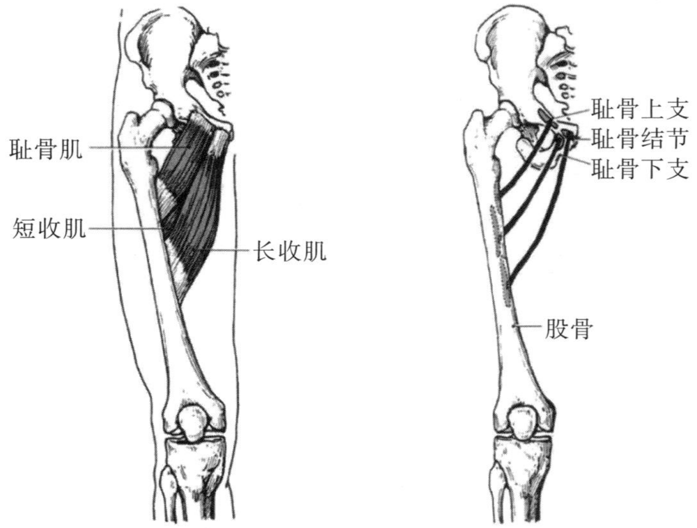

大腿内收肌群（一）　大腿内收肌群（一）起止点

图9-13　内收肌解剖图

坐姿夹腿是锻炼大腿内收肌群（大收肌、长收肌、短收肌、股薄肌及耻骨肌等）的主要方法，幼儿通过弹力带做内收，可提高相应肌肉的力量。动作要领为：

①幼儿坐在结实有靠背的椅子上，两侧脚踝分别绑上弹力带，将弹力带另一端固定，做内收动作。

②双腿用力向内夹紧，直到相互接触。为了防止双腿触碰后的反弹，不要用爆发力做这个动作，发力应该相对和缓一些，完成一次动作大约用2～3秒钟。

③双腿夹紧后，保持2秒钟，然后双腿在拉动下自然外展。此过程要在慢速和充分的控制下进行，否则内收肌受到过度抻拉而受伤的风险就会明显增加。

④双腿外展打开后不要停顿，立即并拢双腿，进行下次动作，每组做6次，重复3组。

（3）矫正性下蹲。对于髋关节内收外展肌力不平衡的幼儿，可以采用反射性神经肌肉训练技术（RNT）帮助他们学会如何更早地使用弱侧肌肉发力。O型腿是由于幼儿长期形成的发力习惯导致的，他们并没有感觉到任何异样。此时，需要给幼儿膝关节一个向外的力量，使幼儿的大脑感知到其膝关节正在被向外顶，需要大腿内侧肌肉帮忙将其拉回，这就达到了激活髋关节内收肌群的目的。

图9-14

①RNT双腿深蹲：幼儿呈站立姿势，双脚开立与肩同宽，此时将药球（有弹性且更为坚硬的气球）置于幼儿膝关节中间，并要求幼儿在尽量夹住球的前提下做深蹲，每组6次，重复3组（图9-14）。

图9-15

②RNT单腿半蹲：幼儿呈单脚支撑站立姿势，将弹力带绑在右膝关节之上，另一端固定，使幼儿感觉到右侧膝关节有明显的向右牵拉感，然后做半蹲动作，每组做6次，交换至另一侧腿，重复3组（图9-15）。

2. 膝外翻（X型腿）的运动干预

髋内收肌群与髋外展肌群是一对拮抗肌，一方收缩，另一方就要伸展，互相配合。髋内收肌群负责大腿与膝盖向身体中间内收的工作。臀中肌、阔筋膜张肌——髂胫束属于髋外展肌群，负责稳定骨盆与外展的动作，当其中一方过僵或过强壮时，会因为肌力失衡而增加受伤的风险。

与O型腿正好相反，大部分X型腿幼儿髋内收肌群过度紧张，并伴随着无力的臀中肌以及阔筋膜张肌——髂胫束（图9-16）。X型腿可以采取髋内收肌群放松技术、外展肌群激活技术以及矫正性下蹲来干预治疗。

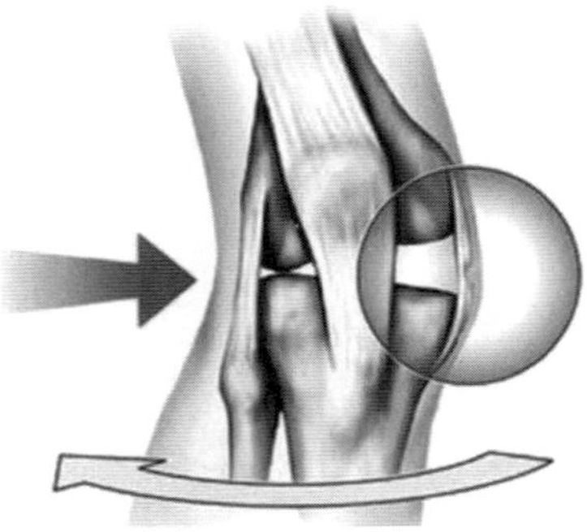

图9-16　X型腿患者膝关节韧带的受力分析

（1）髋内收肌群放松：泡沫轴按摩：幼儿俯卧于垫子上，右侧腿伸直与身体呈一条直线，左侧腿屈膝屈髋，使大腿内侧面压在泡沫轴上，双手曲肘支撑于地面并将躯干撑起，右腿支撑于地面，逐渐将身体重心压向泡沫轴，并使泡沫轴在内侧大腿上部与膝关节内侧之间来回滚动，每组持续1分钟，重复3组（图9-17）。

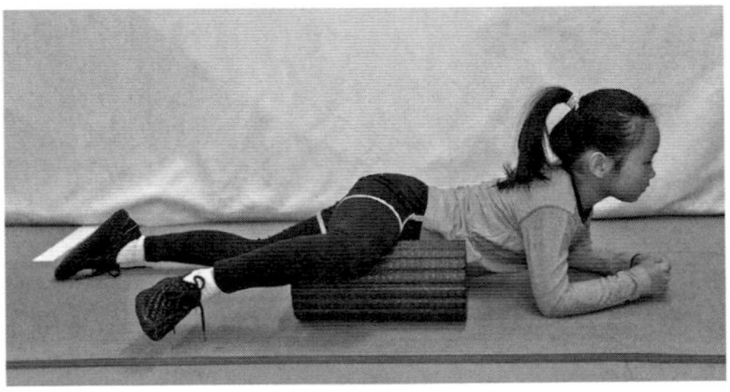

图9-17

拉伸：幼儿成两脚底相对坐姿，要求双脚尽量靠向骨盆。双手握住同侧脚踝，双肘顶在同侧膝关节上并用力下压至大腿内侧有中等程度牵拉感。每组持续30秒，重复3组（图9-18）。

图9-18

（2）髋外展肌群的力量训练。弹力带马步横移：分腿站立，双腿开立与肩同宽，屈膝屈髋呈马步姿势，双脚、双膝正冲前方。将环形弹力带套在双侧脚踝，使练习者感觉到中等程度的拉力，在躯干姿势不变的前提下，右侧腿向右横跨出20厘米，然后左腿向右跨20厘米，以回到起始姿势，向右横移5米，交换发力腿后折回，重复3组（图9-19）。

图9-19

（3）矫正性下蹲。对于X型腿

患儿，可采用RNT技术激活其髋关节外展肌群，以达到纠正肌力平衡的目的。

① RNT双腿深蹲：幼儿呈站立姿势，双脚与肩同宽，双手持哑铃置于体前，环形弹力带套于患儿两侧膝关节，并对其膝关节产生一定的内收力，要求患儿在膝关节与脚尖保持向前的前提下做深蹲动作，每组6次，重复3组（图9-20）。

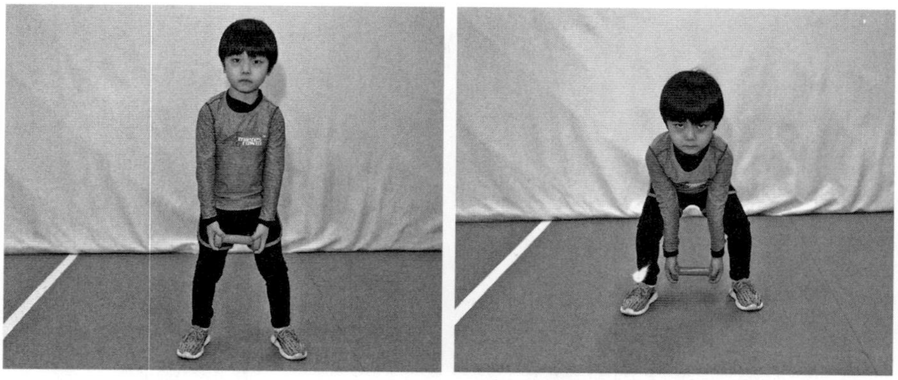

图9-20

② RNT单腿半蹲：幼儿呈单脚支撑站立姿势，将弹力带套在右膝关节之上，另一端固定在患儿左侧的固定物上，使其感觉到右侧膝关节有明显的向右牵拉感，然后做6次半蹲动作，交换至另一侧腿，重复3组（图9-21）。

图9-21

二、内八字与外八字的运动干预

八字脚就是指在走路时两脚分开像“八字”，分为内八字和外八字，都是因为足部错误受力所致。一般“外八字脚”多见于学走路的小儿，而“内八字脚”则多见于已经会走路的小儿。人迈步的脚尖稍向外展是正常的，也是符合解剖特点的。行走时足的长轴与步伐前进方向有个夹角，称为足的前进角，通常正常足部有轻度的外旋，为5° ~10° ，大于这个范围称为外八字，小于这个范围则为内八字。另外还有一种单脚型，即一脚正常，另一脚尖外展小于5° 或者大于10° 。

（一）外八字脚

1. 外八字脚的不良影响

八字脚虽不属病态，但八字脚的人走路时两脚尖向外撇，脚掌外侧先着地，步态不规范，影响形体美。八字脚的人走路或跑步与正常人相比是不经济的。按一只脚外撇30° 计算，八字脚的步幅比正常步幅短3.48厘米。假如八字脚的脚尖外撇30° ，步行10千米，每步按0.6米计算，那么比正常脚相同步频的人落后580米。八字脚的人走路与正常人不同。正常人走路时，向前迈步的脚脚跟先着地，然后过渡到整个脚掌，最后由脚掌前端和脚趾蹬地产生向前的推动力，而八字脚的人则是脚跟外侧先着地，然后脚掌外侧、全脚掌依次着地，最后由趾内侧蹬地，其他四趾用不上力。由于拇趾用力部位是内侧，这也违背了关节活动的规律，导致拇趾压力过大，造成痛疼甚至脚趾畸形，医学上称“足外翻”[3]。

2. 外八字脚的运动干预

由于外八字脚是足过度外旋所致，因此放松髋关节、膝关节外旋肌群，增强髋关节内旋肌群力量是治疗的主要方法。髋外旋肌肉包括梨状肌、臀中肌等，其过度紧张容易导致足外旋，骶髂关节、臀部区域疼痛，甚至放射至大腿后侧2/3，疼痛一侧可能产生浮肿，坐着或活动时疼痛加剧，也有可能累及坐骨神经，产生梨状肌综合征（图9-22）。

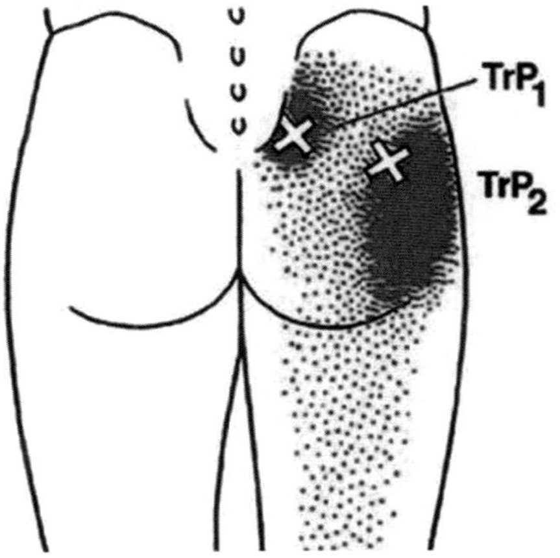

图9-22　外八字脚的放射痛点

［3］宋士彤，刘小峰.八字脚及其矫正初探［J］.北京体育大学学报，1996，（02）：39-44.

（1）梨状肌：

①放松：呈坐姿，将按摩球置于臀部下方，双手撑于身体的后方；调整位置直到找到肌肉酸痛点，通过双脚蹬地带动按摩球加压滚动；在肌肉酸痛点上停留一定时间，每侧持续30秒，交换对侧，重复3组（图9–23）。

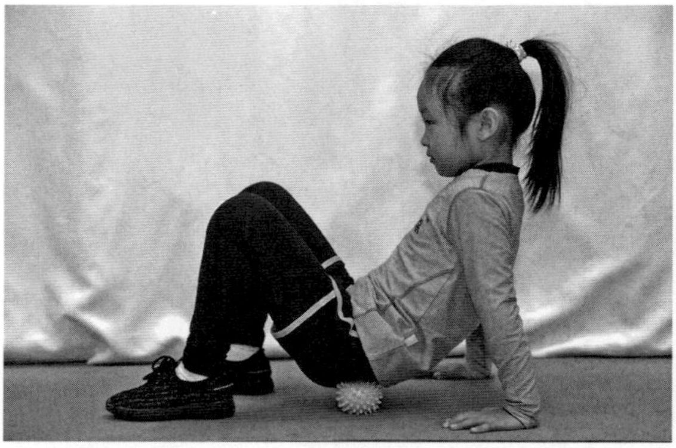

图9–23

②拉伸：梨状肌的拉伸有多种方式，这里介绍两种简便有效的方法。

第一种：呈俯卧姿势，右侧腿屈膝屈髋，使小腿横置于胸前，用力向右旋转髋关节，使左侧髋向右侧脚靠拢，直至产生中等程度的牵拉感，持续30秒，交换对侧，重复3组。第二种：呈仰卧姿势，右侧腿屈膝屈髋，左侧脚放置于右侧腿之上，呈盘腿姿势。双手环抱于右侧大腿，向上提拉右侧大腿，使左侧梨状肌产生中等程度牵拉感，每侧持续30秒，交换对侧，重复3组（图9–24）。

图9–24

（2）臀中肌放松详见本节第三部分。

（3）增强髋内旋肌群力量：

①走直线，在地上画一直线，沿着线来回走。要求脚跟和脚掌的内沿踏在线上。

②纠正男孩的八字脚时，可用踢足球作辅助练习。纠正外八字脚用脚背外侧踢球，内八字脚则用脚内侧踢球。

③纠正女孩的八字脚可用踢毽子。纠正外八字脚时用双脚内侧变换踢，纠正内八字脚则用脚外侧踢。

④以15米为半径划圆，再通过圆心画直径，直径两端各延长1米。练习时，站立在直径的延长线上起跑，接弯道加速跑至直径另一端的延长线上，然后沿圆弧线走半圈，如此反复。左脚外撇严重者按顺时针方向跑，右脚外撇严重者跑向相反。这种训练方法比走直线效果快。

（二）内八字脚

内八字通俗的讲就是幼儿步行时，小腿向内旋转，看上去呈“O”型的状态，脚尖相向、向内。

1. 内八字脚的不良影响

内八字步态伴随不同程度的足跟外翻。相对于正常步态幼儿，内八字步态幼儿足底各部位峰值压强、力量分布不均匀、不合理，有导致足底骨肌系统慢性损伤和不适症的可能。此外，内八字还会增加走路的能量消耗，影响走路时身体的协调性与平衡性。长时间的内八字会引起足、膝、髋的代偿，久而久之还会引起其他姿势与动作的异常。

2. 内八字脚的运动干预

内八字脚的矫正理念与外八字脚正好相反，需要放松髋内收、内旋肌群，增强髋外展、外旋肌群。

（1）髋内旋肌群的放松。采用青蛙式，首先双手、双膝支撑趴在垫子上，臀部在两膝的正上方。两侧膝关节尽量外分，使臀部下降接近地面，直至大腿内侧产生中等程度的牵拉感，保持30秒，重复3组。

图9–25

（2）髋外旋肌群的力量练习。侧卧于垫子上，屈膝屈髋至90°，双脚并拢。将环形弹力带套在两侧膝关节处，髋外展、外旋肌群发力，使上侧膝关节上抬至最大能力范围，下侧膝关节紧贴地面不动，然后继续发力，使膝关节缓慢回复至并拢的位置。一侧做6次，交换至对侧，重复3组。

第十章　幼儿园功能性动作教学场区、器材设计

第一节　功能性动作场区设计

运动场地是幼儿园开展户外体育活动的物质基础，不同的场地能引发幼儿不同的体育运动的兴趣，从而发挥不同的价值。如攀爬区往往能够激发幼儿手脚并用、向上爬的欲望，角色与扮演游戏区通常是幼儿进行角色游戏、表演游戏的场所。不同类型的运动场区是支持幼儿开展丰富多彩体育活动的前提和保障，因为幼儿是特殊的群体，他们体育活动的设计和环境不能以成人的眼光来衡量。运动场地分区、设备、运动器材等，这些都应有利于激发并支持幼儿与周围环境之间的相互作用，并应专门为幼儿创设符合幼儿身心发展水平和需要的运动场区及体育运动环境[1]。

《托儿所、幼儿园建筑设计规范（试行）》中虽略有涉及户外游戏场地的设置标准，但其中对幼儿体育运动场地的要求缺少细化的标准，该标准颁布已久，难免有陈旧过时之嫌。鉴于使用者的特殊性，幼儿体育运动场地的建筑设计不仅仅要符合相关建筑行业规范，还应考虑环境心理学、幼儿生理学、幼儿心理学等方面的因素，创设出适合幼儿身心全面发展的体育活动场地。幼儿群体是社会组织结构中的重要组成部分，而体育运动是每个幼儿生活中不可缺少的一部分，是幼儿个人成长和心理发展的需要。良好的体育活动空间，对促进幼儿的认知能力、提高思维智力、增强身体素质、陶冶情操以及其人格发展都具有重要作用。

一、运动场区设计原则

幼儿园运动场区设计除了应该符合幼儿生理特征和心理特征外，也应配合幼儿园的教学需要，使运动场区能符合幼儿教育大纲的要求。根据幼儿生理特征、心理特征

[1] 李伟. 幼儿园室内外空间环境设计研究［D］. 西南交通大学. 2009.06

及幼儿教育大纲，幼儿园运动场区设计应符合以下原则。

（一）安全性原则

《幼儿园教育指导纲要》指出“幼儿园必须把保护幼儿的生命和促进幼儿的健康放在工作的首位”。幼儿的生命安全是一切教育活动开展的基础。幼儿园体育活动区域是园内意外发生最为频繁的地方，对于行动较为笨拙、防护意识差，而且好奇、好动，自我保护和安全意识较弱的幼儿来说，各种不经意的空间细节设计失误都会对幼儿构成威胁[2]。安全性是幼儿园体育活动场地设计的重中之重，增强体育活动场地的安全性是一切体育活动的保障。

安全性是产品设计的通用原则，特别是幼儿用品。幼儿成长阶段是人生当中一个较为脆弱的阶段，虽然幼儿具有一定的认知能力，但是生理和心理都没有完全发育成熟，对安全、事物的认识不够，生活还不能完全自理，需要大人的呵护，但同时，幼儿又天生好动、活泼，对新事物好奇，因此会面对更多的安全问题。幼儿的特征就决定了幼儿更容易受到各种各样的伤害。

我们需要从幼儿人体力学及建筑规范的角度出发，为幼儿建立一个符合其生理尺寸的游戏场地。安全的空间环境决定于细致的尺度与界面处理。幼儿在活动的过程中，常见的危险有锋利的边角、悬挂物、突出物导致的撞伤与拉伤，高差变化过大、过于突然导致的跌伤，以及空间尺寸过于狭小导致的夹伤或挤伤。幼儿摔跤碰撞是不可避免的，因此不同界面相交处应为圆弧形，并且幼儿活动室的界面应采用有相当柔性的材料；同时要注意空间中的一些悬挂物和突出物。地面上存在的高差可能导致幼儿跌到，可以通过环境的趣味性设计来调整幼儿的注意力，诱导其行为与空间一致，比如可爱、色彩鲜艳的图案，使之成为幼儿的视觉趣味中心，幼儿就会注意到自己的步伐与踏步的关系，这样就可以避免无意识的随便乱蹦乱跳以至于摔伤。为减少潜在的被夹危险，所有开口的内径都要小于8厘米，如果是两个界面形成的水平角度，那么应大于55°，对于小于55°角的，应在角中嵌入一个物体，该物体的尺寸应足以防止14厘米的物体同时接触到形成角度的两个界面，这样无论幼儿在哪里乱爬乱摸都不会被开口夹伤。设计幼儿活动场所，要事无巨细，不可马虎，任何小的疏忽都有可能对幼儿造成伤害。

户外场区的材料也是幼儿活动必要的物质条件，对幼儿的身心健康发展有重要的意义。在体育活动场地使用材料方面，应充分结合当地气候条件，选择恰当的材料。大型器械在安装维护方面都有较高的要求，因为大型运动器械体积大、数量多、结构复杂，难以保证每一个角落缝隙都能得到时常清洗和消毒，这就需要幼儿园安排专人

[2] 王珊珊. 户外幼儿游戏场地的环境设计研究［D］. 哈尔滨工业大学. 2008.12

负责。另外，幼儿园户外设施设计时通常应考虑使用者的人体尺寸、行为方式以及在使用过程中给人带来的心理感受，高安全系数永远是任何幼儿设施设计的前提。为了便于引导幼儿操作，设计师在设计幼儿玩乐设施的抓握以及辅助运动部分时，应选择暖色系，灰色系是幼儿比较排斥或厌恶的，不会引起幼儿的注意，但设计师可以利用这一点，用灰色来标注设施固定的部分，这样会避免幼儿因好奇而发生错误操作[3]。

同时也应该在围墙及室外体育活动场地设置监控，做到体育活动场地无监控死角，预防不法分子潜入校园对幼儿造成伤害，也能第一时间发现体育活动场地上的意外。

（二）科学性原则

良好的活动场地能引发幼儿的好奇心与探究欲望，使幼儿的认知能力及运动能力有所发展。根据幼儿生理、心理特征选择对应的运动场区和练习动作，室外体育活动场地可使用多种材料，让幼儿在进行体育锻炼时能感受到不同材料带来的体验，同时采用不同色彩的搭配增加视觉刺激，提高幼儿运动兴趣。

我们要让幼儿参与到环境中去，让幼儿自身去感受环境，让他们在看、听、摸、做的过程中建构知识，形成某些观念。有什么样的环境设置，幼儿就会开展什么样的活动。设计者在进行设计工作时，要尽最大的努力利用现有条件，创设出适当的、较为全面的环境，以满足幼儿对不同活动的参与需求。幼儿的感知是直观的、单纯的、片面的，他们需要通过积极参与各项游戏、控制各项环境要素进行空间认知。开放性的场地环境有利于提高幼儿的参与性，这些都离不开科学的设计。

幼儿使用的户外设施应适应其生活环境和成长规律，具体的规格没有规范。幼儿园户外设施的色彩、形态要与幼儿的年龄与个性统一，这样才会令幼儿感觉舒服，有益于他们的健康成长。因此，要根据人机工程学与设计心理学等要求使幼儿园户外设施与使用者、使用环境互动起来[4]。

（三）与教学目标一致的原则

幼儿园运动场区设计、器材配置和教学方法是实现现代幼儿教育的两大重要组成部分，这两部分相辅相成。室外体育活动场地应该在幼儿园教学大纲的指导下设计建造和改进。幼儿体育活动场地设计时还应结合教育目标及需求，制定与教学目标一

[3] 冷晓阳. 北方幼儿园户外设施设计研究 [D]. 齐齐哈尔大学. 2013.03.
[4] 邓珊. 幼儿游戏中的美育研究 [D]. 湖北大学. 2014.05

致，并且能够发挥教师长处、发掘幼儿潜力的设计方案。

除了运动功能外，体育运动场地还应兼顾游戏功能和教学功能。一方面，体育活动是幼儿生活中重要的一部分，是幼儿园的基本活动，游戏功能应当成为体育活动场地的基本功能；另一方面，体育活动场地是幼儿园各项教育教学活动的重要载体，可以发挥重要的教学功能。体育活动场地游戏功能、教学功能及其他功能的缺失应当引起人们的重视。在进行场地布置时，教师应清楚本次活动的运动技能目标，分析幼儿在练习过程中的学习特点和可能会产生的疑惑，然后通过适宜的场地布置支持和帮助幼儿进行运动技能学习。

幼儿体育活动场地在设计时应注重提高幼儿认知、动作及社会适应等方面的能力，保护幼儿自尊心，培养幼儿自信心，鼓励幼儿与人友善相处，让幼儿拥有积极向上的性格，培养幼儿的合作精神、团队意识和交往能力。

（四）灵活性原则

一般来说，幼儿园组织体育活动的场地分为两类，一类是适合全园合用的大型体育活动场地，一类是适合班级组织体育活动的场地和公共体育活动场地。幼儿园应该保证每个幼儿每天至少三个小时的户外活动，普遍幼儿园室外体育活动场地都比较紧张，需要根据园区的实际情况分配，灵活性的设计显得尤为重要，可以使幼儿体育活动场地得到充分的利用。

在紧张的用地条件下，可以设置多功能场地，同时容纳多种体育活动和功能性训练，把同类型的功能性训练组合到一块体育运动场区，并运用多种铺地方式、色彩、图案区分等。

另外，还要加强对器械的开发创造，使操作的形式多样化，激发起幼儿活动的主动性，极大地调动起幼儿活动的积极性，使幼儿的身体得到全面的锻炼，并培养了幼儿的多种能力。

（五）可持续性原则

可持续性原则是指延长幼儿园体育运动场的使用寿命，减少废弃物，让生产过程产生的废物对环境的污染降到最低。延长幼儿园运动场区的使用寿命分为使用期的延长和二次使用，具体表现在幼儿园户外设施上就是户外设施的可成长性和再次使用。成长性体现出可调节性、可解构性、易更换性和多功能性等特征。可持续设计要求设计应该尽量考虑用材的单一性，最好是仅用一种材料进行设计，以便于后期回收利用。可持续设计的最高理想是不需要拆解的设计，设计时尽量少用或者是不用金属、塑料等几种兼容性差的材料，以及与之配套的连接配件等，这样在后期拆卸分拣时，可以大大减少工作量，便于材料的再度使用和回收。

另外，还可以通过延长产品使用周期、选取节能材料来创造更加健康的环境，加强产品的实用性，使产品自身结实耐用，以降低产品对环境的危害。

（六）趣味性原则

对幼儿来说，创造性行为能力的开发和独立性行为活动的动力源泉都来自于环境，这种感性认知是通过自身感官接收和现实体验所获得的。形式单一、人机工学设计应用不够完善的幼儿游戏设施，既不能满足幼儿多样性的选择需求，也不能最大化地激发幼儿本真的好奇心和创造力。设计科学合理并富有挑战性的游戏设施和体育活动场地是为幼儿创造优质体育运动资源的基础。

刺激、探索和挑战性等设计元素的注入更容易使幼儿喜欢并渴望融入到其中玩耍。美国芝加哥的一份研究报告显示，喜欢在绿色、有挑战性的户外空间活动的孩子比喜欢在无聊空间活动的孩子拥有更多的创造性，能主动开发更多创新形式的游戏。有趣的空间环境才能吸引幼儿的参与，并且能使幼儿持续一定的时间。所以，为幼儿设计的幼儿园体育活动场地要尽可能富于变化，满足幼儿的好奇心。为幼儿营造一个有趣的空间环境，应使室内空间变化多样，室外场地丰富多彩，给予幼儿多种选择，他们会在其中寻到自己感兴趣的事物，然后完全忘我地探索他在环境中注意到的事物。这种环境会使幼儿将内在的力量和注意集中到所热爱的事物上，只有这样，幼儿才能专注于一项事物进行探索和研究[5]。

通过视觉、颜色、空间、场区布局、器械、形状造型等增加、丰富体育运动空间的趣味性，创造出一个属于孩子的运动空间。在空间设计中不可忽视色彩的作用，尤其是幼儿空间，明快色调给孩子们清新愉快的感觉，特别是鲜明的对比色及对比色块的应用，可以激活幼儿的运动因子，带动空间气氛。

二、运动场区设计方案

（一）运动场区面积

国家教育委员会、建设部颁布的《城市幼儿园建筑面积定额（试行）》第十二条中写到：室外活动场地包括分班活动场地和共用活动场地两部分。分班活动场地每生2平方米；共用活动场地包括设置大型活动器械、嬉水池、砂坑以及30米长的直跑道

[5] 刘世云.贵州省幼儿园游戏存在的问题及改进对策[D].贵州师范大学.2017.04

等，每生2平方米。第十三条中提出：绿化用地每生不小于2平方米，有条件的幼儿园要结合活动场地铺设草坪，尽量扩大绿化面积。规范对每个幼儿最小户外空间和基本健康安全要素都做了详细的说明[6]。

我国《现行建筑设计规范大全》规定：公共活动场地面积不宜小于以下公式计算值，公共活动场地面积（平方米）=180+20（N-1）式中 180、20、1 为常数，N 为幼儿园班级数。

集体游戏场地的面积包括：一个30 米直线跑道和一个能围合成圆形的面积，它能供幼儿进行集体游戏，例如集体功能训练、接力赛跑、球类比赛等，并且公共体育活动场地应相对完整和独立，避免在进行集体体育活动时与其他场地的活动相互阻碍。

（二）运动场区划分

根据幼儿园教学大纲，每个幼儿法定上应拥有 7 ~ 14 平方米的户外活动空间，体育活动场区划分为户外公共活动场地、集体体育活动场地、固定游戏器械活动场地、沙土游戏场地、亲水区等。

（1）户外公共活动场地。户外公共活动场地即户外公共活动场地，不分年龄，所有幼儿均能在此游戏或者活动的场地。面积具体参考《现行建筑设计规范大全》。

（2）集体游戏活动场地。直线跑道面积：长为30米，其前后最少要有2.5米的缓冲余地，总长则为35米。跑道宽1米，共需4个跑道，其左右应附加1米，共6米宽，计算公式：（30+2.5×2）×（4+2）=210 平方米。正方形面积：按 35人的幼儿两臂平伸（平均约 1.1米，手指间距为 0.1米）所围合的圆形直径为13米，外侧应有2米缓冲余地，计算公式：［13+（2+2）］×2=298平方米。总面积：直线跑道和圆形所在地的总和，计算公式：210+298=499平方米。

（3）固定器械区。固定器械区以多功能组合器械为主，单一功能器械较少。固定器械运动区可以满足幼儿的兴趣和运动欲望，体会运动的愉悦，促进本体感觉和运动能力（力量、速度、耐力等）的发展。

（4）沙土游戏场地。这是幼儿园户外活动环境中幼儿最喜欢的户外活动场地，沙地有缓冲地面和接近自然的作用。位置选在背风向阳处，面积不超 30平方米，深0.3 ~ 0.5米，有遮阳处。

（5）亲水区场地。幼儿天生喜欢玩水，并且玩水可以增添幼儿活力，在炎热的夏日还可起防暑、降温作用。但由于天气原因，幼儿玩水的时间和季节有所限制，另外在维护方面也有较高的要求。亲水区要求面积适中，以容纳两个班为宜，深0.5

[6] 田汉族. 10年来我国幼儿园生均面积变化趋势研究［J］. 首都师范大学学前教育学院. 2016.01

米，池边圆滑，要求池底有防滑材料，造型应丰富多样，符合幼儿心理和审美。

（三）运动场区边界

每个场地都应该是相对独立而有边界的。相对独立的运动场区可以满足运动区的完整性与区域性，同时也要满足运动区之间的连贯性。运动场区的边界根据周围环境而定。

（1）利用地形的起伏变化形成边界。地形的高差不仅可以产生围合感，而且可以成为休息场地，方便教师看护。

（2）利用墙体围合形成边界。墙体围合的边界可以是实体墙和镂空墙两种，实体墙形式使用并不多见，一般是两种形式的结合。镂空墙形式更多见一些，常用砖石、金属、木头等材料，常用作单一或者小型的游戏场地，如植物迷宫等。

（3）利用植物围合形成边界。植物的围合形式与墙体围合相比较而言围护性减弱，但也能产生一定的空间界定感。

（4）利用设施围护形成边界。对于游戏空间比较小的活动场地，边界部分可以放置座椅等设施，既起到划分边界的作用，还方便休息。

（5）利用不同材质的分界形成边界。

运动场区通常有安静运动区和吵闹运动区之分。安静运动区一般设计在远离活动室及城市道路的位置，两个区域间可采用较柔和的处理方式，例如草坪绿化带或小路，也可用安静运动区内的道具。吵闹运动区需要使用有屏障功能的隔档或游戏墙面，可以挡住声音和视线，但不影响运动区的完整性和连贯性。

安静运动区与吵闹运动区之间可以用较为宽阔的绿化带，或是小山和台阶来划分空间。如果与城市主干道相邻，最好用实墙隔离，并设置植被隔离带，这样可以减少噪音及尾气对幼儿园的污染。另外，需要对内部墙面进行美化。如果与社区道路相邻，可以采用通透性较好的栅栏。通透的栅栏可以给幼儿一个交流的空间，对幼儿和社区都有益处。

（四）运动场区地面铺装

运动场区地面铺装包括场地的地面铺装和道路的地面铺装。场地的铺装要考虑幼儿的安全问题，既要有硬质的地面，也要有软质的地面，地面铺装应尽量美观、平整，根据不同的用途选择不同的材料。根据用途的不同可以把地面分成软质铺装和硬质铺装。软质铺装主要有沙地、木屑，草坪、塑胶切块等，草坪和沙坑可使幼儿更接近于自然。年龄较低幼儿体育运动的区域最好选择塑胶等软质材料，减少对幼儿造成伤害的几率；硬质铺装简洁美观，但是容易产生辐射和不必要的伤害，可在运动场区广场处设置，配合生动有趣的图案，增加趣味。例如：道路上可用不同大小、形状以及颜色的混凝土块、水磨石、铺地砖或卵石等铺成漂亮图案的硬质地面，从而达到增加趣味性、装饰性的效果。从安全性考虑，在公共体育活动场地和固定器械活动场地，均可用软质的地面铺装[7]。地面有如下几种分类。

自然地面，例如：土壤、草地，土壤本身就有自然气息以及较强的可塑性；草地会给人凉爽的感觉，如果铺设草坪，则需要定期维护。

软质地面，例如：树皮碎屑、沙子，软质地面有空隙，具有一定的缓冲作用，但是吸水后松软度会降低，并且容易被风吹走而造成污染，所以要定期进行更换。

硬质地面，例如：沥青、混凝土、砖头、石板，这类地面平整性强、缓冲性差，多适用于道路的铺设和创设造型，并且适合有轮的体育活动（平衡车等）。

人造弹性材质地面，例如：人造草皮、塑胶地、橡胶地，这类地面装饰性强、脚感舒适、防滑安全、维护方便，是普遍使用的材料。

（五）运动场区景观

幼儿体育活动场地的植物景观配置应充分考虑幼儿身心发展的需要，根据幼儿心理行为的需要进行植物景观配置，吸引和引导孩子，让他们热爱自然、探索自然的奥秘，在良好的环境中健康快乐地成长。植物能起到美化环境的作用，可以降低温度、防沙除尘、降低噪声等。多选择树形奇特、色彩艳丽、姿态优美的植物，吸引幼儿的注意力，增强体育活动场地的趣味性，让幼儿流连忘返，激发幼儿的想象力。景观配置上尽量使植物呈现多样性，以乡土树种为主，乔灌草结合，不同的季节呈现不同的景色。层次和色彩要呈现多样性，统一中力求变化，色彩鲜艳的植物可以起到画龙点睛的作用，创造出有特色的景观。还要选择后期容易管理的树种，如耐修剪、少病虫害、生长慢的植物，防止后期的变化使场地失去原来的面貌，给管理人员带来麻烦。尽量不选择对幼儿有危险的植物，例如带刺的玫瑰和月季，有毒的夹竹桃，飞毛的悬铃木等。用于攀爬的树应该选用较结实的树种，不利于幼儿安全的树种不予考虑。幼儿游戏场地的植物配置必须考虑以下原则：

（1）植物的围合可以避免外面不必要的干扰，形成良好的环境氛围，同时给幼儿安全感。

（2）将树形奇特的植物放置在特殊的位置上。树干扭曲缠绕的树种容易引起幼儿注意和兴趣，激发幼儿的想象能力。

（3）选择的植物要符合幼儿的尺度。植物配置要按照幼儿的身体尺寸进行布置安排，体重不宜过大，光照要充足，形成活泼的氛围，避免过于阴森的环境。

[7] 钟丽. 基于幼儿日常行为的幼儿园室内安全设计研究［D］. 中南林业科技大学. 2017.06

（4）少量种植一些有利于遮阴的树种。幼儿及教师需要适当的乘凉休息，如可在安静区种植庭荫树种。

（5）植物配置要避免阻碍交通及人员流通。幼儿的视线范围和成人不同，应尽量保持空间的流通性，便于幼儿玩耍。

（6）考虑植物的安全性。要避免有毒有害的、落花落果多的植物。

（六）运动场区色彩

幼儿认知事物的方式除了触觉、听觉、嗅觉、味觉等几种手段外，最重要的是视觉，这也是幼儿感知事物最直接的方式，不同色彩对幼儿的刺激是不同的。幼儿园色彩配置时，应避免这两种情况，一种是把幼儿园弄成五颜六色的，像个调色盘，另一种是颜色单调暗沉。在配置幼儿园室外游戏场所的色彩时，应该先确定该场所的体育活动类型，然后根据不同类型的体育活动配置不同的色彩。在配置色彩时一定要选择一种作为主色调，其他色彩可以作为点缀出现。

红色：使人产生刺激而又兴奋的感觉，暗示有能量、生命力，有助于激发幼儿户外活动的积极性，在休息区避免使用。

黄色：明快、活泼、温馨，可消除疲劳、恐惧和紧张的感觉，有启迪和交流的作用。

绿色：有缓解压力的作用，给人以宁静舒适的感觉。

橙色：给人以温暖、热情的感觉，相对于红色感觉稍弱些，更容易让人接近，具有恢复活力的作用。

蓝色：使人平静，可安抚神经系统，但不要大范围使用，会让人有寒冷空旷的感觉。

紫色：神秘、高贵，但过于深的紫色就有了悲哀、孤独之感，运用时要把握好分寸。

白色：代表纯洁、干净、一尘不染，但是纯白往往显得单调、没有生机。

（七）运动场区造型

不同的形态给人以不同的感受，运动场区的造型应加强识别度、趣味性和知识性。幼儿具有超强的想象力，他们对身边事物充满了好奇，所以造型设计应满足孩子的好奇心，促进幼儿形象思维能力、超强想象力和创造性思维能力，也可以集中幼儿的注意力。幼儿运动场区的造型设计不仅要满足幼儿审美趣味，还要寓教于乐，让幼儿在玩耍的同时受到启发和教育。

（八）室内运动场区

室内运动场区设计应人性化，同时考虑幼儿的心理、生理特点和心理需求[8]。主要的表现方式有以下几种：

（1）“以情动人”：通过设计的元素（比如结构、造型、色彩、框架、装饰、线条、材料、样式、图案等）变化，引发幼儿积极的情感体验和心理感受。

（2）“以义感人”：通过对设计对象功能的开发和延伸，在其中融入传统伦理道德的优秀思想，如平等、亲切、关爱、真诚、正直、友爱等，使幼儿感到亲切温馨。

（3）“以名诱人”：巧妙运用语言，给设计对象一个锦上添花的名称，这也往往是设计人性化的点睛之笔。

第二节　功能性器材配置

良好动作技能的发展和习得对幼儿机能发育、素质增长、认知增强、行为及社会适应等方面具有重要影响[9]。幼儿阶段是人类基础动作技能形成的阶段，当前幼儿严重的动作能力缺失敲响了警钟。人类各种基础动作技能形成的阶段是发展基础动作、培养动作能力的关键期，许多成年人运动能力薄弱的原因就在于在基础动作时期缺乏适当的环境条件，而没有使基础动作获得应有的发展。青少年及成年人所运用的日常活动动作，其中80%～90%都是在幼儿期间习得[10]。《3～6岁幼儿学习与发展指南》明确指出幼儿阶段是幼儿身体发育和机能发展极为迅速的时期，也是形成安全感和乐观态度的重要阶段。在幼儿园运动区的环境创设过程中，教师要将运动器材的摆放作为媒介，这会对幼儿交流和成长起到重要的作用。在练习中学习动作、在动作中获得生存，所以器材配置也是幼儿动作发展的重点之一。

[8] 孙娜. 幼儿园户外环境设计探讨［D］. 西南大学. 2013.05.

[9] 周喆啸. 3-6岁幼儿身体功能性动作体系的构建与实证研究［D］. 河北师范大学，2017.

[10] 雷园园. 身体功能性动作教育视角下幼儿体育活动及动作发展现状研究［A］. 中国体育科学学会（China Sport Science Society）. 2015第十届全国体育科学大会论文摘要汇编（二）［C］. 中国体育科学学会（China Sport Science Society）：2015：2.

一、运动器材配置原则

在人一生的发展中，幼儿阶段是个体动作发展、智力开发、个性形成的关键时期。对于学龄前的幼儿，家长和社会一般比较注重他们智力的开发，缺少对孩子身体发育状况的关注，现有的幼儿园体育活动形式又无法有效的解决幼儿体质问题[11]。因此，我们需要将运动器材合理配置，促使幼儿养成终身体育的意识。

（一）和谐发展原则

运动器材配置应当促进幼儿在体、智、德、美等方面和谐发展；运动器材配置应当贯彻保育与教育相结合的原则，创设与幼儿教育和发展相适应的和谐环境，引导幼儿健康发展；幼儿园必须具有维修或扩建、改建设施的经费来源；运动器材配置应与幼儿园规模相适应，配备必要的游戏和体育活动设施。

（二）因材施教原则

符合幼儿园基本配备水平，适用于申请准入幼儿园的最低配置，其中运动器材配备分清等级，有基础类、中级类、高级类；运动器材配置可以根据本园的实际，安排和选择与运动器材相应的教育内容与方法，但不得违背幼儿教育规律、损害幼儿身心健康；运动器材配置采取必备和选配相结合的方式，必备部分是各类幼儿园完成教育教学要求所必需的最低配置标准；选配部分均在括号内标注，可根据幼儿园的实际情况选择。

（三）安全原则

任何单位和个人不得侵占和破坏幼儿园运动器材配置，不得在幼儿园周围设置有危险、有污染或影响幼儿园采光的设施，不得干扰幼儿园正常的工作秩序；运动器材有可能发生危险时，开办幼儿园的单位或个人应当采取措施，排除险情，防止事故发生；运动器材配置应当建立安全防护制度，严禁在幼儿园内设置威胁幼儿安全的设施，严禁使用有毒、有害物质制作教具、玩具。设施设备、玩教具配备必须符合国家和地方的卫生标准和安全标准。

[11] 吴玉兰. 运动功能性训练干预对幼儿体质发育状况的实验研究 [D]. 首都体育学院，2015.

二、运动器材配置方案

幼儿运动能力的提高受多种因素的作用，Newell提出动作的发展是个体本身、环境和动作任务交互作用的结果[12]。功能性训练包含着训练内容新颖、手段多样以及训练目的全面的含义[13]。功能性训练拓宽了幼儿活动器材选择的范围，丰富了幼儿的体育活动。幼儿可以选择自己感兴趣的器材进行活动，这也激发了幼儿活动的兴趣，幼儿由被动变为主动，活动气氛变得活跃[14]。有研究显示，合理设置和充分利用干预单元的器材，将会使婴幼儿运动功能发育迟缓的早期干预工作取得良好的效果，对此类幼儿的健康成长将会有良好的推动作用[15]。除了关注环境是否具有挑战性，能否促进幼儿身体动作的发展外，我们还探究运动器材的摆放与幼儿运动心理的关系，以此作为科学创设运动区环境的依据之一。

（一）发展幼儿的平衡能力及动作协调、灵敏能力

平衡能力是指人体所处的一种稳定状态，不论处在何种位置、何种运动状态，还是受到外力作用时，都能自动地调整姿势的能力。即当人体重心垂线偏离稳定的支持面时，能立即通过自主的或反射性的活动使重心垂线返回到稳定的支持面内。人体的平衡能力是人体的中枢神经、前庭感受器、本体感受器及视觉感受器等机能能力的综合反映。平衡能力不好不仅会导致姿势或运动发展迟缓，还会影响认识能力。孩子在幼年时期受到的感官刺激很多是通过平衡器官获得的，他们刺激着神经细胞的连接，并且对大脑血液的流动有促进作用。研究发现，如果视觉、听觉和平衡感比较差的孩子，在智力发育上也有滞后现象。通过平衡能力训练可以促进大脑发育，开发智力。

灵敏协调素质是指人体在各种突然变换的条件下，迅速、正确、协调改变身体运动的能力，是人体的一种综合素质，是体育锻炼中不可缺少的身体素质之一。灵敏协调性的提高对其他素质发展起着至关重要的作用。动作发展分为三个目标：其中目标“（一）”为发展一定的平衡能力及动作协调、灵敏能力。例如：3～4岁幼儿①能沿地面直线或在较窄的低矮物体上走一段距离；②能双脚交替灵活上下楼梯；③能身体平稳地双脚连续向前跳；④四散跑时能躲避他人碰撞；⑤能双手向上抛球。4～5岁幼儿①能在较窄的低矮物体上平稳地走一段距离；②能以匍匐、膝盖悬空等多种方式钻

[12] 王斐. 幼儿运动能力与幼儿园运动环境质量关系的研究［D］. 浙江师范大学，2014.

[13] 马骁. 功能性训练中的器材介绍及常见动作训练方法［J］. 内江科技，2016，37（10）：47-48.

[14] 姜玉芳. 幼儿园体育器械开发与运用的探索［C］// 浙江省幼儿体育与健康发展论坛. 2015.

[15] 崔芳. 福利机构运动功能发育迟缓幼儿康复干预单元器材的设置［C］//全国小儿脑瘫学术研讨会. 2008.

爬；③能助跑跨跳过一定的距离或助跑跨跳过一定高度的物体；④能与他人玩追逐、躲闪跑的游戏；⑤能连续自抛自接球。5～6岁幼儿①能在斜坡、荡桥和有一定间隔的物体上较平稳地行走；②能以手脚并用的方式安全地爬攀登架、网等；③能连续跳绳；④能躲避他人滚过来的球或扔过来的沙包；⑤能连续拍球。根据目标“（一）”制定运动器材配置方案，如表10-1所示。

表10-1 3～6岁幼儿运动器材配置方案

年龄阶段	器材种类	规格	用途
3～4岁	平衡软踏	长×宽×高=430×380×60（cm）	平衡训练、协调和反应能力训练、姿势稳定性训练、维持平衡运动技巧训练
	敏捷训练梯	长度：3m/6节、6m/12节	敏捷梯能提高快速脚步移动能力；能提高身体的灵活性、平衡性和协调性；能增强脚底肌肉、踝关节和膝关节的小肌肉群功能，降低下肢受伤概率；能提高身体运动的节奏性；能提高多方位的速度和加速度；能增加神经系统对速度的记忆，使个体在必要的时候做出各个方向的快速移动
	灵敏圈	重量：80/140g 内径：37/47cm 外径：40/50cm	能增强下肢的灵敏性；加强幼儿在各个方向的移动灵敏性
	标志碟	直径：19.5cm	体能训练的标志物在训练过程中起到提示的作用
	幼儿篮球	重量：300~340g 圆周：56~57cm	增强身体感统协调
4～5岁	平衡木	长×宽×高=300×10×30（cm）	增强平衡感，提高身体本体感觉
	带杠障碍筒	2个52（cm）筒+1m横杆	增强身体神经系统；加强身体的应急能力
	敏捷训练栏	高度：15/23/30（cm）	敏捷训练栏能提高快速脚步移动能力；能提高身体的灵活性、平衡性和协调性；能增强脚底肌肉、踝关节和膝关节的小肌肉群功能，降低下肢受伤概率；能提高身体运动的节奏性；增强弹跳能力

（续表）

年龄阶段	器材种类	规格	用途
5～6岁	标志桶	长×宽×高=13.5×13.5×23.5（cm）	体能训练的标志物，在训练过程中起到障碍设置及提示的作用
	幼儿篮球	重量：300～340g 圆周：56～57cm	增强身体感统协调
	半圆球	直径：63cm 重量：5.8kg	最大程度地破坏身体的平衡性与稳定性，刺激身体的深层肌肉，加强踝关节、膝关节、肩关节、腕关节的稳定性
	攀爬墙	根据场地大小设计	增强上下肢的协调用力，增强上下肢的力量与力量耐力
	跳绳	长度：1～2.5m	促进心肺功能、上下肢的协调性，增加弹跳力。增强踝关节、膝关节、髋关节的力量与灵活性
	六边形训练环	重量：0.2kg 对边长：50cm 对角长：57cm	增强下肢多方向的灵活性，增强快速启动的加速能力、变换速度的加速能力、减速和急停的制动能力
	幼儿篮球	重量：300～340g 圆周：56～57cm	增强身体感统协调

通过表10-1可以看出针对于目标“（一）”，运动器材配置要符合不同年龄阶段的运动能力。要想提高幼儿的运动能力，需要借助体能训练的器材合理搭配训练。其中平衡能力的发展借助了平衡软踏、平衡木、半圆球。幼儿不同年龄阶段的能力有所不同，因此3～4岁幼儿选择平衡软踏、4～5岁幼儿选择平衡木、5～6岁幼儿选择半圆球；在动作协调方面，3～4岁幼儿选择敏捷训练梯、4～5岁幼儿选择敏捷训练栏、5～6岁幼儿选择攀爬墙；身体灵敏方面3～4岁幼儿选择灵敏圈、4～5岁幼儿选择带杠障碍筒、5～6岁幼儿选择跳绳或者六边形训练环。

（二）发展幼儿的力量和耐力

力量是人体运动的基础。力量素质是指在肌肉收缩时所表现出来的一种能力，也可以理解为克服阻力的一种能力。在幼儿力量素质的培养上，应通过适合于幼儿的各种动力性的力量活动来逐步发展和提高幼儿的动力性力量，以此来增强幼儿肌肉组织的功能。进行幼儿功能性动作练习，也是发展幼儿肌肉力量、增强幼儿肌肉组织功能的有效的途径。一套较理想的幼儿功能性动作，应该能使幼儿全身各部位的肌肉都参与活动。

耐力素质是指导人体在尽可能长的时间里进行肌肉活动的能力，也可以看作是抵抗疲劳的能力。耐力素质体现了肌肉耐力、心肺耐力和全身耐力的综合状况。耐力又可分为有氧耐力和无氧耐力。总的来讲，幼儿耐力素质的增强及幼儿心肺功能的正常发育与完善较有效的身体运动原则是：身体运动的活动量要适中（对幼儿来说是属于中等强度的，心率一般在140次/分），运动的强度和幼儿心脏的负荷均不能太大。具体来看，这一目标中，3～4岁幼儿①能双手抓杠悬空吊起10秒左右；②能单手将沙包向前投掷2米左右；③能单脚连续向前跳2米左右；④能快跑15米左右；⑤能行走1公里左右（途中可适当歇歇、停停）。4～5岁幼儿①能双手抓杠悬空吊起15秒左右；②能单手将沙包向前投掷4米左右；③能单脚连续向前跳5米左右；④能快跑20米左右；⑤能行走1.5公里左右（途中可适当停歇）。5～6岁幼儿①能双手抓杠悬空吊起20秒左右；②能单手将沙包向前投掷5米左右；③能单脚连续向前跳8米左右；④能快跑25米左右；⑤能连续行走1.5公里以上（途中可适当停歇）。根据目标“（二）”制定运动器材配置方案，如表10-2所示。

表10-2　3～6岁幼儿运动器材配置方案

年龄阶段	器材种类	规格	用途
3～4岁幼儿	小哑铃	重量：0.25kg	加强上肢力量及耐力的训练
	小沙包	以填充物为准	加强身体快速躲闪及脚下灵活移动能力
	敏捷训练梯	3m/6节	敏捷梯能提高快速脚步移动能力；能提高身体的灵活性、平衡性和协调性；能增强脚底肌肉、踝关节和膝关节的小肌肉群功能，降低下肢受伤概率；能提高身体运动的节奏性；能提高多方位的速度和加速度；能增加神经系统对速度的记忆，使个体在必要的时候做出各个方向的快速移动
	标志碟	直径：19.5cm	体能训练的标志物在训练过程中起提示的作用
	幼儿足球	直径：18cm	增强下肢的灵活性及力量

（续表）

年龄阶段	器材种类	规格	用途
4～5岁幼儿	小哑铃	重量：0.25kg/0.5kg	加强上肢力量及耐力
	小沙包	以填充物为准	加强身体的快速躲闪及脚下灵活移动能力
	敏捷训练梯	3m/6节	敏捷梯能提高快速脚步移动能力；能提高身体的灵活性、平衡性和协调性；能增强脚底肌肉、踝关节和膝关节的小肌肉群功能，降低下肢受伤概率；能提高身体运动的节奏性；能提高多方位的速度和加速度；能增加神经系统对速度的记忆，使个体在必要的时候做出各个方向的快速移动
	标志桶	长×宽×高=13.5×13.5×23.5（cm）	体能训练的标志物在训练过程中起到障碍设置及提示的作用
	幼儿足球	直径：18cm	加强身体的快速躲闪及脚下灵活移动能力
5～6岁幼儿	小哑铃	重量0.25kg/0.5kg/0.75kg	加强上肢力量及耐力
	小沙包	以填充物为准	加强身体的快速躲闪及脚下灵活移动能力
	敏捷训练梯	6m/12节	敏捷梯能提高快速脚步移动能力；能提高身体的灵活性、平衡性和协调性；能增强脚底肌肉、踝关节和膝关节的小肌肉群功能，降低下肢受伤概率；能提高身体运动的节奏性；能提高多方位的速度和加速度；能增加神经系统对速度的记忆，使个体在必要的时候做出各个方向的快速移动
	标志桶	长×宽×高=13.5×13.5×23.5（cm）	体能训练的标志物在训练过程中起到障碍设置及提示的作用
	幼儿足球	直径：18cm	加强身体的快速躲闪及脚下灵活移动能力

通过表10-2可以看出，运动器材配置要符合不同年龄阶段的运动能力。要想提高幼儿的运动能力，需要借助体能训练的器材合理搭配训练。发展力量借助了小哑铃、小沙包、敏捷训练梯。幼儿不同年龄阶段的能力有所不同，因此3～6岁幼儿在力量方面选择递增重量的小哑铃和小沙包以及递增长度的敏捷训练梯。在发展耐力方面则借助了标志碟、标志桶、幼儿足球。随着幼儿年龄的增长，对耐力要求更高，因此

在训练内容和设计上难度系数也要适当地增加。

（三）发展幼儿手的动作灵活、协调能力

手指的活动可以刺激大脑，从而增强大脑的活动。如果交替使用两只手，能更好地开发大脑左半球与右半球的功能；锻炼反射的灵敏度，增强脑功能。动手能力及动作协调能力属于感觉统合，对感觉统合的训练可以让孩子的动手能力及动作协调能力上升，动作协调能力差可能是感统失调导致，感统失调有前庭、后庭失调，包括视知觉、听知觉等。具体来看，这一目标中，3～4岁幼儿①能用笔涂涂画画；②能熟练地用勺子吃饭；③能用剪刀沿直线剪，边线基本吻合。4～5岁幼儿①能沿边线较直地画出简单图形或能沿边线基本对齐地折纸；②能用筷子吃饭；③能沿轮廓线剪出由直线构成的简单图形且边线吻合。5～6岁幼儿①能根据需要画出图形，线条基本平滑；②能熟练使用筷子；③能沿轮廓线剪出由曲线构成的简单图形，边线吻合且平滑；④能使用简单的劳动工具或用具。因此，根据3～6岁幼儿动作发展的需求制定运动器材的配置原则与方案至关重要。根据目标“（三）”制定运动器材配置方案，具体内容如表10-3所示。

表10-3　3～6岁幼儿运动器材配置方案

年龄阶段	器材种类	规格	用途
3～4岁幼儿	网球	重量：56.7～58.5g 直径：63.5～66.7mm 推进变量：0.20～0.25g	增强上肢的爆发力，增强神经与肌肉的协调发力
	标志碟	直径：19.5cm	体能训练的标志物在训练过程中起到提示的作用
	小皮球	直径：13～15cm	增强身体感统协调
4～5岁幼儿	网球	重量：56.7～58.5g 直径：63.5～66.7mm 推进变量：0.20～0.25g	加强身体的快速躲闪及脚下灵活移动能力
	标志桶	长×宽×高=13.5×13.5×23.5（cm）	体能训练的标志物在训练过程中起到障碍设置及提示的作用
	幼儿篮球	重量：300～340g 圆周：56～57cm	增强身体感统协调

（续表）

年龄阶段	器材种类	规格	用途
5～6岁幼儿	网球	重量：56.7～58.5g 直径：63.5～66.7mm 推进变量：0.20～0.25g	加强身体的快速躲闪及脚下灵活移动能力
	标志碟	长×宽×高=13.5×13.5×23.5（cm）	体能训练的标志物在训练过程中起到障碍设置及提示的作用
	幼儿篮球	重量：300～340g 圆周：56～57cm	增强身体感统协调
	六脚反应球	直径：8cm	增强身体的快速反应能力，增强上下肢的协调反应速度

通过表10-3可以看出，运动器材配置要符合不同年龄阶段幼儿的运动能力。要想提高幼儿的运动能力，需要合理搭配体能训练器材。3～6岁幼儿在发展手的动作灵活协调方面借助了网球、标志碟、标志桶、小皮球、幼儿篮球、六脚反应球。